山东省社科普及与应用重点项目"山东水文化博览"（编号：12-KPZC-19）

最终研究成果

山东水文化

宋立杰 编著

中国社会科学出版社

图书在版编目（CIP）数据

山东水文化／宋立杰编著．—北京：中国社会科学出版社，
2017.7

ISBN 978 – 7 – 5203 – 0605 – 8

Ⅰ.①山…　Ⅱ.①宋…　Ⅲ.①水—文化—山东　Ⅳ.①K928.4

中国版本图书馆 CIP 数据核字（2017）第 149051 号

出 版 人	赵剑英
责任编辑	刘志兵
特约编辑	张翠萍等
责任校对	季　静
责任印制	李寡寡

出　　　版	中国社会科学出版社
社　　　址	北京鼓楼西大街甲 158 号
邮　　　编	100720
网　　　址	http://www.csspw.cn
发 行 部	010 – 84083685
门 市 部	010 – 84029450
经　　　销	新华书店及其他书店

印　　　刷	北京明恒达印务有限公司
装　　　订	廊坊市广阳区广增装订厂
版　　　次	2017 年 7 月第 1 版
印　　　次	2017 年 7 月第 1 次印刷

开　　　本	710 × 1000　1/16
印　　　张	15.25
插　　　页	2
字　　　数	251 千字
定　　　价	65.00 元

目　　录

序言 ……………………………………………………………（1）

第一篇　黄河之蕴

篇序 ……………………………………………………………（2）

一　龙山黑陶 …………………………………………………（3）

二　大禹治水 …………………………………………………（6）

三　王景治河 …………………………………………………（9）

四　河神信仰 …………………………………………………（13）

五　东平湖 ……………………………………………………（16）

六　大汶河 ……………………………………………………（19）

七　黄河鲤鱼 …………………………………………………（21）

八　黄河台房 …………………………………………………（24）

九　黄河渡口 …………………………………………………（27）

十　河南张泥娃娃 ……………………………………………（31）

十一　徒骇河 …………………………………………………（34）

十二　曹植墓 …………………………………………………（38）

十三　黄龙入海 ………………………………………………（42）

第二篇　运河之韵

篇序 ……………………………………………………………（46）

一　山东运河简史 ……………………………………（47）

二　苏禄王墓 ……………………………………………（51）

三　临清运河钞关 ………………………………………（54）

四　水次仓 ………………………………………………（56）

五　临清贡砖 ……………………………………………（59）

六　竹竿巷 ………………………………………………（61）

七　临清舍利宝塔 ………………………………………（64）

八　山陕会馆 ……………………………………………（67）

九　海源阁 ………………………………………………（69）

十　东昌湖 ………………………………………………（72）

十一　南旺分水枢纽工程 ………………………………（76）

十二　微山湖 ……………………………………………（79）

十三　血战台儿庄 ………………………………………（82）

十四　胶莱运河 …………………………………………（86）

第三篇　沂泗诸河之润

篇序 ………………………………………………………（92）

一　沂源猿人 ……………………………………………（93）

二　牛郎织女 ……………………………………………（96）

三　沂蒙母亲 …………………………………………（100）

四　诸葛亮 ……………………………………………（102）

五　卧冰求鲤 …………………………………………（105）

六　王羲之 ……………………………………………（108）

七　孔子 ………………………………………………（111）

八　双曜相聚 …………………………………………（115）

九　梁祝化蝶 …………………………………………（120）

十　沭河 ………………………………………………（124）

十一　潍水之战 ………………………………………（130）

十二　孟姜女哭长城 …………………………………（134）

十三　孝妇河 ……………………………………………………（137）

第四篇　泉水之淳

篇序 ………………………………………………………………（144）

一　趵突泉 ………………………………………………………（145）

二　金线泉 ………………………………………………………（147）

三　珍珠泉 ………………………………………………………（149）

四　黑虎泉 ………………………………………………………（152）

五　五龙潭 ………………………………………………………（155）

六　李清照 ………………………………………………………（157）

七　大明湖 ………………………………………………………（160）

八　舜井 …………………………………………………………（162）

九　洪范池 ………………………………………………………（164）

十　醴泉 …………………………………………………………（167）

十一　泗水泉林 …………………………………………………（170）

十二　汤头温泉 …………………………………………………（172）

十三　崂山名泉 …………………………………………………（174）

第五篇　海水之魂

篇序 ………………………………………………………………（180）

一　青岛栈桥 ……………………………………………………（181）

二　青岛第一海水浴场 …………………………………………（183）

三　石老人 ………………………………………………………（186）

四　琅琊台 ………………………………………………………（188）

五　徐福东渡 ……………………………………………………（191）

六　田横岛 ………………………………………………………（194）

七　妈祖崇拜 ……………………………………………………（197）

八　田横祭海 ……………………………………………………（200）

九　刘公岛 ·· （202）

十　成山头 ·· （208）

十一　天鹅湖 ·· （210）

十二　芝罘岛 ·· （213）

十三　长岛渔号 ·· （216）

十四　八仙过海 ·· （218）

十五　北方海上丝绸之路 ···································· （220）

十六　登州古港 ·· （223）

十七　戚继光 ·· （226）

主要参考文献 ·· （230）

后　记 ·· （234）

序　言

在山东省沂水县富官庄镇驻地以南 6 千米处，有一座海拔 343.2 米的山丘，名为箕山。此山虽然不高，却是远近闻名，因为这里是山东省的一条著名河流——潍河的发源地。在箕山脚下南侧，至今仍有一处硕大的泉眼，当地人称之为淮河头（古时，"淮"与"潍"谐音，故潍河又称为淮河），此即潍河之正源。汩汩的泉水自泉眼涌出，汇集附近各处山泉，形成一条清澈见底的小溪，一路蜿蜒东流，奔向遥远的大海。

箕山之地，山明水秀，景色旖旎，是一块不可多得的风水宝地。在风水学上，一个地方能否成为风水宝地，其首要条件是此地是否具备"四象"[①] 之特征。箕山之东南有团山，正东有东岭，东北有北岭（其上仍存有齐长城遗址），与箕山一起合为"四象"——青龙东岭、白虎箕山、朱雀团山、玄武北岭，而那条弯弯曲曲的小溪则在四象之间潺潺流淌。

箕山脚下东侧，山环水抱之中，坐落着一处古朴素雅的小村庄，村庄以姓氏与箕山命名，名为宋家箕山。村内几百户居民绝大多数为宋姓，其先祖于明朝初年由连云港一带迁入此地，一直繁衍生息至今。藏风聚气之处，定蓄地灵人杰之蕴。村内最大的名人莫过于以一副对联而名满天下的朴山先生。宋朴山（1884—1962 年），名荆玉，出身于一个没落地主家庭，自幼善诗文，工书法，喜郊游，且才思敏捷，擅长对应。1922 年初春，其父客死于吉林，朴山先生遂前去山海关迎灵。先生到山海关后，每日早出晚归，登高遥望，但见渤海早潮汹涌，骤涨骤落，涨落有时；西天落霞浮动，时聚时散，变幻莫测。一连七日，却不见亡父灵柩，又感时局

---

① "四象之说"，源于中国古代的星宿信仰，古人将东、北、西、南四方每一方的七宿想象为四种动物形象，分别为"东宫青龙""西宫白虎""南宫朱雀"和"北宫玄武"。

动荡，人生无常，情至深处，于客店迎壁之上挥毫写下一副对联："海水朝朝朝朝朝朝朝落，浮云长长长长长长长消。"此联后被当地一道台发现，遂请人雕成红木条幅，悬于孟姜女庙的应门廊柱之上。

时光荏苒，岁月如梭。1982年大年初三，正当人们还沉浸在壬戌新年的祥和喜悦之中的时候，村中的一户普通人家传来一阵婴儿的啼哭之声，一个男孩呱呱落地。男婴的哭声响若澎湃的波涛，于是初为人父的男主人给孩子取了一个名字——江涛。这个男婴便是笔者，江涛便是笔者的乳名。自降生的第一天开始，自己便与水结下了不解之缘。

清冽甘美的山泉之水，源源不断地滋养着身体，滋润着灵性。在这蓝天白云交织、青山绿水相映的美丽乡村里，我度过了一个快乐而又难忘的童年时代。春天，那野花遍地、鸟语花香的田野、树林，就是我和小伙伴们一起肆意玩耍的乐园；夏天，上山捉蝎，林中捕蝉，下河捞鱼虾、抓螃蟹、逮青蛙、洗凉澡，是我们这群孩子不可或缺的娱乐项目；秋天，到山里田间捉蚂蚱、逮蝈蝈、摘野果，是我们在农忙时期最渴望的生活调剂；冬天，大雪纷飞过后，去银装素裹的田野里打雪仗、捉野兔，到厚如坚石的冰面上滑冰、嬉戏，是严冬赋予我们的最大犒赏。

美好的时光，总会让人觉得竟是那样的短暂。转眼之间，那无忧无虑的童年时光便已悄悄地溜走。10岁那年，我离开了生我养我的家乡，沿着潍河流经的路线，来到邻村的埠庄初中，从此踏上了漫长的求学之路。13岁那年，我生平第一次坐上开往县城的列车，来到位于沂河之畔的沂水一中，在此就读高中。然而，这条号称"山东省第二大河"的沂河，在当时却由于工业污染、治理不利等各种因素，变得污秽不堪，臭气熏天。每睹此情此景，我都会怀念家乡那条明澈见底的小溪，思念那些儿时一起戏耍的伙伴。

令人有些窒息的三年时光终于过去了，学习成绩一直名列前茅的我却因各种因素在高考时发挥失常，没有实现自己的名牌大学梦，最终只能报考省重点本科高校。在选择专业的时候，天生好玩的本性使得我毅然决然地选取了一个自己中意的新兴专业——旅游管理。16岁那年，肩负着父母的重托，怀揣着美丽的梦想，我生平第一次坐上开往省城的长途列车，来到了位于"泉城"济南的山东师范大学。在大学的四年时光里，贪婪地吮吸着知识的甘泉，不断地丰富着自己的心智。"读万卷书，行万里路"，这是一条亘古不变的哲言，也是自己在学习中始终坚持的座右铭。求学期间，趵突泉、漱玉泉、黑虎泉、珍珠泉、五龙潭、大明湖、黄河等济南名水胜地，都曾留下了自己与同学、朋友们的身影。

20岁那年，大学毕业。当年，被评为"省级优秀本科毕业生"，并以全级第一名的成绩被保送为研究生，继续在山东师范大学学习深造。在此期间，我曾和老师一起带领本科班学生赴青岛、烟台、威海等沿海地区进行专业实习，那婀娜多姿的海滨风光和绚丽多彩的海洋文化着实令自己陶醉不已。于是，我将自己的研究方向定位于山东海洋旅游，并一丝不苟地进行学术论文的撰写和毕业论文的写作。

在山东师范大学求学的七年，是相当充实的七年，是不断成长的七年，是收获颇丰的七年。23岁那年，硕士毕业。当年，被评为"省级优秀硕士毕业生"，并来到风景秀美的"江北水城"聊城，在"鲁西最高学府"聊城大学担任专业教师，成为学校引进的第一名旅游管理专业硕士研究生。聊城，享有"中国北方的威尼斯"之美誉，境内黄河、京杭大运河、徒骇河等河流纵横交错，东昌湖、鱼丘湖等湖泊交相辉映，形成了一幅"湖水相连，城湖相依，城在水中，水在城中"的美丽画卷。画卷之中，聊城大学如一颗闪亮的明珠镶嵌于古运河畔，东、西校区之间有徒骇河似一条玉带一般蜿蜒穿过。徒骇河西岸有一小区，名为明德公寓，那便是笔者的居住之所。在如此优美、恬静的环境中工作、生活，的确是一件令人惬意的事情，让人乐恋而不思离舍。

老子曾曰："上善若水，水善利万物而不争。"这位伟大的先哲告诫人们，人生最高的境界，就应该像水的品性一样，泽被万物而不争名利。而作为一名承担传道、授业与解惑重任的人民教师，自然更应以此作为自己的人生格言，淡泊名利，宁静致学。从教十年来，自己一直兢兢业业地工作在教学、科研工作的第一线，如春风化雨，润泽桃李。

孔子曾曰："三十而立。"对这句话的通俗理解是，30岁左右的年龄是应该成家立业的年纪。27岁那年，我娶了一位美丽温柔的妻子，买了一套百余平方米的房子，生了一个漂亮可人的孩子，再加上骑了几年的那辆国产自行车子和存款不到万元的票子，"五子"全部登科及第。30岁那年，成功获批"山东省社会科学普及与应用重点项目"，所选题目即为与自己始终形影不离的"山东水文化"。

在山东省辉煌悠久的历史长河中，既有源远流长、博大精深的黄河文化，又有农商融合、兼容并蓄的运河文化；既有开拓进取、开放包容的海洋文化，又有五彩斑斓、绚丽多姿的泉水文化；既有城子崖遗址、沂源猿人遗址等历史遗迹，又有"至圣"孔子、"智圣"诸葛亮等历史名人；既有南旺分水枢纽、东平湖等水利工程，又有黄河台房、蓬莱水城等防御建筑；既有"王景治河""徐福东渡"等历史传奇，又有"牛郎织女""梁祝化蝶"等爱情传说……

孔子又曾曰："知（通'智'）者乐水。"随着人们知识水平的不断提高，人们对于水文化的需求也日益增长。在此形势下，对山东省的水文化因子进行系统的总结和提炼，必将有助于拓展人们的视野，陶冶人们的情操，启迪人们的心灵，增强人们对山东省水文化的认识、理解和认同，进而打造山东省独具特色的文化旅游名片。这是此书写作的最终目的，也是自己 30 余年来的最大夙愿。

小传一篇，权作为序。

宋立杰

2016 年 12 月

第一篇

黄河之蕴

篇　序

大河东去浪淘沙，英雄治水泽万家。
雄师横越将军渡，好汉出没蓼儿洼。
黄土摇身变黑陶，黏壤脱胎成泥娃。
岸边犹觅台房影，黄河之蕴名天下。

一　龙山黑陶

"黄河之水天上来，奔流到海不复回。"黄河，古称"河"，发源于青藏高原巴颜喀拉山北麓的约古列宗盆地，似一条巨龙一般，一路蜿蜒东流，依次穿越青藏高原、黄土高原、内蒙古高原、华北平原后，在菏泽市东明县进入山东境内，流经菏泽、济宁、泰安、聊城、济南、德州、淄博、滨州、东营9市25县（市、区）之后，于东营市垦利县注入渤海。黄河全长5464千米，是中国第二大河，也是世界第六长河①。在山东境内，黄河全长为628千米，是山东第一大河。

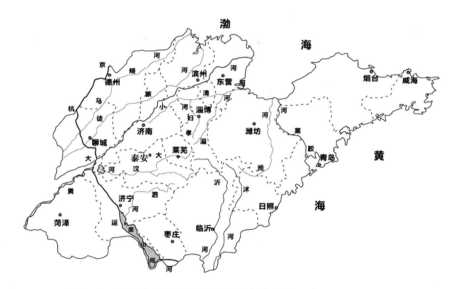

图1—1　山东省主要河流分布图（本书所有图片均为笔者原创）

综观世界历史，人类古代文明的发祥地大都位于河海之滨或河流交汇之地，如埃及的尼罗河、印度的恒河、美索不达米亚原野上的幼发拉底河和底格里斯河都是人类古老文明的血脉。黄河，是中华民族的母亲河，是中华文明最重要的发源地。因黄河为地上悬河，自古以来，洪水会周期性

---

①　世界大河中，前五位分别为尼罗河、亚马孙河、长江、密西西比河和叶尼塞河。

地泛滥，一方面给华夏先民带来了巨大的灾难，另一方面也带来了大量泥沙，形成广阔而肥沃的冲积平原。正是在这片黄色的原野上，孕育出了辉煌灿烂的黄河文明。

自黄帝王朝时期（传说中的五帝时代，含黄帝、颛顼、帝喾、尧帝、舜帝）开始，各个部落在黄河中下游地区不断繁衍、生息、发展，创造了璀璨的黄河早期文明，如甘青文明、中原文明、海岱文明，其代表性文化有仰韶文化、大汶口文化、马家窑文化、龙山文化等。其中，出现于海岱地区（齐鲁地区）的龙山文化是黄河早期文明的一个典型代表。

20 世纪 20 年代末，山东省济南市历城县的一个小镇几乎一夜成名，因为一位大学生的到来，因为他的一个偶然发现。这个小镇的名字为龙山镇（现为济南市章丘市龙山村）。在小镇东边的武原河畔上，有一块矩形台地，高出地平面 3—5 米，外形像一座城垣，当地人称之为城子崖。1928 年 4 月 4 日，清华学校（清华大学前身）人类学专业的大二学生吴金鼎[1]，在进行田野调查时，恰巧路过城子崖。在这座台地上，他不经意间捡到了一些破碎的遗物，有石块、贝壳、兽骨，还有几块陶片。凝视着这些陶片，吴金鼎陷入了深深的思考，而他的心情却随之越来越激动，越来越兴奋，因为他愈加确信自己发现的不是一般的陶片，因为它们的颜色是黑色，从未有人见过的黑色。这些陶片，有着一个非常响亮的名字——黑陶。这一以黑陶为主要特征的文化遗存，因首次发现于龙山镇，故被考古学家命名为龙山文化[2]，而出现在这一时期的黑陶则被统称为龙山黑陶。

龙山黑陶是新石器时代的一种黑色素胎陶质器皿。陶器之所以成为黑色，是因为在器皿烧制的最后一个阶段，人们从窑顶徐徐加水，使木炭熄灭并产生浓烟渗入器皿，从而将其熏黑，形成乌黑如漆的效果。龙山黑陶"上袭仰韶，下启殷商，左挽彩陶，右携青铜"，开创了陶器发展的新阶段，代表了陶器制作工艺的一个新高度。它聚水之柔，凝土之博，纳木之

---

[1] 吴金鼎（1901—1948），山东安丘人，著名考古学家。他是龙山文化的发现者，是中国最有成就的现代考古学家之一。

[2] 龙山文化，距今约 4600—4000 年，其文化遗存陆续被发现于山东、河南、山西、陕西等地。

秀，浴火之烈，发金之声，被誉为"五行之灵"。在龙山黑陶中，以蛋壳陶为绝品，它黑如漆、亮如镜、硬如瓷、声如磬、薄如纸，壁厚仅为0.3毫米，最薄处仅有0.2毫米，掂之飘忽若无，敲之铮铮有声，堪称东方艺术珍品，为世界陶艺一绝，被誉为"四千年前地球文明最精致之制作"。

在龙山黑陶漫长的演进历史中，经历了一个由粗糙到精致、由饮食到礼仪、由实用到艺术的发展过程，广泛地应用于日常生活、祭祀、社交、装饰等各种领域。然而，到了商代，随着青铜器的出现，这一精致典雅、魅力夺人的远古技艺，逐渐由盛转衰，至汉代已基本消失无迹。龙山黑陶技艺从此沉睡在历史长河的河底，这一睡就是两千年。

自20世纪70年代开始，沉睡了20个世纪的龙山黑陶技艺终于被唤醒了，唤醒它的是来自德州、济南等龙山文化故地的一批艺人。这些喝着黄河水长大的艺人，身体里流淌着激情澎湃的血液，骨子里透露着对黑陶艺术的热爱和痴迷，头脑里隐藏着水滴石穿、锲而不舍的坚定信念，心底里毅然决然地将传承黑陶文化的重任放在了自己并不太宽阔的肩膀之上。40多年来，他们先建工厂、研究所，再建文化产业园、博物馆，又建陶艺吧、刻陶学校，持续、系统、深入地对黑陶工艺进行挖掘、整理、优化，并不断将其发扬光大，使其走向全国，走向世界。自此，黑陶走出尘封的历史，涅槃重生。

龙山黑陶之所以能够在如此短的时间内家喻户晓、举世闻名，源于三个主要因素：优质原料、传统工艺和民族文化。

龙山黑陶的制作原料可不是普通的泥土，而是一种特殊的泥土，一种经黄河千年淤积而形成的泥土——黄河胶泥。胶泥质地细腻、密度较大、黏度适宜，是烧制陶器的最理想材料。然而，令人意想不到的是，在龙山黑陶再次问世之前，质量如此上乘的胶泥，竟是孩子们手中捏来揉去的泥巴，是他们一起追逐嬉戏的玩物。然而，稚子孩童手中的泥巴，一旦到了艺人们的手中，其待遇、身份却有了天壤之别。虽然泥巴还是那块泥巴，但它已不再是玩物，而成为艺人们的手中至宝。在他们手中，这一块块泥巴，将变成一件件精美绝伦的艺术珍品。

黑陶艺人秉承传统的制陶技艺，采用传统的手工轮制成型技术，其流程较为系统、讲究。胶泥取来之后，先筛土，再和泥，揉成泥块，然后就进入制陶最重要、最基本的环节——拉坯。将揉好的泥块放在转盘上，转盘不停地转呀转，艺人小心翼翼地用双手拉呀拉。慢慢地，奇迹出现了——那一团团的泥巴被拉出了各种各样的形状，如花瓶、笔筒、葫芦、香炉，不胜枚举。提到拉坯，相信很多人的脑海里会浮现出荧屏上那部经典的电影《人鬼情未了》里那令人陶醉的一幕：转盘旁边，莫莉（Moly）和萨姆（Sam）两人相互偎依，双手交织，任泥巴在手中飞速流转……蓦然之间，美妙的旋律在耳畔轻轻响起，悠扬的歌声叩动心扉："oh，my love，my darling，I've hungered for your touch……"

陶坯拉好之后，将其阴干3天左右，稍加修饰，即可进入下一个重要环节——雕刻。如果说黑陶形体制作的成败关键在于拉坯，那么其艺术价值提升的核心环节就在于雕刻。这不仅需要特制的雕刻工具和精湛的雕刻技法（如深雕、浅雕、透雕等），更需要别具一格的创作理念。黑陶艺人心中一直笃信这样一种理念："越是民族的，越是世界的。"于是，他们充分汲取中华民族的传统文化精髓，将其作为新鲜血液注入黑陶形体之中，使其有血有肉。同时，在雕刻过程中，充分吸收书法、国画、刺绣、瓷器等各类国粹艺术的精华。如此一来，黑陶不仅在形式上是精美的，在内容上更是丰厚的，因为它承载着太多太多的文化积淀。将沉甸甸的陶坯打磨光亮，阴干10天左右之后，方可入窑烧制。

烧制完成的龙山黑陶，乌黑似漆，明亮如镜，望之似金，叩之如磬，造型精致，工艺精湛，形神兼备，堪称乌金墨玉、巧夺天工。它下可进百姓厨房，上可进大雅之堂，是不可多得的雅俗共赏之珍品。

这些深受黄河之水泽被的黑陶艺人，用手中的一把把刻刀，将黄河畔的一块块胶泥，化作一件件美轮美奂的黑陶艺术品。他们就这样以自己独有的方式默默地报答母亲的恩情，默默地将黄河文化传承下去，将它传向遥远的地方，传向遥远的未来。

二　大禹治水

黄河是中华民族的母亲河，她不仅哺育了黄河两岸一代又一代儿女，也孕育了人类历史上唯一从未中断的中华文明。然而，这位伟大的母亲也是世界上脾气最大的母亲。在带给人类无限福祉的同时，这位善良的母亲却常常大发脾气，像一头凶猛的野兽无情地折磨着自己的亲生儿女，使人们对其既爱又畏。不过，爱畏交加的黄河儿女深知，母亲之所以发飙，并非出于本意，主要原因还是源于自己的照顾不周。他们对这位愤怒的母亲并没有任何怨言，而是采取各种方法极力改善她的生存条件，尽量减少她发脾气的机会。因此，自黄河决口泛滥的第一天起，黄河治理便随之开始。一部中华文明史实际上就是一部治河史，而开启这一历史的正是中华民族的伟大祖先之一——禹（全名为姒文命，"禹"为其号）。

4000 多年前，黄河母亲第一次大发雷霆。由于连降暴雨，致使洪水横流、房屋倒塌、良田湮没、五谷不登。中原地区成为一片汪洋，溺死饿死者不计其数，幸存下来的人们只好逃到高山上躲避洪灾，这是中国历史上第一次大悲惨的时代。时值黄帝王朝，最高领导人为五帝中的第四帝——尧帝（意为"好心肠的君主"，全名为伊祁放勋，"尧"为其号）。这位拥有菩萨心肠的帝王，当然不会忍心让自己治下的黎民百姓一直生活在水深火热之中。于是，尧帝下令治河，并将这一重任交给鲧（全名为姒鲧）——他是夏部落酋长，也是当时一位很有名的水利专家。

尽管鲧的名气很大，然而在此之前，这位水利专家治理的都是一些小河小渠，如此浩大的场面还是第一次遇见。因此，鲧在大河治理方面没有任何实践经验。不过，鲧对于大河治理却是信心百倍，因为在他的意识里，大河小河都是河，没有多少区别。既然小河能治，大河当然也能治；既然小河能堵上，大河当然也能堵上。于是，自他开始治水的第一天起，就注定了最终失败的结局。9 年时间都过去了，耗费了大量的人力、物力、财力，洪水非但没被制服，反而闹得更加凶猛。千百年来，鲧一直作为治水的反面典型为人们所嘲笑、讥讽，并将罪魁祸首归于"堵"字身上。其实，堵本身非但没有错，而且自古至今都是重要的治水方法之一。然而，鲧的堵水之法却是不合时宜的，因为在当时极其落后的生产条件下，仅仅以土筑堤来阻挡如猛兽般的洪水，是一定会失败的。鲧也为自己的失败付出了昂贵的代价——他自己的生命。

因治水无功，鲧受到各个部落的批评和抨击，最为激烈的来自虞部落的酋长、尧帝的女婿——舜（全名为姚重华，"舜"为其号）。他坚持认为鲧治水极为不力，应该受到最为严厉的惩罚。以天下苍生为重的尧帝接受了女婿的建议，并派人到羽山（今山东临沂市南）将仍在孜孜不倦辛苦工作的鲧处决。鲧以自己的性命为治水失利承担了责任，谁将继续担负起黄河治理的重任呢？老子走了，儿子顶上。因为夏部落是当时唯一拥有水利工程技术的部落，治水工作毫无疑问地落在鲧的儿子禹的身上。

禹受命治水，因"伤先人父鲧功之不成受诛"，故"劳身焦思"（西汉·司马迁：《史记·夏本纪》），发誓要治好水患。然而，对于治河，他仍然是一筹莫展。堵肯定是不行了，怎样才能完成先父未竟之事业呢？带着这个问题，禹踏上了实地考察的征途。他带领许多助手，一起跋山涉水，将黄河源头、上游、下游均考察了一遍，详细地了解了黄河流域的地情。这次考察是相当艰辛的，代价也是相当高昂的。有一天，他们来到今山东省的一条河边，突然狂风大作，乌云翻滚，电闪雷鸣，大雨倾盆，山洪暴发，卷走数人，众徒为之惊骇，故将此河命名为徒骇河。

尽管付出了很大的代价，但是实地考察的收获也是非常多的，其中最大的收获就是找到了治水之法。禹发现，黄河之所以如此肆虐，最重要的原因在于河道不畅。而造成河道不畅的原因竟然还是那个"堵"字，其主要表现有二：其一是一些天然高山挡住了黄河去路，其二是黄河泥沙淤积导致河道不通。因此，"筑堤堵水"的方法肯定是行不通的，它只能起到反作用，堵上加堵。若要治水成功，必须改变策略，变"堵"为"疏"——治水须顺水性，水性就下，导之入海；高处就凿通，低处就疏导。在这一治水思想的指导之下，禹着手开展如下两项重要工作。

第一，凿石开山。为了摆脱自然高山对黄河之水的束缚，禹带领众人，利用"烧石浇水"的原始方法凿石开山，畅通河道。其中，最为著名的开山工程莫过于凿通龙门了。当时，黄河中游有一座大山，名为龙门山（在今山西河津市西北）。奔腾东下的河水受到龙门山的阻挡，常常溢出河道，泛滥成灾。禹率领人们开凿龙门，凿开了一个宽80步的大山口。于是，河水畅行无阻，奔腾而下。一群群黄河金鲤亦随之而下，并不断欢快地跃出水面，好一番吉祥的景象。

第二，疏通河道。在此之前，龙门以下并没有固定河道。若要黄河之水安然地导入大海，必须开凿一条主河道，是为禹河故道——黄河之水自今河南武陟北流，经河南淇县、浚县、滑县、内黄、汤阴、安阳东，入河北临漳、成安，由沧州入渤海。禹河故道是黄河的第一条主河道，也是所有黄河故道中最北的一条。然而，由于黄河上游地势远高于黄河下游，水流太急，水势太猛，主河道承压过大，故尚需疏浚其他河渠，分其水势。

当时，在河北、山东之间的平原上有九条大河①，因泥沙淤积，致使河道不通、河水泛滥。禹带领众人利用简陋的石器、木器、骨器等生产工具，疏通九河，将相当一部分黄河之水引至九河河道，导入大海，从而大大减轻了主河道的排洪压力。

在禹的英明领导下，在人民群众的不懈努力下，历时13年，黄河水患最终得到圆满的解决。在其后的1500年里，黄河竟然没有发生一次大规模的改道，这不能不说是一个奇迹。而创造这一奇迹的最大功臣当然非禹莫属，不仅因为他的治水思想、领导才能，更因为他的以身作则。作为治水工作的最高领导人，他却躬亲劳苦、栉风沐雨，以至于形容憔悴，"腓无胈，胫无毛"②；他将所有心思都放在治水事业上，三过家门而不入；他，就是这样一位茹苦救世的圣人，是人们心中天神般的君主（因禹治水有功，后来舜帝非常愉快地将帝王宝座禅让给了他）。

人们感激这位伟大的先人，尊称他为大禹，即"伟大的禹"；人们缅怀这位伟大的先人，在各地建立了不计其数的庙宇陵墓、亭台楼阁，如山东禹城的禹王亭、河南开封的禹王台、浙江绍兴的大禹陵等；人们崇敬这位伟大的先人，编织了许许多多脍炙人口的故事传说，如禹凿龙门、三过家门而不入、火烧蛟河、禹铸九鼎……

大禹是我国古代伟人中最受人们尊崇的一个。人们之所以对其崇敬有加，不仅是因为治水本身，更是因为治水所折射出并因之而形成的大禹精神——公而忘私、为民造福的精神；实事求是、改革创新的精神；不畏艰险、负重致远的精神；艰苦奋斗、坚忍不拔的精神；身先士卒、团结治水的精神……

三　王景治河

黄河之所以容易决堤，最重要的因素在于泥沙的淤积。当卡日曲之水流经黄土高原时，这一带疏松的黄沙使得原本清澈的河水变得浊浪滚滚。黄河将越来越多的泥沙携至黄河下游河道，日积月累，河床渐渐升高，终

---

① 九条大河，分别为太史、复釜、胡苏、徒骇、钩盘、鬲津、马颊、简、洁。
② 语出《庄子·天下》，意为"大腿上没剩下多少肉，小腿上的汗毛都磨光了"。

于形成了"地上悬河",从而为黄河决堤埋下了严重的隐患。在大禹治水1500年之后的春秋时期,禹河故道下游河堤终于崩溃,黄河频繁决堤改道的序幕从此拉开。从春秋至民国2500多年间,黄河共决溢1500多次,改道26次(其中重大改道共7次),平均3年两决口,百年一改道。每次决溢,水沙俱下,淤塞河道,侵占良田,百姓生灵涂炭。

周定王五年(前602年),黄河在宿胥口(今河南浚县新镇堤壕村附近)决堤,禹河故道南移。黄河经今河南、河北、山东三省,自今德州复入河北,东入渤海,是为黄河第一次大改道。然而,当时周王朝王室衰弱,国力空虚,根本无力治理黄河。而其他诸侯国则忙于争夺霸权,也根本没有心思治理。更有甚者,黄河竟被人为决口,成为各诸侯国夺取战争胜利的一枚重要棋子(如秦国多次决黄河之水攻击并最终灭掉魏国)。由于黄河在东周、秦及西汉初年没有得到有效治理,仅过了470年,黄河又发生了第二次大改道。

汉武帝元光三年(前132年),黄河在今河南濮阳西南瓠子口决堤,洪水东南经巨野泽,由泗水入淮河。当时,西汉王朝正处于鼎盛时期,国库充盈。不过,此时武帝却将工作重心放在领土的扩张之上,故治黄工作进展不太顺利,屡堵屡决。在北平匈奴、西通西域、南复南越、西定西南夷(巴蜀以西地区)之后,西汉疆域达到空前的规模。心满意足的汉武大帝终于可以将心思放在黄河的治理上,不过至此时黄河决口已过20多年。

元封二年(前109年),武帝亲临瓠子口指导黄河治理工作,来之后的第一项工作却是写诗。因感慨20余年之治河无功,他作诗《瓠子歌》两首,一则抒发情怀,二则激励士气。赋诗之余,武帝派士卒数万人,伐淇园之竹并将其密集地插进决口处,后以用柴草填补竹间空隙,继而负土填塞。在武帝的监督和激励之下,士卒群情激昂,干劲十足,连随从官员也积极地投入背柴伐竹的队伍之中,不久就将瓠子口成功堵住。大功告成之日,武帝令人沉白马玉璧,以祀河神,并令筑宫于新堤之上,名曰宣房宫。自此,这一时期的水患得以解决。然而,此次治河却是治标不治本,并没有从根本上解决黄河决堤的危险。瓠子口工程结束仅过了140余年,黄河又在河北一带决堤了(黄河第三次改道),这一决就是半个多世纪。

始建国三年(11年),黄河在今河北临漳县西决口,河道南移,经河南、山东诸县，自今利津县入海，淹没了黄河下游数郡。此时，这位儒家学派的巨子、新朝皇帝王莽听说河水决堤东流并不会危及元城（今河北大名县）的祖先陵墓，便没有组织筑堤堵水，任其泛滥成灾，这似乎与儒家所极力倡导的"仁政"思想完全背道而驰，也为新朝的灭亡埋下了种子。短命的新王朝结束之后，中国便陷入改朝换代的混战时期。各个割据集团疲于厮杀，根本无暇顾及河水之灾。在光武帝刘秀统一天下、重兴汉室之后，刚刚结束长期战乱的东汉王朝满目疮痍、民生凋敝、人口锐减、国库空虚。一无人力，二无财力，治理黄河是一项根本不可能完成的任务。刘秀当前要做的主要工作是增加人口，增加财政收入，为治河做好充分的准备，而治河重任则落在他的儿子汉明帝刘庄身上。

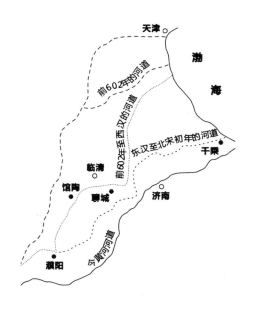

图1—2 古今黄河下游河道示意图

汉明帝统治中期，经过30余年的休养生息，东汉人口大量增加，经济实力显著增长，"天下安平，人无徭役，岁比登稔，百姓殷富，粟斛三十，牛羊被野"（南北朝·范晔：《后汉书·明帝纪》）。此时，黄河治理已具备了坚实的人力和物力条件，治河事宜不久便被提上了日程。自大禹治水之后2100年里，黄河之所以没有得到卓有成效的治理，其中极为重要的一个因素就是缺乏卓越的治河人才。刘庄是幸运的，因为在其当政期间，中华大地出现了一名出类拔萃的治水专家。在与这位专家就治黄问题进行一番深入探讨之后，刘庄便欢天喜地地将治黄的接力棒交给了他。这位专家的名字为王景。

王景（30—85年），字仲通，祖籍琅琊郡不其县（今山东即墨西南）。受家庭影响，王景少年时期就开始学习《周易》，并博览群书，特别喜欢天文、数术之学，而且工于心计，多才多艺，尤其擅长水利工程技术。汉明帝初年，有人推荐王景治水。于是，明帝令王景与王吴一起疏通浚仪渠，取得圆满成功，从而奏起了王景全面治河的前奏。

永平十二年（69年）夏天，明帝诏令整治黄河，命王景为治黄总指挥，王吴为副总指挥，一起主持治黄之事。在中华治水史上，有两种治水方案：堵与疏。鲧使用不合时宜的堵水之法将自己送上了断头台，而禹使用疏导之法成就了一代伟业。然而，王景在治水方面却超越了鲧禹父子，他采用"疏堵并用"之法来治理黄河水患，主要开展了以下两项重要工作。

第一，开河筑堤。王景认识到，黄河之所以泛滥，是下游河道因常年泥沙淤积高出堤外平地所致。要从根本上解决水患，必须"别有新道"。于是，王景亲自勘测地形，在西汉黄河故道之南另开新河道，并令人在两岸筑以坚固的大堤。新河道自荥阳（今河南郑州北）至千乘海口（今山东利津境内），长达千余里。通过截弯取直，新河道河身较短，地势较低，是黄河下游距离大海最近的路线，也是一条理想的行洪泄沙路线。

第二，分水分沙。他命军民开山凿渠，疏导洪流，将黄河之水分流至汴渠、济水、濮水、漯汤河等河渠，大大减轻了黄河主河道的防洪压力，减缓了河床的淤积速度。同时，为了进一步减少泥沙淤积，还利用两岸沼泽之地放淤、分沙，从而在一定程度上延长了河道淤积的过程。

自此之后，经三国、两晋、南北朝、隋、唐、五代等朝代近1000年，黄河下游都没有发生过重大的水灾（直至1048年，黄河才发生第四次大改道），出现了一个相对安流时期，从而在黄河治水史上谱写了一篇不朽的传奇，而这一传奇完成的时间却仅用了一年多。

"王景治河"得到了后人的极高评价。《后汉书》赞曰："（王景治河）底绩远图，复禹弘业。"清代魏源在其《古微堂记·筹河篇》中赞道："王景治河，千年无患。"

不过，令人有些疑惑的是，治水功勋如此卓著的王景，却没有成为后人顶礼膜拜的河神，这又成为黄河文化史上一个千古谜团。

四　河神信仰

黄河是中国的母亲河，既哺育了一代代中华儿女，又孕育了灿烂的中华文明。在黄河两岸广袤肥沃的土地上，中华民族依赖黄河的恩惠，世代繁衍生息。然而，受各种因素的影响，黄河时常决堤改道，河水泛滥成灾，给人们带来了无尽的苦难。对于黄河，人们爱畏交加。在原始社会，受自身知识水平所限，在先民的意识之中，黄河的风平浪静或喜怒无常不是率性而为，而是由一位神灵掌控。于是，在这种感恩和恐惧的双重情怀下，产生了原始的河神信仰。

最初，河神信仰是一种自然神崇拜，先民们将黄河本身视为一位至高无上的神灵，对其顶礼膜拜。当人类跨入新石器时代之后，受原始宗教观念的影响，河神逐渐从黄河本体中独立出来，由自然神发展成为一个人格化、社会化、世俗化的神灵，其间经历了一个漫长的演化过程。

史籍上记载的河神，最早的一位是河伯。河伯，名为冯夷、冰夷，传为华阴潼乡人。此人风流倜傥，面容姣好，却是一个无所事事、一心想成仙的花花公子。据说，若能喝上 100 天水仙花的汁液，便可成仙。然而，在当时，水仙花可是一种珍贵的花卉，并非轻易能够得到。于是，冯夷开始四处寻找。功夫不负有心人，他踏遍千山万水，共喝了 99 天花汁，再差一天就功德圆满了。不料，不幸的事情发生了。

时值黄河肆虐，河水漫流，地面上全是注满河水的沟沟岔岔。一次，他在经过一道原本水位不高的水沟时，河水突然暴涨。手足无措的冯夷脚下一滑，被黄河之水活活淹死。怀着一肚子怨气，冯夷只身来到天庭向玉帝告状，要求严惩黄河。经过一番细致考虑之后，宅心仁厚的玉帝任命冯夷为黄河水神（河伯）来治理黄河，一则可圆其成仙之愿，二则可报其被淹之仇。

然而，治理黄河却不是一件轻而易举的事情，对于没有治水经验的人来说更是如此。虽说河伯已升天成仙，可是他道行尚浅，没有任何法宝仙术。不过，在玉帝的指点下，他还是圆满完成了一件非常有意义的事情，为后人的治水工作提供了巨大帮助。他历尽千辛万苦，察看水情，了解地情，并将其一清二楚地画在了一张图上，这就是举世闻名的《河伯图》。身心疲惫的河伯已无力亲自完成治河重任，只好到黄河河底休养生息，等待着另一位治水能人的出现，并亲手将此图交付于他。不久，中华大地上就出现了这样一位治水能人，他的名字叫作大禹。在《河伯图》的指示下，大禹终于完成了伟大的治河壮举。

在先秦时代，人们一直将河伯奉为神明加以敬奉，"河伯乃黄河水神，自殷商而降，至于周末，为人所奉祀，位望隆崇"①。不过，祭祀的方式却有些惨无人道，令人发指。在人们朴素的意识中，黄河之所以泛滥，缘于黄河之神河伯的愤怒。而愤怒的根源，在于河伯没有媳妇。于是，为了取悦河伯，迷信的人们每年都会含泪将一位如花似玉的妙龄少女扔进滚滚黄河，这便是所谓的"河伯娶妻"。而对于大禹，人们一直将其视为泽被后世的治水英雄，多数情况下并没有将其视作具体的河神。

河伯之后的河神为西汉名臣王尊。王尊，西汉涿郡高阳（今河北高阳县）人，生卒年不详，以执法严格、执政为民著称于世。在他担任东郡太守（相当于地级市市长，治所在今河南濮阳）时，恰逢黄河暴涨，洪峰陡起，河堤决口。为保一方百姓平安，王尊不畏艰险，亲自率领民众修坝筑堤，并将自己的住所搬到大堤之上，誓与大堤共存亡。洪水再次到来之时，民众纷纷逃离，唯有王尊岿然不动，一直在此坚守。所幸的是，黄河之水渐渐退去，河水安澜，大堤无恙。人们都为这位父母官的舍己为民、舍生取义的精神所深深感动。"及卒，民为立河侯祠祀之。"（清·陈梦雷：《古今图书集成·神异典》卷二十七）值得一提的是，与王尊同时代的治河能臣王景虽然功绩卓越，却只能享受与大禹相同的待遇——一名为世人仰慕的治水英雄。

王尊之后，再也没有出现过新的河神，一直到唐代才被龙神所替代。龙是我国古代传说中的神兽。古人认为龙能兴云布雨，主晴雨旱涝，民间自古以来就有祭祀龙神祈雨的风俗。唐代之后，随着佛、道两教的日益兴盛，龙神的地位不断提高，逐渐占据了江河湖海各处水域，并被尊奉为龙

---

① 袁珂：《中国神话传说辞典》，上海辞书出版社1985年版，第253页。

王，成为民间水神信仰中最为重要的神祇。人们在各地水域附近兴建龙王庙供奉神灵，祈求风调雨顺，五谷丰登。其实，黄河龙王与海中龙王并无二异，不但住所相似，而且都能呼风唤雨，支配鱼鳖虾蟹。也正是因于此，龙王并非黄河专神，而是带有广泛的普适性，这种传统一直延续至今。

明清时期，黄河两岸的人们所崇信的河神主要是大王和将军。大王有6位，将军共64位，大王的身份更为显贵。6位大王分别为金龙大王（谢绪）、黄大王（黄守才）、朱大王（朱之锡）、粟大王（粟毓美）、宋大王（宋礼）、白大王（白英），按其出身大致可以分为三类。朱大王、粟大王、宋大王均为历史上较有作为的河官，为治黄事业历尽千辛万苦，鞠躬尽瘁。黄大王、白大王属于民间传说中被神化的治水人物。而金龙大王既不是治水功臣，也不是治河历史中的传奇人物，甚至压根儿跟黄河没有关系，却是六大王中地位最高、神威最著、朝野供奉最多最广的一位。

金龙大王，本名谢绪，南宋钱塘县北孝女里（今浙江杭州良渚镇安溪）人，为东晋宰相谢安之后裔、南宋谢太后之堂侄。在家排行老四，故又被称作"金龙四大王"。"因愤权奸当道而隐居金龙山巅，筑望云亭读书其中，元人来宋掳太后北去，谢绪叹曰：'生不能图报朝廷，死当奋勇以来贼。'作诗自悼，书讫赴水死。"（清·陈梦雷：《古今图书集成·神异典》卷二十七）明初，为了抬高明太祖朱元璋的身份，增强其反元的号召力，激励人们的反元情绪，朱元璋的谋士们将这位宋室外戚、重臣之后、慷慨赴死、品行高洁的谢绪拉了出来，并编纂了一个"大王显灵"的神话——"元末我太祖与元将蛮子海牙战于吕梁，元师顺流而下，我师将溃。太祖忽见空中有神披甲执鞭，惊涛涌浪，河忽北流，遏截敌舟，震动颠撼，旌旗闪烁，阴相协助，元师大败。太祖异之。是夜梦一儒生，披纬语曰：'余有宋会稽谢绪也。宋亡，赴水死。行间相助，用纾宿愤。'太祖嘉其忠义，诰封为金龙四大王"（清·朱寿镛：《敕封大王将军纪略》）。因谢绪最初显灵的吕梁之地（徐州境内的一段黄河），自元朝开始就是京杭大运河借黄河行运的一段河道，故金龙四大王自诞生之日起就兼具黄河之神与运河之神的双重神格。

值得注意的是，由于明清时期京杭大运河是南北漕运的通道，与黄河关系非常密切，故而金龙四大王之外的其他黄河水神（如宋大王、白大王等）也常常成为运河水神。而正是在这一时期，因宋大王、白大王在山东境内治水的缘故，山东地区的河神信仰开始具备了某种程度的地域性特征。

为了供祭河神，人们在沿河一带修建了大大小小的大王庙，并创造了形形色色的祭祀仪式。每逢大王生日这天，人们会举行盛大的庙会，其间香火缭绕，钟声不绝，异常热闹。每逢重大节日（如除夕、二月二等）或重要日子（如船泊靠岸、洪水到来或退去之时等），人们都会到庙里烧香许愿、还愿……

如今，大王庙虽已所剩无几，然而民间河神祭祀遗俗犹存。这些都将永远成为黄河文化乃至中华传统文化宝库中一笔无比珍贵的文化财富。

五　东平湖

在山东省泰安市东平县西部，坐落着一处三面环山、山水相映的巨大天然湖泊，名为东平湖。其湖区总面积627平方千米，常年水面面积124平方千米，平均水深2.5米；是山东省第二大淡水湖。作为黄河下游唯一一处自然湖泊，东平湖的形成经历了一个颇为漫长的演变过程。

早在春秋时期，受地质构造运动的长期作用，在今菏泽市巨野县东5里处，出现了大片低矮的洼地，黄河、济水、汶水等诸河之水汇集于此，形成了一处南北长300里、东北宽100余里的大型湖泽，名为巨野泽（或大野泽），这便是东平湖的雏形。由于黄河屡次决口，泛滥成灾，滚滚洪水猛烈注入巨野泽，使其水面持续扩大，而伴随洪水而来的大量泥沙又不断淤积，致使巨野泽的位置逐渐向北推移。至五代后期，巨野泽的中心移至今济宁市的梁山，遂形成了"山排巨浪，水接遥天""周围港汊数千条，四方周围八百里"的巨型湖泊——梁山泊。

金代，因黄河改道南行，以致济水被湮没，梁山泊逐渐干涸，大部分变为田地。元代，由于黄河又多次决堤，梁山泊又一度水势大涨。元末明初，梁山泊因为失去黄河水源补给，出现大面积干涸，最终退缩为南北两个小型湖泊：南湖位于南旺镇境内，称作南旺湖；北湖位于安民山脚下，称为安山湖。明永乐九年（1411年），随着会通河（明代临清会通镇至徐州夏镇之间的运河）的疏浚和南旺分水枢纽的修建，南旺湖（已细分为南旺湖、蜀山湖、马踏湖三湖）、安山湖又成为运河之畔用来分水济运的重要水柜。

清咸丰五年（1855 年），黄河在铜瓦厢决口北徙，滔滔河水灌入安山湖，"旁溢四出，纵横数十里，民田汇为巨泽"（清光绪《东平县志》）。因湖水淹没之处均在东平县辖区，遂始有"东平湖"之名。随着运河的断航，南旺诸湖不仅彻底失去了其运河水柜的作用，而且因长年疏于保护而逐渐干枯，直至完全消失；而东平湖由于有汶河之水补给，从而成为梁山泊的唯一遗存水域。

新中国成立之后，为了加大黄河下游洪水的防御力度，人民政府将东平湖确定为黄河自然滞洪区，修筑并加固了沿湖堤坝。20 世纪 50 年代末至 60 年代初，为了防止特大洪水灾害，人民政府在自然滞洪区的基础上，修建了由一级湖区和二级湖区构成的东平湖水库。如今，东平湖除承担防洪功能之外，还在南水北调工程中充当着极为重要的枢纽角色。它是南水北调东线上的最后一座蓄水湖，因其海拔最高而享有"天池"之美誉。

东平湖碧波荡漾，山水一色，杨柳依依，粉荷满池，菱芡铺绿，芦花飘飘，风光无限旖旎。东平湖的中心矗立着一座小岛，名为湖心岛，其最高点上原有一座凉亭，名作洄源亭，为唐代著名文学家、时任东平郡太守（相当于地级市市长）的苏源明所建。一次，苏源明邀请濮阳、鲁郡、济南、济阳四郡太守来此饮酒赏景，吟诗作乐，共叙同僚之谊。酒至尽兴之时，苏太守诗兴大发，高声吟唱道："小洞庭兮牵方舟，风袅袅兮离平流。牵方舟兮小洞庭，云微微兮连绝陉……"自此之后，东平湖便享有"小洞庭"之美名。宋代著名文学家苏辙曾夜过梁山泊，为小洞庭的美景陶醉不已，挥笔写下了"更须月出波光净，卧听渔家荡桨声"的美妙诗句。

东平湖不仅拥有美丽的自然风景，更具有深厚的人文底蕴，其中以水浒文化最为闻名、最具特色。作为水浒文化的发祥地，这里曾孕育了一个个家喻户晓的水浒英雄，这里曾上演了一幕幕令人荡气回肠的水浒传奇，这里也留下了一处处弥足珍贵的水浒遗迹。

东平湖中的湖心岛，又名土山岛，如一叶方舟，漂荡于碧波之中。因

"山无险岩状，所生草木，随日无影"（清道光《东平州志》），故又称无影山。北宋时期，山下水洼遍布，港汊纵横，苇蒲蔽日，遂成为水浒英雄的最初根据地，这里便是《水浒传》中的蓼儿洼。相传，晁盖、吴用、公孙胜、刘唐、阮氏三雄等七位头领智取生辰纲之后，为了躲避官府缉捕，便来到这座适于藏身的土山岛，并在此结拜聚义，掩藏宝贝，惠泽乡民，故土山岛又名聚义岛。晁盖不幸殉难之后，依其遗愿葬于此岛，魂归蓼儿洼。岛上原有一处寺庙，名为观音堂，为纪念生性喜爱梅花的晁盖首领，人们将其易名为藏梅寺。

东平湖西岸有一座小村庄，名为石庙村，原名石碣村，是为水浒水军头领阮氏三雄的故乡。这三位兄弟虽靠打鱼为生，却都练就一身好武艺，素来不畏强暴，杀富济贫，行侠仗义，路见不平一声吼，该出手时就出手。当吴用闻听他们的英勇事迹之后，颇为激动，遂数次来到石碣村，邀其共谋劫纲大计。在智取生辰纲之后，阮氏三兄弟与众头领义结金兰，离开家乡，共赴梁山，与诸位兄弟一道，风风火火闯九州，成为梁山一百单八将中响当当的英雄人物。如今，石庙村中居民，多为阮氏三雄后代，他们不仅以阮氏后裔为荣，而且仍然保留着祖先的遗风余韵，比如善水中捕捞、喜舞枪弄棒、好饮酒豪放，等等。

东平湖东岸有一座小村庄，名为罗庄村，这里是中国章回小说鼻祖、中国古代小说巨擘罗贯中的故里。因自幼生活在梁山泊之畔，从小就对梁山好汉的故事耳濡目染，再加之自己天性明敏，博览群书，遂于明初创作了一部举世名著、旷世奇书，名为《水浒传》。然而《水浒传》一经问世，却在朝野上下引起一片震动。刚刚靠起义登上皇帝宝座的明太祖朱元璋，在其根基未稳之时，却横空出现了这样一部不合时宜的反书，不由得大发雷霆，怒斥作者罗贯中大逆不道，欲除之而后快。因此，面临满门抄斩之危的罗氏家族，不得不离开祖籍罗庄，远走他乡。于是，罗庄虽以"罗"姓命名，但至今村中仍无一人姓罗。

三百里水泽，八百里水泊，运河之水柜，黄河之水库，万顷碧水之秀，堪比洞庭之美，这就是水浒梁山泊，这便是水韵东平湖。

六　大汶河

据西汉初年《淮南子·天文训》记载：从前，共工与颛顼①争夺帝王之位，引发了一场惊天动地的大战，战争以颛顼笑到最后而结束。铩羽而归的共工在恼羞成怒之下，一头撞向地处西北方向的不周山，顿时天塌地陷。天空因失去不周山的支撑而向西北方向倾斜，日月星辰因此均向西北方向移动，而东南方向系挂大地的大绳也因之绷断，大地的东南角随即陷塌，从而造成天下江河尽向东南流的局面。然而，在山东泰安境内，泰山之阳，却有一条河流反其道而行之，这条自东向西流淌的河流名为大汶河。

大汶河，古称汶水，是黄河在山东的唯一支流，是黄河入海之前的最后一条支流，是泰安市最大的河流，也是全国罕见的一条倒流河。它发源于泰莱山区，由东向西流经莱芜、新泰、泰安、宁阳、肥城、东平、汶上等地之后，注入东平湖，最终汇入黄河，全长 208 千米。大汶河之所以倒流，固然是因其所处地形东高西低而致，不过，对于这一特殊现象的形成，当地却流传着一个动人的传说。

据说，汶水一路向西蜿蜒，清清的河水一直流入西天王母池内，专供王母洗浴之用。当东海龙王敖广闻知此事，颇为震怒。天下大江大河，皆归东海，而一条小小的汶水，却背朝东海西流去讨好王母，真是岂有此理！敖广立即将管辖汶水的小青龙召来，狠狠训斥一番，并责令它尽快将汶水改道东流。几天之后，却无任何音讯，有些忐忑不安的敖广立刻命自己的三女儿下凡督查。

当三姑娘来至汶水岸边，发现河水依旧浩荡西流，心中不免生出些许恼怒。前来请罪的小青龙告知，若将汶水改道东流，河水将泛滥成灾，伤及无数黎民百姓，故而斗胆以下犯上，维持原状。闻听此言，心地善良的三姑娘怒气渐消，立即返回龙宫替小青龙求情，并请求父王撤销之前的命令，以免苍生之苦。正所谓龙言既出，驷马难追，倘若食言，岂不让王母

---

① 共工，传为炎帝后代，是颛顼时代一个比较强大部落的首领；颛顼，传为五帝之一、黄帝之孙。

耻笑，堂堂龙王颜面何存？于是，刚愎自用的敖广非但没有听从女儿的劝告，还将其斥责一通，并将汶水改道事宜交由女儿负责，以三天为限。若有违抗，严惩不贷。

俗话说，有其父必有其女。敖广独断专行，三姑娘也一意孤行。三姑娘回到汶水之后，将父王的命令置于脑后，与小青龙日夜奔走于汶水两岸，下雨降露，润泽苍生，百姓无不感恩戴德。而龙颜大怒的敖广多次大发洪水以图改道，镇守此地的三姑娘始终没让父王的阴谋得逞。为了感谢三姑娘的恩德，人们在汶水下游修建了一座精巧的寺庙，名为三娘庙。在三姑娘的庇佑之下，汶水一直未曾改道，至今仍源源不断地向西流淌。

大汶河支流众多，比较著名的支流有五条，分别为牟汶河、柴汶河、石汶河、泮汶河、瀛汶河。五汶汇流之处，称为大汶口。此处河面宽阔，水势平缓，过去曾是一处著名的古渡口。这里是古人跨越大汶河这一天然屏障的最易之处，也是南北古驿道的必经之路。一时之间，千帆竞渡，百舸争流，一幕幕繁荣旺盛的景象化作一幅幅美丽动人的图画，这便是素有"泰安八景之一"之誉的汶河古渡。《诗经》中有关于汶河古渡的最早记载："汶水汤汤，行人彭彭。鲁道有荡，齐子翱翔。汶水滔滔，行人儦儦。鲁道有荡，齐子游敖。"①

古人穿越汶水的方式极为特殊，其间也经历了一个复杂的演变过程。据说，最初汶水只是一个小水沟，人们只需要轻轻一迈即可越过。后来，由于山水长期的冲刷，小水沟渐渐变成一条小河，路过的人们便将挑东西的扁担放在小河两岸，搭成一座独木桥。随着河床越来越宽，扁担的长度已无法满足渡河的需求。于是，"筏瓮渡水"的渡河方式便应运而生——渡河工具为一口四周捆绑着木棍等漂浮物、形似木筏的大瓮，渡河之人或货物皆置于瓮中，由水性极好的健壮男子数人边游边推，送至对岸。随着社会经济的发展，过往行人及货物越来越多，以瓮渡河的传统方式显然不再适用，逐渐退出历史舞台，取而代之的是木制渡船。有了渡船，便有了

---

① 语出《诗经·齐风·载驱》，译文为："汶水日夜哗哗淌，行人纷纷驻足望。鲁国大道宽又平，文姜回齐去游逛。汶水日夜浪滔滔，行人纷纷驻足瞧。鲁国大道宽又平，文姜回齐去游遨。"文姜为一绝色美女，是齐国国君齐僖公的次女、鲁桓公的夫人。文姜回家省亲时需穿过汶水，鲁桓公特在大汶口渡口附近为其修建行宫，名为文姜台，谁料后来却成为文姜与其同胞哥哥齐襄公的幽会之所。此诗即是对这一乱伦行为的讽刺。

渡口，这便是汶河古渡。

　　早在 6300 多年前，就有一批古代先人来到汶河古渡附近，在此繁衍生息。他们将泰山石打造成精制的石器（如石铲、石刀、石斧、石凿等），耕作农田，种植庄稼（主要农作物为粟，即小米）；他们用石块、木头、树枝等材料搭建棚栏，饲养家畜家禽（如猪、羊、牛、狗、鸡等）；他们将兽骨、兽角、河蚌磨制成尖锐的利器（如长矛、匕首、鱼镖、箭镞等），猎取野物（如獐、斑鹿、狸等），捕获河鲜（如鱼、龟、鳖等）；他们用汶水两岸的泥土烧制成色彩明艳、纹理丰富的彩陶，还将玉石、兽骨、象牙雕刻成精美绝伦的工艺品……正是这群勤劳勇敢、心灵手巧的人，造就了灿烂辉煌、举世闻名的大汶口文化。

　　其实，先民之所以选择在此地栖居，绝非偶然之举。这里不仅拥有丰富的水源，更拥有肥沃的土壤。大汶河两岸为冲积平原，地势平坦，土层厚实，质地优良，肥力强劲。这片肥美的土地拥有一个响当当的专有名字，叫作汶阳田。

　　春秋战国时期，汶阳田本属鲁国所有，但因其土地肥沃且处于齐、鲁两国交界处，故而招致齐国的觊觎垂涎，并由此引发了多次战争，留下了"自古闻名膏腴地，齐鲁必争汶阳田"的千古佳话。在众多战争之中，最著名的当属爆发于周庄王十三年（前 684 年）的长勺之战。在此次战役中，著名军事理论家曹刿灵活运用"一鼓作气，再而衰，三而竭"的作战原理，书写了一部以弱胜强的战争传奇，最终使得汶阳田重返鲁国（成语"汶阳田反"即源于此）。

　　悠悠汶河，浩荡西流，它默默地哺育着一代代两岸人民，静静地诉说着一个个动听的故事……

七　黄河鲤鱼

　　鲤鱼，因其鳞有十字纹理而得名。它是我国一种古老的珍贵鱼类，自古以来即有"鲤为鱼王"之美誉。在我国，鲤鱼是一个种类繁多的大家族，共有成员 20 多个，其中以黄河鲤鱼最为著名，它与松江鲈鱼、太湖银鱼和长江鲥鱼并称为中国四大淡水名鱼。黄河鲤鱼之所以享誉古今，美名远扬，缘于三个重要因素：美、高、富。

鲤鱼之美，美于其色，美于其形，美于其味。首先，黄河鲤鱼又被称为赤鲤、黄鲤，鳞翅金黄，闪闪发光，鱼尾赤红，鲜艳秀美，宛如华贵少妇披一件华美的外衣，艳丽夺目，光彩照人。这种金赤相合的体色，在淡水鱼中是极为罕见的。来自黄土高原的泥沙，在带来了丰富营养成分的同时，也造就了独特的生存环境，从而成就了黄河鲤鱼瑰丽迷人的体色。其次，黄河鲤鱼不仅颜色艳丽，而且体态丰腴，体形健美，身材修长，婀娜多姿。这位衣着华丽的华贵少妇，竟然天生拥有一副好身材，真是令人羡慕。若将黄河鲤鱼誉为"美人鱼"，它应当之无愧，实至名归。最后，黄河鲤鱼肉质肥厚、细嫩，味道纯正、鲜美，肥美甲天下，故民间素有"无鲤不成席"之说。

鲤鱼之高，高于价值。首先，黄河鲤鱼是一种高蛋白食物，含有丰富的人体必需的氨基酸、微量元素（如铁、铜、锌等）和大量元素（如钙、镁、磷等），具有极高的营养价值。其次，黄河鲤鱼还具有较高的医疗价值。据《本草纲目》《神农本草经》等古代经典医书所述，黄河鲤鱼是入药的上佳补品，有养肝补肾之功能，有开胃健脾、利小便、消水肿、去寒气、下乳汁之功效，对中耳炎、赤眼病、孕妇浮肿、月经不调等病症均有一定疗效。

正因于此，鲤鱼自古至今一直被视为名贵佳肴，深受人们的喜爱。关于鲤鱼的最早记载见于《诗经》，其中有诗云："岂其食鱼，必河之鲤。"在古代文献中，"河"专指黄河，"河之鲤"当然指的是黄河鲤鱼。在汉代，也有许多赞美鲤鱼的诗文，如"就我求珍肴，金盘脍利于鲤鱼"（东汉·辛延年：《羽林郎》）。南梁时，著名医学家陶弘景称鲤鱼"为食品上味"。隋朝时，鲤鱼更是被列为"水陆八珍"之一，与熊掌、豹胎相媲美。作为一种备受青睐的佳味珍肴，鲤鱼在高档宴席中非但不能缺少，而且一直被当作一道最硬的菜，承担压轴的重任。

在中国诸大菜系中，鲁菜向来名列榜首，名冠天下。而在鲁菜之中，有一道菜历来被尊为山东名菜之首，这就是闻名遐迩的"糖醋黄河鲤鱼"。这道名菜最早始于济南市的黄河重镇洛口镇，烹饪时所用的原料正是来自洛口以北的黄河深水处的鲜活鲤鱼。烹饪时，先将鱼身割上刀纹，外裹芡糊，下油炸后，头尾翘起，再用著名的洛口老醋加糖制成糖醋汁，浇在鱼身之上。于是，一道精美的菜肴新鲜出炉。此菜色泽深红，香味扑鼻，外脆里嫩，酸甜可口，实乃不可多得的人间美味。

鲤鱼之富，富于文化。人们之所以对鲤鱼情有独钟，不仅是因为它那动人的姿色和可口的美味，更是因为它所蕴含的丰富的文化内涵。在世界上，中华民族是最具鲤鱼情结的民族。自大禹治水开始，中华民族在几千年的时间里逐渐将自己神圣的信仰、丰富的情感、美好的愿望注入鲤鱼的身上，形成了源远流长、绚丽多姿、独具特色的中华鲤鱼文化，涉及人们生活的各个领域。

在饱尝河患洪灾的古人眼中，鲤鱼是一种具有"神性"的圣鱼，由于鲤鱼的外形（尤其是鳞片）酷似神龙，由于鲤鱼能够在惊涛骇浪中自由自在地游弋，因此，鲤鱼一直以来都被视为龙的化身，并被作为一种神圣的图腾，为人们顶礼膜拜。这种原始的崇鲤文化在日常生活、古典文学以及神话传说中均有反映。在多处母系氏族社会遗址（如半坡遗址）出土的彩色陶器上，都绘刻着鱼状花纹。在民间的祈雨仪式等祭祀活动中，鲤鱼都是不可或缺的重要贡品。在中国许多古代文献、诗词歌赋（如《诗经》《吕氏春秋》等）中，鲤鱼被赞为"鳞介之主""诸鱼之长"，拥有神变化龙、呼风唤雨的本领。另外，民间还流传着"鲤鱼跳龙门""琴高乘鲤渡海"等妇孺皆知的神话传说，在表达了人们的崇鲤信仰之余，也饱含了人们希望奋发向上、飞黄腾达、立地富贵乃至长生登仙的美好期盼。

早在春秋战国时代，鲤鱼就被当作极为贵重的礼品相互馈赠，一是因为鲤鱼是上等美味，二是因为鲤鱼繁殖力强，生长迅速，是人丁众多、家族兴旺的象征。据《史记·孔子世家》记载，周景王十四年（前531年），孔子与其妻亓官氏生下一子。是年，年仅20岁的孔子只是一位名不见经传的仓库管理员。不过，他的才华已崭露头角，并得到当时的鲁国国君昭公的赏识。于是，这位初为人父的普通小吏收到了一份来自国君的厚礼——一条肥硕的大鲤鱼和一份美好的祝愿——子孙满堂。孔子为之深受感动，"嘉以为瑞"，并当即给儿子起了一个好名字——孔鲤（字伯鱼）。有趣的是，孔子之后，竟是七世单传，直到第八世才开始繁衍，宗支逐渐旺盛。

在鲤鱼所负载的人类情感中，最浪漫的当是鲤鱼传情。鲤鱼和鸿雁一起，作为书信大使，传递着人世间的友情、爱情。在古时，人们将书信写在绢帛上，然后将其装在鲤鱼腹内，送给亲朋好友或心仪之人。这种送信方法的确是有些罗曼蒂克，可是以生鱼做信封，问题也是很多的，比如成本昂贵、腥味十足，而且信封不能保鲜。后来，人们对信封进行了改良，改用两块木板拼成鲤鱼之状作藏书之函，来传递彼此的情谊。"客从远方来，遗我双鲤鱼；呼儿烹鲤鱼，中有尺素（即绢帛）书"，东汉蔡邕的这首乐府诗《饮马长城窟行》中的诗句，正是对古代"鱼传尺素"传统的生动写照。

由于"鲤"与"利"谐音，"鱼"与"余"谐音，有富裕、富贵之寓意，再加之上述文化内涵，鲤鱼因此成为我国民间流传最广的吉祥物之一。在窗花剪纸、建筑雕塑、织品花绣、器皿描绘等民间传统艺术中，鲤鱼形象随处可见。"年年有余""吉庆有余""娃娃抱鱼""富贵有余""双鱼戏水""鱼跃龙门"等民间吉祥纹图，都表达了人们对美好生活的憧憬和向往。

作为鲤鱼的典型代表，黄河鲤鱼以其优美的身姿、高贵的价值和丰富的文化内涵，无疑是中华黄河文化、中华鲤鱼文化乃至中华传统文化的一张永恒的名片。

八　黄河台房

自古以来，黄河就是一条多沙的河流。大量的泥沙被滚滚河水携至黄河下游，在黄河大堤与主河槽之间不断沉积，最终演变成为一种独特的河道形态，这便是集行洪、蓄洪、滞洪、滞沙、沉沙等功能于一身的"黄河滩区"。这是一片辽阔肥沃的土地，更是一片危险四伏的土地。为了生存，一批批勤劳勇敢的人不畏艰险来到这片沃土，并世世代代在此耕作。为了躲避洪水灾害，人们在滩区之上建造了一种颇有特色的民居建筑——台房，造就了黄河下游一道亮丽的风景。

台房是黄河下游滩区最流行、最实用、最具特色的传统民居建筑，其最大的特点就是房屋建于高高的避水土台之上。在不同河段，土台的称呼亦不相同。山东梁山县以东的地方称之为房台，以西的地方称之为岗子。不过，房台与岗子有明显区别。房台为一户一台，相互独立；而岗子则是数户甚至数十户共用一台，彼此相连，形成一条长长的黄泥岗。一条岗子为一条街道，几条岗子则形成一处村落，故岗子又被称为村台。滩区内村庄的名字常以房台命名，如李家台子、张家台子等，比比皆是。

房台坡面呈较为规整的梯形，共分四面。正面辟有上台下台的斜坡道，一般不设台阶，以方便农车通行。其他三面遍植树木花草，以便防止黄土流失、大水冲击。房台之上，筑有房屋。有意思的是，房屋既没有院墙，也没有大门，只有用树枝或庄稼秸秆扎成的简陋的栅栏，为的也是防水防沙。房屋矗立于高台之上，掩映在绿树红花之中，那景象相当壮观，煞是迷人。另外，为了防止雨季暴雨冲刷土台，房台四面均修有"流子"，以便于排水。雨水自房台汇集之后，顺"流子"而下，注入台下街道的沟渠。

建造台房的第一道工序就是修筑房台，俗称夯房台、垫房台或砸岗子。由于房台的质量直接关系到台房的安危，故而夯房台是台房建造过程中最为重要的一项工作。又因房台的建筑材料是来自黄土高原的质地松散、易被冲蚀的黄土，因而夯房台可是一项极其费时费力的工作，短则几月，长则数年。在滨州市近郊黄河滩区的村庄，过去曾盛行这样一种习俗：自男孩出生之日起，家里就开始为其垫房台；有空就垫，没空就停，垫垫停停，时辍时作，如是累月累年，20余年成一台；等至孩子长大成人之后，即可在土台之上营建新房。

房台的质量，关键在于打夯的质量。打夯又称打硪，所使用的工具为几十斤甚至上百斤的石硪，按其形状分为烧饼硪、灯台硪、立柱硪等。打夯不仅是一项重体力活，更是一项技术活，非一般人所能胜任。打夯时，几个身体健壮的男人为一组，每组有一名组长，称为号头。号头一般由有经验的、嗓门大的年长者担任，其责任有二：一是扶夯，以控制打夯时的方向、安全和密度；二为领唱，即引领本组组员齐声高唱夯号。

打夯是一项集体参与的重体力活动，而且相当单调乏味。为了保持打夯动作的步调一致，为了振奋工作激情、激发工作活力，为了使单调的活动不再那么枯燥沉闷，打夯时一定要唱夯号，即所谓的"建房不打哑巴夯"。夯号的种类五花八门（如梁山号、博兴号等），风格各异，有长有短，有快有慢。总体来讲，可分为两大类：长号和短号。长号也称大号，长于抒情，其声调苍凉悲怆，曲折委婉。短号也叫小号，短小精悍，其声调短暂急促，铿锵有力。每逢月出河东之时，但闻夯声阵阵，此起彼伏。

那集力的凝聚与情的抒发于一身的夯号之声，悠扬嘹亮，高亢豪迈，振人心扉，憾动天地。就在这慷慨激昂、质朴自然的号声之中，人们像燕子衔泥垒窝一般，将一层层土坯夯得结结实实，筑起了一座座高高的房台。

房台越高，其安全系数就越高，被大水冲走的危险就越小。如果房台不够高，这户人家就会成天提心吊胆，一是怕洪水来袭，二是担心孩子会打一辈子光棍。试问，将自己的宝贝闺女送到这样的人家，哪家的父母会放心？试想，如果自己的孩子娶不着媳妇，做父母的颜面又何存？于是，为了保证居住安全，为了维持社会尊严，为了延续家族血脉，人们都会将自家的房台建得又高又牢。不过，要完成这项艰巨任务，人们需要勒紧裤腰带，因为它可是一项代价相当高昂的工程，房台越高，砸钱越多。在很大程度上，高房台就意味着高投入、高财富，是家庭富裕、生活富足的重要象征。

房台建好之后，接下来的第二项重要工序就是修筑台房。台房的设计亦坚持防水理念，其典型代表是被当地人称为"四角青"的房屋。在房屋的4个墙角，用青砖垒筑砖柱作为墙基，搭起房屋框架，再用土坯填充墙壁。洪水到来时，即使土墙经水淹泡倒下，墙基却屹立不倒，这就是所谓的"墙倒房不倒"。等洪水退去，人们可在原来的基础上重新垒墙筑壁，重建家园，较为省时省力。

黄河台房凝结了黄河下游劳动人民的集体智慧，集中反映了人们长期与洪水抗争的不屈不挠的坚韧精神。它临河而建，依台而筑，构思巧妙，造型独特，风格别致，功能实用，是黄河下游滩区人民的传统民居。传统的当然是珍贵的，却未必是最好的。毕竟，受地理位置及建筑工艺所限，这种传统的民居建筑仍然存在较大的、潜在的安全问题。为了从根本上解决这一问题，自20世纪末开始，各级政府即着手实施黄河滩区安居工程，将绝大多数居民迁出滩区，在大堤之外营建新村，并利用现代建筑技术建造高规格的新型台房，使滩区人民真正地实现了安居乐业。然而，随着安居工程的持续进行，原来的传统建筑渐渐地消失在人们的视线之外。

不过，值得庆幸的是，离河较远、安全性较大的村庄还是会有人家留驻下来，继续演绎着那段"夯房台、筑台房"的乡村故事……

九 黄河渡口

"天堑波光摇落日，太行山色照中原。"李汾诗中的"天堑"指的既非长江，也非其他大河，而是黄河。因地势险要、河面宽阔、河水湍急，黄河自古以来即被视为天堑，给两岸人们的交通造成了极大的障碍，所谓"隔山不算远，隔水不算近"，正是对这一情形的形象描述。虽然黄河两岸仅有一水之隔，然而渡河却非轻而易举之事，倘若遇上大风大浪或者洪水泛滥，渡河几乎是不可能完成的任务。

在古代，桥梁技术尚不先进、不成熟，因而在黄河天险之上基本无桥梁修建。为了穿越天险，人们发明了各式各样的船只摆渡过河。随着时间的推移，逐渐形成了许多约定俗成的渡河规矩。比如，在渡河时间上，本着"安全第一"的原则，船只在夜间不能出航，俗称"夜不渡河"。在渡河费用方面，有些人是可以免单的。不过，享受这种优惠待遇的可不是一般人，而是一些比较有地缘、人缘的特定人群，如本村人、说书艺人、唱戏艺人、算命先生、乡间医生等。

在古代，渡船出发和停靠的地方，被称为津、渡。近代以来，改称渡口、摆口。因许多渡口位于两岸陆上交通大道的路口，故又被称作道口。若两个渡口隔河相对，遥相呼应，则被称作对口。渡口既可连接两岸水陆交通，也可供上下航行船只停泊，因而在许多地方被称为水旱码头、水陆码头。黄河两岸，渡口星罗棋布，比比皆是，其中不乏著名古渡。在山东境内，较有名气的渡口也不在少数，如与孔子有莫大渊源的鸣犊口、被誉为"山东黄河第一渡"的泺口、有"将军渡"之美誉的蔡楼渡口等。

鸣犊口原为一处古老的黄河渡口，位于今茌平县博平镇三教堂村，它之所以闻名于世，缘于发生于此的一段经典故事，故事的主人公便是孔子。

周敬王二十三年（前497年），壮志未酬、年近花甲的孔子踏上了周游列国的漫漫征程。何去何从？按照孔子的本意，宋国是此行的首选之地，因为那里既是自己的祖籍，还是妻子的故乡。不过，子路却提出了另外一个更为可行的建议——卫国。原因有三：其一，卫国距离鲁国更近；其二，子路之前曾在卫国任邑宰（相当于县令）一职，人际关系较广；

其三，子路的妻兄、颜回的本家颜浊邹正在卫国朝中担任大夫（仅次于三公九卿），可向国君举荐孔子。在经过一番深思熟虑之后，孔子接受了弟子的建议。

孔子一行来到卫国，受到国君卫灵公的盛情款待，并享受每年俸粟六万①的优厚待遇。然而，尽管颜浊邹曾多次进言重用孔子，但卫灵公却迟迟没有作出任何实际表示。在卫灵公眼中，孔子只不过是标榜自己尊贤爱才的一枚棋子而已，不可能委以高官要职。而孔子作为一代圣人，且又有一批贤才能将辅佐，若使其居于高位，恐怕日后难以掌控。于是，工于心计的卫灵公只是将孔子高高供起，仅供俸禄，不委官职，并派心腹以招待为名，监控孔子的一举一动，以防不测发生。

虽然过着衣食无忧的生活，但孔子每天都有一种身处牢狱的压抑之感，对卫灵公的各种表现颇有微词。卫灵公的夫人名为南子，出身宋国，国色天香，美貌出众，深得灵公宠爱。不过，南子有一嗜好，那便是放荡不羁、红杏出墙，她不仅多次与曾经的老相好公子朝幽会故里，而且常常与一位美男子弥子瑕勾搭成奸。对此，爱屋及乌的卫灵公非但明知故昧，而且竟积极为他们的奸情提供便利。这种行径与孔子的传统礼法观念格格不入，令孔子颇为不齿。

一日，孔子被召陪同卫灵公和南子乘坐马车出城游览。"灵公与夫人同车，宦者雍渠参乘（坐于车右担任警卫），使孔子为次乘，招摇市过之。"（西汉·司马迁：《史记·孔子世家》）根据礼法，夫人是不能与国君同车而乘的，更何况是不守妇道的女人；身份卑微的宦官，更是没有资格与国君一同乘坐马车的。这种非常不合礼法的行为让孔子备感愤怒而绝望——"已矣乎！吾未见好德如好色者也。"②

周敬王二十七年（前493年），卫灵公病逝，内乱随之发生。身处乱邦的孔子深知，所谓施展抱负、教化民众，已成天方夜谭。周敬王二十八年（前492年），孔子怀着无限惆怅、些许期望的复杂心情，离开驻足整整五年的卫国，奔赴西面的晋国，那里的实际执政者赵简子（赵国基业的开创者）已向他伸出了橄榄枝。

---

① "六万"指的是周代的小斗六万斗，相当于唐代的二千石、二万斗，合24万斤小米。

② 此语的言外之意为："卫灵公好女色，远远超过好圣人之德，此君非可寄托之人。"

孔子率众弟子驱车一路西行，来到漯河（当时为黄河的一条支流）岸边的一个渡口。此时传来一则"兔死狗烹"的消息——赵简子之所以掌权，得益于窦鸣犊和舜华两位贤能大夫的辅佐。而掌权之后，赵简子却不念旧情，痛下杀手。如此骇人听闻的行为，让孔子畏而却步。望着滚滚的黄河之水，孔子发出了由衷的感叹："美哉水，洋洋乎！丘之不济此，命也夫！……刳胎杀夭则麒麟不至郊，竭泽涸渔则蛟龙不合阴阳，覆巢毁卵则凤皇不翔。何则？君子讳伤其类也。夫鸟兽之于不义也尚知辟之，而况乎丘哉！"① 于是，孔子一行掉转车辕，东行返回故里陬乡（今山东曲阜），并作琴曲一首，名为《陬操》，以表达对两位晋国大夫的哀思之情。

为纪念孔子回辕的故事，汉武帝时期将漯河更名为鸣犊河，将此渡口命名为鸣犊口。后因黄河改道，鸣犊河水涸流断，鸣犊古渡遂不复存在。清乾隆年间，在原渡口处立"孔子回辕处"石碑，虽几经坎坷，却仍完好地保存了下来，现立于三教堂村的村委会院内。

泺口，又名洛口，位于济南市城区北郊。济南，因位于济水之南而得名。不过，济南之名直至汉代方才出现。据史料记载，济南最初的名字为泺，因境内有泺水而得名。泺水发源于趵突泉，一路汇聚众泉之水，蜿蜒北流，最终汇入济水。泺水、济水交汇之处，即为泺口。因占据两河相汇的有利地势，泺口自汉代起就是济水两岸的一个重要码头。清咸丰五年（1855 年），黄河泛滥，夺济入海，致使享有"四渎"②之尊的济水从此在中华大地上消失。此后，泺口的身份亦因之改变，由原来的济水码头演变为黄河渡口，而且成为山东境内最大的黄河渡口。在接下来的 120 多年里，泺口一直是连接济南和鲁北平原的咽喉要道，是沿海至内地水上运输的重要货运码头，是商品流转的重要集散地。然而，一项工程的竣工彻底结束了泺口的辉煌历史。1982 年，济南黄河公路大桥建成通车，天堑变为通途。随之改变的还有泺口的命运，昔日的繁华景象已成过眼云烟，一

---

① 语出《史记·孔子世家》，其大意为："黄河之水虽然壮美、浩荡，可是我却不能渡过，这应是命中注定！若剖腹取胎，杀死幼兽，麒麟就不会在郊野来回出没；若竭泽而渔，一网打尽，蛟龙就不会在水中调和阴阳；若捣毁巢窠，打碎鸟蛋，凤凰就不会在林中展翅飞翔。鸟兽尚且对人类伤其同类的不义之举避而远之，更何况我孔丘呢！"

② 四渎，即长江、黄河、淮河、济水，有独立的源头，且径直注入大海，历来为世人所敬仰、崇拜。

去不复返了。不过，连接两岸的黄河浮桥仍然延续着泺口渡口的传奇。

蔡楼渡口位于济宁市梁山县赵堌堆乡的蔡楼村，地处黄河南岸，与对面的孙口渡口（地属河南省台前县）形成"对口"，实为一个渡口。如果说泺口渡口以"大"闻名，那么蔡楼渡口则以"红"著称，因为这里曾是当年刘邓大军强渡黄河的地方。

抗日战争结束之后，中华大地经历了八年的战争洗礼，已是满目疮痍，民生凋敝。人民对战争深恶痛绝，极其渴望一个安定和平的环境，休养生息，重建家园。然而，这只不过是人民的一厢情愿而已，因为在当时执政的国民党眼里，有一颗钉子必须拔掉，对共产党"若不速与剿除，不仅八年抗战前功尽弃，且必遗害无穷，使中华民族永无复兴之望"。1946年6月，距抗战胜利还不到一年的时间，国民党在进行了一番假惺惺的伪装之后，即露出了其本来狰狞的面目。在美国政府的支持下，以蒋介石为首的国民党政府断然撕毁《双十协定》，向晋冀鲁豫、晋察冀、华东、东北、中原等各解放区发起了全面进攻，挑起了规模空前的第二次国共内战。内战初期，在党中央的正确领导下，人民解放军贯彻了"以歼灭敌人有生力量为主而不以保守地方为主"的正确的战略方针，给了国民党军以沉重打击。

1947年3月，因战线过长，损失太大，国民党军队不得不改变作战策略，由全面进攻转向重点进攻，将重兵集中到陕北和山东战场。而在两个战场之间的较长战线上，并没有布置太多的兵力，因为这里有黄河天险。在蒋介石看来，"黄河天险固若金汤，抵得上四十万大军！"如此一来，两个战场和黄河一起形成了一个巨大的口袋，刘邓大军如囊中之物，插翅难飞。老蒋的阴谋无疑是狡诈的、近乎完美的，但是他忽略了一个重要的因素，那就是人民解放军的过人胆识和无畏勇气。而正是这个意想不到的因素，将老蒋的如意算盘击得粉碎。

在对当时的形势进行了认真分析之后，党中央果断地作出决定，命令刘邓大军不畏艰险，强渡黄河。1947年6月30日，在当地人民群众的支援下，刘邓大军自河南濮阳至山东东阿之间300余里地段上的十几个渡口同时起渡，以雷霆万钧之势，一举突破黄河天险，挺进大别山，从而揭开了人民解放战争战略进攻的序幕。在这其中，蔡楼渡口不仅是当时所有渡口中最大的一个渡口，更是以刘伯承将军、邓小平政委为代表的首脑机关渡河的地方，故而后来赢得了一个美丽的名字——将军渡，并且成为当地一处重要的革命纪念地。

在山东境内，除鸣犊口、泺口、蔡楼渡口之外，其他较为有名的渡口还有因《老残游记》的生动叙述而闻名于世的齐河渡口、因"夹河之战"而流芳百世的杨柳古渡、地处黄河最东方的东关渡口等。令人惋惜的是，大多数渡口都已成为过去，湮没在历史长河之中。如今，随着桥梁技术的不断完善，一座座大桥横跨于黄河之上，黄河渡口大多因之废弃，逐渐失去了往日的荣光，只剩下一处处遗址在岸边静静地守望，默默地讲述着那里曾经的辉煌与沧桑。

十　河南张泥娃娃

中国有句古老谚语："二月二，龙抬头。"说的是农历二月初二，蛰龙会从冬眠的美梦中苏醒，欲抬头升天，主宰云雨。从这一天起，春回大地，万物复苏。生活在北方农村的人们即将结束舒适惬意的新年（传统习俗中，农历新年始于去年腊月初八，止于来年二月初二），开始投入新的一年繁忙的农事活动中。为了祈求来年风调雨顺，五谷丰登，虔诚的人们会在这一天到庙里焚香祷告。随着时间的不断推移，这种祭祀活动逐渐演变为一年一度的民间传统庙会。

在滨州市惠民县皂户李镇，火把李村的庙会远近闻名。庙会上，人们可以购买各式各样的生产工具、手工艺品，可以品尝各具风味的地方小吃，可以欣赏多姿多彩的文艺表演。不过，庙会上最为引人注目的还是一种叫作"不倒娃娃"的黄河泥娃娃。

不倒娃娃，又名不倒翁、扳不倒，是一种无论怎么摇晃都不会倒掉的泥娃娃。它之所以受到人们青睐，是因为其中所蕴含的"祈子、佑子、事业不倒"等吉祥寓意。新婚宴尔或久婚不育的青年夫妇会用一条红绳拴一个头戴"瓜皮帽"的泥娃娃，祈求生一个宝贝儿子；或者拴一个扎着两个小辫的泥娃娃，期盼生一个千金小姐；更有甚者，他们会一下子拴几个泥娃娃，以求儿女满堂。已有孩子的父母也会抱一个不倒娃娃回家，祈望自己的孩子能够健康成长。另外，做生意的人们也会求一个不倒娃娃，供奉在家里，来保佑自己的事业不倒，生意兴隆。

　　不倒娃娃之所以受到人们青睐，还因为其精湛的制作工艺。尽管不倒娃娃的销售在火把李村，可是它的加工制作却是在 9 里之外的河南张村，该村因地处一条古老河流——沙河的南岸而得名。这个仅有 300 多人的张姓村庄虽然规模不大，却因为过去家家户户制作泥塑而闻名遐迩。而泥塑以泥娃娃居多，故河南张村又被称为娃娃张。在河南张泥娃娃中，又以不倒娃娃最为传统，最为典型，最具特色。

　　河南张泥娃娃的制作历史最早可追溯至明朝宣德年间（1426—1435年），至今已有近 600 年。有趣的是，民间艺人们搞泥娃娃创作的灵感却是源于孩童们的朴素游戏——捏泥巴。这些艺人均为土生土长的农民出身，农闲时期捏制泥娃娃，春节期间到集市庙会上销售，以贴补家用。经过长时间的不断研究与探索，艺人们将孩子们手中的玩物逐渐升华为一种民间艺术。不过，在最初的 200 多年里，虽然泥娃娃制作工艺日益完善，并且已经形成了较为成熟的不倒娃娃创作艺术，却一直没有很高的知名度。河南张泥娃娃真正声名鹊起，走进大雅之堂，始于清乾隆年间（1736—1796 年），缘于一个人，他的名字叫刘墉。

　　刘墉（1719—1804 年），山东诸城人，清代著名书画家、政治家，官至内阁大学士（宰相），为官清廉。因为身体驼背，刘墉在民间被戏称为刘罗锅。一部古装电视剧《宰相刘罗锅》，将刚正不阿、不畏权贵、机智幽默的刘罗锅形象表现得淋漓尽致，他与大奸臣和珅斗智斗勇的故事一直为人津津乐道。殊不知，传说刘墉还与河南张泥娃娃有着一段不解之缘。

　　话说乾隆皇帝要过生日，文武百官极尽阿谀奉承之能事，奉上各种奇珍异宝，真是琳琅满目，令人目不暇接；乾隆龙心大悦。作为当朝的宰相，刘墉也带来了生日礼物。这件礼物可不一般，不是什么金银珠宝，却是一个小孩子玩的泥娃娃——河南张泥娃娃中的不倒娃娃。乾隆龙颜大怒，怒不可遏，欲将泥娃娃摔碎在地，却见其背面写有四个大字"大清江山"。此中必有深意。于是，乾隆将其放回桌上，只见泥娃娃左右摇摆，永远不倒。真乃礼轻情意重，一切尽在不言中。乾隆如获至宝，转怒为喜，赞不绝口，爱不释手。从此，河南张泥娃娃开始南北闻名。

　　经过近 6 个世纪的发展，河南张泥娃娃的制作工艺日臻完美，尤以不倒娃娃的创作工艺最为复杂，包含 20 多道工序，其大致工序如下：

　　第一，选土制模。泥娃娃的制作就地取材，所选用的泥土仍为黄河胶泥，由黄河泥沙长年淤积沉淀而成，杂质较少，黏性较强，是制作泥娃娃的上佳材料，用其制作的泥娃娃形状匀称，不皴不裂。经过滤、和泥、捶泥等工序之后，将泥团放入娃娃模具里，塑出娃娃的头和身子，将其阴干后作为内模。将泥团放入碗状模具里，扣成半圆形，阴干即成为娃娃底座。

第二，制作外壳。在阴干后的内模上，裱糊五六层报纸。为了便于脱模，第一层为干纸，直接包裹在内模上；从第二层开始，先在纸上刷上糨糊，然后再裹在内模上。之后，蒙上湿布，用手指慢慢按压成娃娃状，作为娃娃的外壳。

第三，涂粉上色。等外壳晾干后，用剪刀在其背面从上往下豁出一道口子，将外壳顺利脱离内模。然后，将外壳与底座接合，一件完整的不倒娃娃胎体至此完成。之后，用白色粉浆粉刷胎体，将其通体刷成白色作为底色。晾干之后，进入上色环节，给娃娃穿上崭新的衣裳。颜色种类选择非常严格，"头色不过四，身色勿过三"，以大黑、大红、大绿、中黄等色为主，色彩单纯，鲜艳明快，豪放粗犷，对比强烈。

第四，画眉开眼。画眉是娃娃形象的提神之笔，开眼是娃娃形象的点睛之作，一般由描画功力深厚的专门艺人完成。画眉技法很多，如柳叶眉、卧蚕眉、散眉、八字眉、剑眉、寿眉、扫帚眉等。开眼是整道工序中最为关键的环节，开得好则有画龙点睛之效，开不好则有弄巧成拙之嫌。

在经过如此繁杂的工序之后，不倒娃娃终于问世了。它造型质朴简洁，色彩鲜艳动人，内容喜庆吉祥，深受人们喜爱。然而，这一传统的民间艺术奇葩，如今却面临着严峻的传承危机。因泥娃娃制作工艺复杂，收入甚微，许多张姓后裔纷纷转行，造成后继乏人的窘境。传统文化保护工作势在必行！可喜的是，各级政府已经充分认识到这一生存危机，将河南张泥娃娃列为国家级非物质文化遗产加以保护。然而，文化的传承重任理应由普通民众担起。深受黄河之水泽被的河南张姓人更应该义不容辞地承担起更多的历史使命，使河南张泥娃娃文化重放异彩，发扬光大。

"河南张，朝南门，家家户户捏泥人。"它不仅仅是一句古老的歌谣，更饱含着人们对未来的深深期盼……

十一 徒骇河

在广袤无限的鲁西平原上，坐落着一所规模宏大的综合性高等学府，它便是享有"鲁西第一学府"之盛誉的聊城大学。学校占地约 3000 亩①，分为东、西两个校区，由一条长达 800 余米的彩虹大桥相连通。彩虹桥下，一条宽阔的大河缓缓流过，这条河流的名字叫作徒骇河。

徒骇河之名由来已久，共有三说，均与大禹治水的故事有着莫大的关联。其一，禹疏九河时，虽用工极多，但工事极难，众徒因之惊骇，故名徒骇；其二，大禹率众在此治河，突然山洪暴发，众徒为之惊骇，故名徒骇；其三，大禹一行来此治河，此处常有野猪出没，时有民夫为其所伤，众徒颇为惊骇，故名徒骇。

在长达数千年的历史长河中，徒骇河也经历了巨大的沧桑演变。其演变过程体现在两个方面：一为古徒骇河的南迁与消失，二为今徒骇河的形成与贯通。

古徒骇河，为禹疏九河之一，是九河之中位置最北的一条大河。汉晋时期，古徒骇河位于幽州渤海郡成平县（今河北交河县）境内，位于今徒骇河以北 100 多千米处。唐宋时期，徒骇河已迁徙至沧州清池县（今河北沧县）境内，位于今交河县东北和沧县之南，位置较汉晋时期有所偏南。元朝时期，建都大都（今北京），为转运漕粮，元世祖忽必烈决定开凿京杭大运河，先后开通济州河、会通河和通惠河，使大运河南北贯通。然而，京杭大运河的畅通，却将古徒骇河的上流水源拦腰切断，再加之黄河河道南迁入淮，进一步加剧了古徒骇河的水源枯竭。自此之后，古徒骇河慢慢干涸，逐渐退出历史舞台。

在古徒骇河迁移与湮没的漫长过程中，今徒骇河也渐渐形成。汉成帝鸿嘉四年（前 17 年），黄河在渤海（治所在今河北沧县东南）、清河（治所在今河北清河县东南）、信都（治所在今河北冀州市旧城）三郡多处决口，黄河下游地区泛滥成灾，"灌县邑二十一，败官亭民舍四万余所"（东汉·班固：《汉书·沟洫志》）。为消除河患，朝廷命许商担任河堤都

---

① 1 亩 ≈ 666.67 平方米。

尉，主持治河工作。当年，许商就率领民众开挖了一条新河，自今高唐起，经禹城、临邑、商河、惠民、滨城，至沾化分为二支入海。为了纪念许商的卓越功绩，此河便以"商"字命名。唐昭宗景福二年（893年），黄河下游改道北流，经惠民、阳信、沾化入海，截断了商河的入海流路。为了排涝需要，唐朝政府又在高唐以东的黄河与商河之间开挖了一条河道，名为土河。金章宗明昌五年（1194年），黄河在阳武（今河南原阳）决口，鲁北地区受灾严重。于是，广大民众将商河、土河分段贯通，以泄洪水，从而形成了今徒骇河之干流。在其后800多年里，徒骇河经历代政府多次整治，终成今日之规模。

徒骇河位于黄河以北，其北面还有一条大河，因河势上广下窄，状如马的面颊，故名马颊河。三条大河并驾齐驱，平行东流。夹在两河中间的徒骇河，起自聊城莘县文明寨村东，流经莘县、阳谷、东昌府、茌平、高唐、禹城、齐河、临邑、济阳、商河、惠民、滨城、沾化、无棣14个县（区、市）之后，汇入渤海，全长436千米。徒骇河两岸自然风光秀美，文化名胜众多，其中最著名的当是位于滨州市惠民县的孙子兵法城。该城是以具有千年历史的宋代棣州古城墙、护城河遗址为依托而建造的华夏兵学第一圣殿，其修建的初衷便是为了纪念一位彪炳于中国军事史册的、享有"兵圣"之美誉的春秋时期著名军事家——孙子。

孙子（约前545—约前470年），名武，字长卿，春秋末年齐国乐安（今山东惠民）人。孙武出身相当显赫，其祖先名为陈完，是陈国国君陈厉公之子，本应是陈国君位的继承人。然而，在那个礼崩乐坏的年代，弑君夺位的事件频频发生，陈国更不例外。周桓王二十年（前700年），弑杀其叔父即位的陈厉公又重蹈覆辙，反被他人所害。这次的凶手名为陈林，即后来的陈庄公，称陈厉公为叔父，真是无巧不成书。深感大祸临头的陈完遂逃离陈国，投奔已成霸主基业的齐国。齐国国君齐桓公对陈完颇为赏识，赐官"工正"，掌管手工业，并赐姓田氏，而田完便成为齐国的名门望族田氏家族的始祖。

周景王二十二年（前523年），齐国国君齐景公以莒国三年未向其进贡为由，命令大夫高发率军征伐，莒军溃败，国君莒共公逃至纪鄣（今江苏赣榆东北）死守。纪鄣城地势险峻，固若金汤，高发望而却步，班师回都。齐师未能凯旋，令齐景公勃然大怒，遂将高发严厉贬黜，并令田完的五世孙田书领兵再次伐莒。田书不辱使命，略施计谋，不几日便攻破纪鄣城。喜笑颜开的齐景公很是仗义，对田书大加犒赏，赐乐安为世袭采地，并赐姓孙氏。于是，孙书便成为乐安孙氏家族的始祖，而孙书最疼爱的孙子正是孙武。

孙武出生在军事官宦世家，天赋聪慧，机敏过人，自幼勤奋好学，饱读兵书，年轻时便怀有宏图远志。然而，当时的齐国已今非昔比，齐景公昏庸腐败，卿大夫之间明争暗斗、捉襟厮杀，以田、鲍、栾、高四姓之乱为最。而孙氏因与田氏具有千丝万缕的关系，亦深陷其中。周敬王五年（前515年），经过一番深思熟虑之后，深感报国无门的孙武决定辞别父老，奔向地处东海之滨、正在慢慢崛起的吴国，希望能在那里施展自己的理想抱负。

然而，新兴的吴国国内也不太平。就在孙武来到吴国的当年，弑君篡位的事件也在吴国上演。公子光以宴请吴王僚为名，令专诸将其刺死，夺取王位，他便是后来的吴王阖闾。在此形势下，年轻的孙武作出了一个理智的选择——没去毛遂自荐，而是韬光养晦。孙武来到吴国国都姑苏（今江苏苏州）郊外，在穹窿山中隐居了下来。此地山环水抱，清静幽雅，是历代高人理想的隐居之所。孙武在此一边专心研习兵学，著书立作（赫赫有名的军事经典《孙子兵法》即在此期间初步完成），一边静观吴国局势，静静地等着机会的来临。

不久之后，孙武遇到了改变自己人生的贵人。此人姓伍，名子胥，先于孙武七年怀着对楚平王的杀死父兄之仇来此避难，并辅佐吴王阖闾夺取王位，深受吴王重用，全面负责吴国的军政事务。孙、伍两人在吴国相遇相识，惺惺相惜，志同道合。周敬王六年（前514年），雄心勃勃的吴王阖闾决定西征楚国，但尚缺一位得力的军事统帅。此时，伍子胥适时地向吴王推荐了自己的知己好友孙武。起初，吴王阖闾对这位年仅30出头的年轻人并不感冒，然而在伍子胥的7次劝说之下，吴王阖闾终于有点儿动心，决定一睹其庐山真面目。

一展才华的机会终于来临了。兴奋无比的孙武受到了吴王阖闾的隆重接待，并向其进献了珍贵的礼物，它不是什么奇珍异宝，而是兵法十三篇。吴王读罢，赞不绝口，刮目相看。与此同时，层层疑窦却又从吴王心底悄然生起——兵法虽好，可孙武是否只会纸上谈兵呢？为了检验其治军才能，吴王决定挑选一支由 180 名队员组成的连队交由孙武操练。不过，连队成员可不是征战沙场的士兵，而是深居后宫的宫女，连队队长则是自己的两名宠妃。

对于常人来讲，这可是一道令人头痛、近乎无解的难题。不过，孙武可不是凡人，他很快便向吴王交出了一份满意的答卷，而其中的进展过程更是令人瞠目结舌。因备受吴王宠爱，两名队长并没有深刻地认识到此次训练的严肃性，以为军训只不过是吴王组织的一场有趣的后宫游戏而已。在她们的带领下，队员个个娇笑嬉戏，指东向西，队伍纪律涣散，混乱无比。

在一边看得津津有味的吴王倒想看看孙武会使出怎样的高明手段。不过，孙武的手段并不见得有多高明，却令人备感震撼和血腥，因为他要杀鸡吓猴，而他要杀的不是别人，正是吴王的两位宠妃。吴王见状，大为震骇，赶忙屈尊前来求情，不料却被孙武以"将在外，君命有所不受"为由断然拒绝。只见孙武手起刀落，两名队长的人头应声落地，而原本一盘散沙的队伍随之变得井然有序。痛失爱妃的吴王虽然心中很是不爽，却不由得为孙武的果敢和胆识折服得五体投地。所谓"美人易得，良将难求"，倘若将吴国军队交与孙武之手，定可成为一支攻无不克、战无不胜的虎狼之师。如此一来，吴国霸业指日可待！于是，孙武被任命为最高军事统帅，开始了长达 30 年的军事生涯。他和伍子胥一起辅佐吴王阖闾及后来的吴王夫差，西破强楚，南服越国，北威齐晋，显名诸侯，终成一代霸业。

当一切功成名就之后，孙武又作出了一次明智的选择，因为"鸟尽弓藏、兔死狗烹"的故事已在吴国提前上演。业已登上霸主之位的吴王夫差刚愎自用、骄横跋扈、奢侈腐化、重用奸佞，不仅对伍子胥的屡屡忠谏充耳不闻，反而疑其怀有二心，遂赐剑令其自刎，并将其尸体抛入钱塘江中。知己挚友之死，令孙武颇为心痛；吴王夫差之举，令孙武颇为惊骇；吴国霸业之前途，令孙武颇为失望。所谓功名、所谓利禄，皆是过眼烟云，能够平安地活着才是人生的第一要义。于是，已过花甲之年的孙武辞官解甲，归隐山林，并终老吴地。周元王六年（前 470 年）寿终正寝，死后葬于姑苏郊外。

归隐期间，孙武潜心研究，笔耕不辍。他对自己多年的实战经验进行了认真细致的总结、提炼和升华，将当初晋献给吴王阖闾的兵法十三篇日益修改、补充和完善，终于完成了一部载誉中国乃至世界军事史册的宏伟巨著，那便是《孙子兵法》。

"……夫兵形象水，水之形，避高而趋下；兵之形，避实而击虚。水因地而制流，兵因敌而制胜。故兵无常势，水无常形；能因敌变化而取胜者，谓之神……"

这一旷世奇著，不仅凝结了孙武一生卓越无比的军事智慧，而且蕴含了孙武一生超凡脱俗的人生哲理！

十二　曹植墓

黄河流经山东东阿县境内时，到达下游最窄的河段——艾山卡口处。急速的黄河之水被挤在狭窄的河道内，奔腾咆哮，怒吼跳跃，形成了不是壶口却胜似壶口的壮丽景观。在卡口左岸，有一座风光秀丽的小山丘。远远望去，这座海拔仅 82 米的小山形似一只静卧在黄河之畔的甲鱼，故名鱼山。鱼山虽然不高，规模也不大，但是却具有较高的知名度，因为一位才子在此长眠了千百年。这位才子就是有"才高八斗"之誉的东阿王曹植。

曹植（192—232 年），字子建，魏武帝曹操之子，魏文帝曹丕之胞弟。他自幼聪颖过人，10 岁时即能"言出为论，下笔成章"。建安十五年（210 年）冬，邺城（今河南安阳）铜雀台建成，"太祖（曹操）悉将诸子登台，使各为赋，植（曹植）援笔立成"（西晋·陈寿：《三国志·魏志·陈思王植传》），是为《铜雀台赋》。由此，曹植深得父亲喜爱，并被认为是诸子中"最可定大事者"。作为魏王国太子的最佳候选人，年轻气盛、才华横溢的曹植可谓是春风得意。

然而，但凡才子都会有一个嗜好，那就是喝酒。曹植也嗜酒如命，跟"竹林七贤"中的刘伶、阮咸真有一拼。喝酒在给他以飘飘欲仙的感觉的同时，也给他带来了不可预料的危险，最终断送了他的前程。建安二十一年（216 年）的一天，曹植和几位文人把酒言欢，吟诗作赋，喝得酩酊大醉。于是，曹植坐了一辆不该坐的车子（魏王曹操专车），去了一个不该去的地方（这个地方叫作司马门，为魏王宫禁地），说了一些不该说的话

（比如"说不定天下就是我的"之类的言辞），做了一些不该做的事情（其中一件是用佩剑将门卫刺死），这就是著名的"司马门事件"。结果，曹操很生气，后果很严重。这件事情让曹植彻底失去了父亲的信任。建安二十二年（217年），曹操立曹丕为世子。

建安二十五年（220年）正月，壮志未酬的曹操带着遗憾离开了人世，曹丕嗣位为丞相、魏王。同年腊月，曹丕逼汉献帝刘协禅位，建立魏国。大权在握的曹丕为稳固皇位，自即位的第一天起，便开始了疯狂的肃清活动，矛头直指曹植。曹丕之所以如此迫不及待地除掉曹植，不仅因为他是自己的同胞弟弟，更因为这个亲弟弟太有才。作为建安文学的代表人物之一，曹丕也是当时较为有名的一位才子，然而他充其量只是一名小才子。与满腹经纶、出口成章的曹植相比，曹丕可谓是小巫见大巫。对于这位小自己五岁的弟弟，曹丕除了羡慕之外，更多的是嫉妒和憎恨。既生丕，何生植！曹植若一日不除，曹丕将一日寝食难安。于是，一直以来为人们所津津乐道的精彩一幕上演了。

黄初二年（221年），有眼线奏称曹植"醉酒悖慢，劫胁使者"。曹丕将曹植宣至大殿，令其"七步成诗，不成则行大法（砍头）"（南北朝·刘义庆：《世说新语·文学》）。在七步之内，吟一首诗，在此之前可是一件闻所未闻的事情。端坐在宝座之上的曹丕，神情怡然自得，脸上露出了一丝微笑——从今天开始，终于可以舒舒服服地睡一个安稳觉了。可是，事实证明这只是一个白日梦，而且时间竟是如此的短暂。曹植不仅只是有才，而且是相当有才，能够"七步成诗"，不仅曹丕没有想到，就连曹植自己都没有想到。一步，两步，三步……七步之后，一首《七步诗》从此万古流芳："煮豆燃豆萁，豆在釜中泣。本是同根生，相煎何太急！"曹丕的神情有些沮丧，脸色有些难看，内心有些愧疚，眼睛里竟有些湿润。在对自己的行为进行了深刻的反思和检讨之后，曹丕认为弑杀亲兄弟的行为是一件极其不道德的事情，应该放弃。但是考虑到亲兄弟给皇位带来的潜在威胁，曹植死罪可免，但活罪难逃。

值得一提的是，曹丕之所以想除掉曹植，还因为一个女子，一个极其美丽的女子。这位美女的名字为甄洛，是一名集贤德、孝义、智慧、才学、美貌于一身的绝代佳人，与大乔、小乔合称"东汉三大美女"，有"江南有二乔，河北甄洛俏"之美誉。甄洛为名门之后，有倾国倾城之容，有沉鱼落雁之貌，而且她天资聪颖，才智过人，知书达理，心地善良，被认为是"天生的皇后"。她的美貌令无数男子为之魂牵梦绕，魂不守舍。第一个幸运儿是袁绍的儿子袁熙，可是这个短命的男人并没有给她带来显贵的身份。

建安九年（204年）八月，曹操率军攻破邺城，便急不可待地命人寻找甄洛。不巧的是，有一个人比他更着急，这个人正是自己的亲生儿子曹丕。当得知曹丕已抢先一步找到甄洛时，曹操仰天长叹道："今年攻打邺城，正是为夺取甄氏啊！"即将到手的猎物，却被犬子捷足先登。虽然有些懊恼，有些自嘲，可毕竟是一代枭雄，毕竟是为人之父，毕竟是正人君子，曹操还是表现出慷慨无私的气概，强忍内心的不舍将甄洛让给了儿子。于是，曹丕成为第二个幸运儿。16年之后，曹丕称帝，甄洛顺理成章地成为皇后。

其实，甄洛也是大才子曹植的梦中情人，在她没有嫁到曹家之前，曹植已经为她的美貌所倾倒。然而，怎奈命运弄人。其一，甄洛比曹植大10岁，但对于当时的魏晋名士来说，年龄倒不是很大的问题。其二，曹植有一个善于玩弄权术的哥哥，这才是曹植一生最大的不幸。于是，曹植眼睁睁地看着心爱的女人投入别人的怀抱。虽然曹丕抱得美人归，可是由于长年跟随父亲南征北战，与甄洛卿卿我我的时间并不是太多。而留在大后方邺城的曹植则近水楼台，与漂亮的嫂子有了朝夕相处的机会。一个是人人羡慕的才子，一个是众人爱慕的佳人，他们彼此相爱，日久情深，却始终未越雷池一步。他们的爱情是纯洁无瑕的爱情，是真正的爱情。可是，喜欢胡思乱想的曹丕却不这么认为。他醋意大发，欲除曹植而后快。曹植七步成诗，以超凡的才华拯救了自己的生命，却改变不了自己悲惨的命运。

黄初二年（221年），曹植30岁，本该到了成家立业的年纪。然而，已是而立之年的曹植，被他的亲哥哥夺走了自己生命中最宝贵的两样东西：事业（皇位继承权）和爱情（深爱的女人）。不过，心地并不善良的曹丕并没有就此收手，因为曹植的存在对于他的皇位和家庭来说始终是一个潜在的心头之患。虽然不能杀你，但也不能留在身边，离自己越远越好。于是，曹植被贬为鄄城（今菏泽鄄城）侯，开始了长达10余年的流浪生涯。

就在这一年，一代艳后甄洛香消玉殒，曹植闻讯，伤心欲绝，泪流满面。黄初三年（222 年），曹植入京师洛阳汇报工作，在回封地鄄城的途中路过洛水。在洛水之畔，因倍加思念甄洛，曹植泪滴浸枕，辗转反侧，夜不能寐，彻夜挥笔写下了那首传世经典名赋——《感甄赋》①。"翩若惊鸿，婉若游龙。荣曜秋菊，华茂春松。仿佛兮若轻云之蔽月，飘飘兮若流风之回雪……"在这首凄美的爱情诗赋中，曹植将内心积聚一生的情感、将世上所有美好的词汇都倾注到了甄洛身上。九泉之下的甄皇后如若有知，无疑是天下最幸福的女人。

而《感甄赋》的作者却生活得一点儿都不幸福。黄初四年（223 年），曹植的封地自鄄城迁至雍丘（今河南杞县）。太和三年（229 年），又自雍丘迁至东阿，在此曹植度过了生命中的最后一段时光。曹植虽为王侯，实则囚徒，过着一种"同于囹圄"的凄惨生活。他成天郁郁寡欢，闷闷不乐，只有借酒浇愁，一醉方休（1700 多年之后，山东东阿出产了一种高档的白酒，名为曹植醉）。

酒醒之后，曹植仍是百无聊赖，无所事事，内心非常空虚，游山玩水成为其生活的另一主要内容。他经常独自踱步至水边，作赋吟诗，以思恋故去的恋人（如今，东阿修建了一处大型人工湖，名为洛神湖）。他经常登上鱼山之巅，举目远眺。但见河水萦绕，群山连绵，郁郁葱葱，生机勃勃，好一块风水宝地，"喟然有终焉之心，遂营为墓"（西晋·陈寿：《三国志·魏书·曹植传》）。

一日，在游鱼山行至一洞中休息时，忽闻空中传来清扬哀婉的梵音（以印度语传唱的佛教音乐），这种音乐非一般人所能领悟，只有像曹植这样深谙佛法并具有深厚音乐造诣的知音才会深有体会。曹植静静地聆听了好久好久，蓦然之间，一股创作的冲动涌上心头。于是，曹植"摹其音节，写为梵呗，并撰文制音，传为后式"（唐·道世：《法苑珠林》），是为《鱼山梵呗》。自此之后，中国人有了自己的佛教音乐，从西域、印度传来的梵音开始用汉语咏唱，曹植也因此被视为中国佛教音乐的始祖。

太和六年（232 年）冬，一代文学泰斗、一朵艺术奇葩在忧郁悲愤中

---

① 后来，魏明帝曹叡为了避免让世人联想起曹植与母亲之间的叔嫂恋情，将其改名为《洛神赋》。

结束了自己短暂而辉煌的生命，时年仅 41 岁。次年，其子曹志遵从父亲遗训，将其尸骸迁至东阿鱼山西麓，营墓薄葬。鱼山应有幸，子建当无憾（仅就其后事而言）。

站在简陋的曹植墓前，心情久久不能平静，感慨之余，全是感叹。山下黄河之水仍在咆哮，如万马奔腾，振聋发聩。隐隐约约间，山谷中传来一阵凄婉的梵乐之音，那声音仿佛来自天籁，叩人心扉，撩人心弦。

十三 黄龙入海

发源于雪域高原的黄河，似一条巨龙，自西而东，穿山越岭，蜿蜒而下，至山东省东营市垦利县黄河口镇注入渤海。黄河入海的地方，称为黄河入海口，简称黄河口。这里是共和国最年轻的土地，也是中华大地上唯一一块不断生长的土地。它的形成源于滔滔黄河所携带的大量泥沙，始于黄河的最后一次大改道。

清咸丰五年（1855 年）六月，黄河在河南兰阳（今兰考）北岸铜瓦厢决口，"泛滥所至，一片汪洋。远近村落，半露树梢屋脊，即渐有涸出者，亦俱稀泥嫩滩，人马不能驻足"（武同举等：《再续行水金鉴》卷九十二）。铜瓦厢以东数百里的黄河河道自此断流，原本穿苏北汇入黄海的大河迅即化为遗迹。滚滚黄河之水转而流向西北，后折转东北，在山东张秋镇穿过运河，夺济入海，是为黄河第六次大徙。从此，黄河结束了 660 年由淮入海的历史，改由渤海入海。

面对河水肆虐的严峻形势，以咸丰皇帝为首的清政府竟然无动于衷，因为在他们面前，还有一件更为棘手的事情需要应对。这一年对于清政府来说，是生死攸关的一年。时值太平天国运动的第五年，太平天国已经在南京建立了政权，控制了长江流域的大片地区，而且太平军曾一度打到北京附近，使清政府陷入被推翻覆灭的危险境地。与洪水危机相比，无疑太平天国的威胁更甚。因此，清政府的首要任务是将太平军这一心腹大患除之而后快。对于黄河水患，清政府只能"深堪悯恻"，无暇顾及，置之不理，听任河水泛滥横流整整 20 年。

光绪元年（1875 年），取得一线喘息机会的清政府终于考虑治黄问题。然而，此时清政府已被内外势力折磨得千疮百孔，根本无力完成黄河南行复归故道的浩大工程，只好沿着当时的黄河流向，在原有民埝（小土堤）的基础上修建黄河大堤，形成了今天的黄河下游河道，也成就了今日的黄河入海口。

尽管这里是一块年轻的土地，尽管这里是一块盐碱之地，然而这里却拥有着独具特色的生态环境和丰富多样的生物资源。滚滚的黄河、碧绿的芦苇、雪白的芦花、烂漫的红草地以及蔚蓝的大海，塑造了五彩斑斓的湿地奇观，展现出绚丽多姿的生态文化。

提到黄河口，首先浮现在人们脑海的是这样一幅美丽的图画——成片成片的芦苇随风荡漾，飒飒作响；芦苇深处，身材修长的丹顶鹤或翩翩起舞，或引吭高歌。作为黄河口生态文化的典型代表，芦苇是这块土地上分布面积最广、生命力最强的一种植物，在不同的季节呈现出不同的风姿。春雨过后，嫩绿的苇芽破土而出，万箭钻天，如"雨后春笋"，生机勃勃。盛夏时节，绿油油的芦苇荡无边无垠，气势恢宏，如汹涌波浪，此起彼伏。深秋冬初的清晨，"蒹葭（芦苇）苍苍，白露为霜。所谓伊人，在水一方"（《诗经·秦风·蒹葭》）；午后风起，芦花飘雪，万顷吐絮，呈现出一道"天苍苍、野茫茫"的壮丽景观。

深秋时分，黄河口的另外一道景观也煞是迷人，这便是一望无际、宛如红毯铺地的红草地。极目远眺，红草地似火海、如朝霞，令人心醉，让人销魂。造就瑰丽无比的草原景观的植物，是被当地人称为"黄须菜"的一种野菜。黄须菜，是遍及黄河口的最大的野菜家族，堪称荒原之魂。殊不知，这种耐盐碱、抗干旱、生命力极为顽强的野菜，自古至今都是雅俗共品、营养丰富的上佳美味。

相传初唐时期，为开疆拓土，大将薛仁贵率军东征。当大军行至这片濒海临河的茫茫荒原时，军中粮草尽绝，人马饥寒交迫。于是，大军便用漫坡遍野的黄须菜充饥喂马，终于转危为安。等至大军凯旋之后，薛仁贵设宴庆功，不禁又忆起黄须菜的功劳，便令人采来烹制，摆上宴席。百官尝后，无不啧啧称赞。此后，非但逢宴必备黄须菜，而且还用此菜招待过唐太宗李世民。由此，黄须菜便有了另外一个高雅的名字——皇席菜。

三年自然灾害期间（1959—1961年），是一个全民闹饥荒的年月。各地灾民为躲避灾荒，蜂拥而至黄河口。这片俯首皆是的黄须菜便成了人们度荒的救命稻草，帮助无数生灵从死亡线上挣脱出来。春季夏季，人们以其茎叶为食；时至秋季，人们以其籽粒果腹；腊月寒冬，人们以其枯枝烧火取暖。于是，原本人迹罕至、荒无人烟的黄河口荒原，变成了人人向往的世外桃源。而功绩卓著的黄须菜又有了一个通俗的名字——保命草。

如今，在回归自然、追求健康的绿色饮食理念的影响下，吃野菜成为人们的一种生活时尚。作为黄河口野菜家族的佼佼者，黄须菜以其丰富的营养成分和极高的营养价值，成为黄河口著名的地方特产，深受人们的青睐。春夏时节，人们来到黄河口，在休闲娱乐之余，还可有幸品尝到新鲜可口的皇席盛宴。到了秋天，长大成棵的黄须菜已不能食用，人们虽不能一饱口福，而那一望无垠的红草地着实让人大饱眼福。但见赤云天降，红霞铺地，无边无际，瑰丽壮观！

这块芦苇丛生、红草铺地、风景旖旎的黄河口湿地，又被誉为"鸟的天堂"。秋冬季节，众多的候鸟和旅鸟都会来此栖息，其中不乏珍稀濒危鸟类。成群结队的丹顶鹤、白头鹤、大天鹅、小天鹅、白鹳、黑嘴鸥、金雕、大鸨、野鸭，或翱翔蓝天，或栖息水面，或四处觅食，或追逐嬉戏，一派生机盎然的景象。除此之外，黄河口的槐海花浪、荒滩怪柳、黄河日出、长河落日、海上长城等景观都会令人心驰神往，流连忘返。

不过，最令人叹为观止的景观当属黄龙入海。滔滔黄河如一条黄龙，经过长途跋涉之后，缓缓地流过黄河口，慢慢地投入海洋的怀抱，金黄色的水流伸展在蔚蓝的海面之上。河海相汇地带，黄蓝泾渭分明，气势恢宏，堪称天下奇观。

这就是世界上独一无二的河海交汇之处，这就是"千古母亲河伟大的归结之处"。

君不见，黄河之水天上来，奔流到海不复回！

第二篇
运 河 之 韵

篇 序

竹竿巷中汇商贾，会馆之内聚名雅。
杨氏藏书比琅嬛，白英治水泽天下。
东昌湖畔闻胭脂，微山湖上品荷花。
台儿古城染红妆，运河之韵美如画。

一　山东运河简史

自 4000 年前的新石器时代晚期开始，人们使用各种石器挖掘沟渠，用来疏导水患、灌溉田地。由于开挖工具的限制，此时的沟渠非常狭窄、水深较浅、水量较少，尚不具备通航运输功能。这种状况一直持续到春秋战国时期。

春秋战国时期，中国结束了大约 15 个世纪的青铜器时代，迈入崭新的铁器时代。随着铁制工具的开始使用，运河的开凿具备了成熟的物质条件。当时，盛极一时的大周王室日渐衰微，诸侯并起，群雄逐鹿，军事冲突愈演愈烈。各诸侯国基于运兵、运粮的军事需要，开始大兴水利，开挖运河。

目前有记载的中国最早的运河为江汉运河。为了争霸中原，方便大军调集粮秣给养，楚庄王作出了一个"一鸣惊人"的决定。楚庄王十三年（前 601 年），楚庄王命令尹孙叔敖主持开凿江汉运河。孙叔敖激沮水作云梦大泽，泽水沿渠南通长江，东北循扬水注入汉水。江汉运河全长 86 千米，沟通了长江与汉水，为世界上第一条人工水道。江汉运河的开通，促成了楚国境内水系连通，楚国从此占尽江汉水网舟楫之利，西可通巴蜀，东可达夏纳（武汉地区），北可溯汉水，进而问鼎中原，最终成就楚国霸业。

春秋末年，位于长江下游地区的吴国，在战胜楚国、越国之后，国力日益强盛，欲北上伐齐，争霸中原。吴国地处水乡泽国，以船为车，以楫为马，舟师水军是其军事优势。当时，淮河与长江之间的水上交通阻绝。若舟师北上，有两种选择：其一，从长江行至黄海，沿黄海北上至山东半岛。在当时造船技术尚不先进的情形下，海上航行风险极大。其二，先从长江行至黄海，北上至云梯关（原淮河入海口），再沿淮河逆流而上至淮安，最后从淮安入泗水而达齐鲁。这一路线太过曲折，仍要冒海上航行之险。鉴于此，吴王夫差下令开凿一条连通长江和淮河的运河。吴夫差十一年（前 485 年），运河开通，取名邗沟，全长 170 千米，南起扬州，北至淮安，将江、淮两大水域连为一体。同年，吴王率军北上伐齐。次年，大败齐国。

夫差败齐之后，野心再度膨胀，决定在济水、泗水之间再开凿一条运河，以沟通黄淮，为称霸天下服务。吴夫差十四年（前482年），运河凿成。因其水源来自菏泽，故名菏水，是为山东省境内最早的人工运河。菏水西起菏泽连济水，东至湖陵（今山东鱼台县北）接泗水，使原来互不相通的长江、淮水、黄河、济水四渎得以贯通。当年夏天，夫差就率领强大的吴国大军循泗水北上，由泗入菏，再由菏入济，到达济水岸边的黄池（今河南封丘县西南）与晋定公、鲁哀公会盟，终于成为一代霸主。自菏水之后，秦汉魏晋时期，山东境内又开凿过几次运河（如汳水、桓公沟），其目的均为运兵运粮。

隋朝时期，为了加强南北交通，为了巩固对全国的控制，为了在全国各地搜寻美女，隋炀帝杨广下令以洛阳为中心，以涿郡（今北京）、杭州为南北端点，征集300余万男女民工，开挖、疏浚永济渠、通济渠、邗沟与江南运河四段运河，将海河、黄河、淮水、长江、钱塘江五条水系连为一体。历时6年（605—610年），一条纵贯南北的交通大动脉终于诞生，这就是举世闻名的隋朝南北大运河。运河呈"V"字形，全长2700余千米，是世界最长的运河，也是当时世界上最伟大的工程。在其四段运河中，最北段为永济渠，它自沁水入河处一路北流，途经河南、河北诸郡，流入山东境内；流经临清、武城、德州之后，流出山东，再经河北、天津到达北京。

唐载初元年（690年），为了方便曹州（今菏泽曹县）、兖州二地通过漕运缴纳赋租，武则天下令开挖一条运河，名为湛渠。湛渠西起开封，循济水故道，向东行，经曹州，至巨野泽。唐末五代，军阀混战，社会动荡，湛渠因年久失修而淤塞。直到后周时期，显德四年（957年），为了恢复自开封至曹州、郓州（今东平）、济州（今济宁）等地的漕运，周世宗柴荣下令重新疏通湛渠，因其河宽大多为五丈（约17米），史称五丈河。

显德七年（960年），赵匡胤发动陈桥兵变，取代后周，建立北宋王朝。坐上皇帝宝座的宋太祖非常高兴，不过他也对自己的行为进行了深刻的反思。在认真总结了自己成功的先进经验和柴荣失败的惨痛教训之后，他请兄弟们喝了一杯酒，罢了他们的官，收了他们的兵。然而，这些驻扎在京师开封的兵士不但数量多，而且饭量也不小。为了解决京师的漕粮运输问题，朝廷多次下令疏浚五丈河，并于开宝六年（973年）下令将五丈河改名为广济河。广济河是山东地区通向京师的漕运要道，是北宋漕运四河之一，"岁漕上贡米六十二万石（约合7500万斤）"（元·脱脱等：《宋史·河渠志》）。因不堪朝廷重赋，一批农民就聚集起来，在这条漕运要道上的一座湖泊里，上演了一幕幕惊天动地的历史传奇。这座湖泊名为梁山泊，是为东平湖的前身。

元朝初年，北方的黄河流域由于受战争和自然灾害的影响，人口锐减，田园荒芜，农业长期凋敝，粮食严重短缺，无力供应京师用粮，只能从江南转运漕粮。然而，因长期疏于管制，南北大运河已不能全线贯通。于是，漕粮运输只能采用水陆转运和海运两种方式，但其成本太高、风险较大。为了解决南粮北运问题，元朝政府决定开凿运河。至元十七年（1280年），元世祖忽必烈下令开凿胶莱运河，南起胶州陈村海口，北抵莱州海仓口，贯穿山东半岛，流经胶州、平度、高密、昌邑和莱州等地，全长330余里。胶莱运河的开通，缩短了南粮北运的海上距离。然而，受水量补给不足、泥沙沉积等因素的限制，胶莱运河很快受到冷遇直至弃用。

至元十九年（1282年），元世祖忽必烈下令开挖济州河，南起济州任城（今济宁），北至须城（今东平），全长75千米。至元二十六年（1289年），元世祖下令开挖会通河，南自须城，北至临清，全长125千米。由于济州河与会通河连为一体，故通称会通河。会通河北接御河，南接泗水，至此山东境内的运河已全线贯通。至元二十九年（1292年），元世祖命郭守敬主持开凿通惠河。通惠河以北京西山各泉水为水源，经北京城至通州，全长82千米。这三段运河的开通，标志着闻名天下的京杭大运河正式形成，漕船可由杭州直达北京。这条纵贯南北的大运河改造了隋朝的"V"字形运河，将其截弯取直，比其缩短了900多千米，全长共计1794千米。它南起杭州，北至北京，途经浙江、江苏、山东、河北四省及天津、北京两市，贯通钱塘江、长江、淮河、黄河、海河五大水系，是世界上最长的运河，与万里长城、埃及金字塔、印度佛加雅大佛塔并称为"世界最宏伟的四大古代工程"。在山东境内，运河总长度近570千米，约占京杭大运河总长度的三分之一，自南向北依次流经枣庄、济宁、泰安、聊城、德州五个地市。

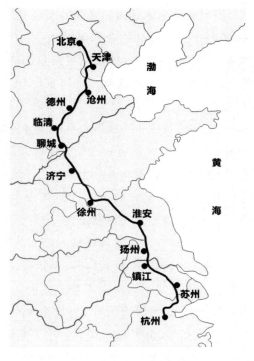

图 2—1 京杭大运河地图

明清时期，基本维持元代京杭大运河的原貌，没有继续大规模地开挖运河。然而，素有"运河死穴"之称的黄河多次泛滥，致使运河河堤多次被毁，河道多次淤塞。因此，这一时期，朝廷在运河治理方面的主要麻烦就是疲于疏浚，而最著名的一次疏浚工程发生在明朝永乐年间。运河的疏浚与贯通对于明清时期的国家安全、政治稳定、经济发展、文化交流起到了举足轻重的作用，而运河文化的繁盛即出现在这一时期，那星罗棋布的城市、鳞次栉比的建筑、络绎不绝的商人、接踵而至的船只、琳琅满目的商品演绎着一个又一个美妙动人的运河故事。

然而，盛极必衰！

清咸丰五年（1855 年），黄河在济宁以北将运河拦腰截断，济宁以北的大运河段因水源缺乏难以为继。光绪二十七年（1901 年），清政府发布停漕令，撤销大运河统一管理机构。自此之后，昔日繁华的京杭大运河漕运停止了，正式断航了。

如今，山东境内济宁以北的运河已经停止通航，许多地方的河水已经干枯，留下的只有历史的记忆。而济宁以南微山湖段的运河，却仍然呈现一派欣欣向荣的景象，一直在默默地延续着运河文化的传奇！

二　苏禄王墓

在德州市北郊的运河河畔，有一个村子，名为北营。北营是一个有近600年历史的回民村，村里有两大贵姓——温姓和安姓。这些温、安姓回民既不是西域回回的后代，也不是阿拉伯、波斯穆斯林的后人，他们有着一个相当显贵的血统——王室的后裔。在村子中央，有一座古墓，一座在中国土地上独一无二的外国国王墓，现为全国重点文物保护单位。在古墓里沉睡的人，就是这些回民的祖先——古苏禄国东王。古苏禄国，位于今菲律宾苏禄群岛上，为明朝属国，是一个信奉伊斯兰教的酋长国。明朝时期，苏禄国有三王——东王、西王和峒王，以东王为尊。为何苏禄东王会长眠于万里之外的德州运河之畔呢？故事要从郑和下西洋说起。

明永乐三年六月十五日（1405年7月11日），为了寻找失踪的建文帝，为了向各个国家宣扬威服四海、胸怀远人的大明王朝威仪，朱棣任命郑和——一个虔诚的穆斯林为总指挥，率领27800余人，浩浩荡荡南下西洋。郑和船队的第一个中转站和补给地，就是菲律宾。当时，阿拉伯商人已经将伊斯兰教传入，菲律宾已经成为伊斯兰教国度。郑和在此不仅宣扬了大明国威，也以自己的事迹生动形象地展示了大明对伊斯兰教的包容与支持。同时，船队在此地也与当地商人进行商业贸易，用瓷器、丝绸、茶叶等换取当地的珍珠、玳瑁、宝石等物品。之后，郑和又几次下西洋，虽然没有找到建文帝，却进一步密切了中菲之间的交流联系。菲律宾群岛上的各个国家纷纷派出使者、商人跟随郑和船队，到中国向永乐皇帝朝贡，并积极进行海上贸易。双方交流活动日益频繁，规格日益升级。

明永乐十五年（1417年），苏禄国的王公大臣聚集在一起，召开了一次重大的专题会议。会议的议题如下：明朝乃天朝上国，地大物博，国力强盛，受万国景仰。永乐皇帝自登基以来，平定天下，迁都北京，修成大典，沟通南洋，威震四海。作为明朝属国臣民，是否应该北上中国，欣赏一下祖国的大好河川，顺便再看望一下如此兢兢业业的朱棣老人家呢？经与会人员共同研究，一致决定：去，一定去，一起去。时间不耽误，马上出发。王公大臣及其家眷、随从们共 340 余人，组成了一个规模庞大的观光旅游团，由苏禄东王巴都葛叭哈剌亲自担任团长。旅游团沿着郑和来的路线，历时一月有余，到达中国泉州。之后，在郑和的陪同下，经苏州，沿大运河北上北京。八月初一，北京迎来了一个有史以来规模最为壮观的外国使团。

图 2—2 苏禄王来华路线图

苏禄东王一行来到北京，永乐皇帝极为重视，亲自在皇宫举行隆重的欢迎晚宴。八月十五中秋之日，中华、苏禄两国之君登长城，数豪情，盟誓代代友好，永昭日月！在京师游玩了 27 天后，东王一行满载着中国人民的深情厚谊，满载着朝廷赏赐的丰厚礼品，在明朝官员的护送下，沿大运河南下启程回国。时至晚秋，秋风瑟瑟，天气渐凉。行至德州时，久居热带地区的东王因感风寒，不幸病逝。按照东王葬于中国的请求，极为悲伤的朱棣下令在德州运河之畔修建苏禄王墓，立东王祠庙，以王礼厚葬，谥号"恭定"，并亲自撰写碑文、悼文；下令册封其长子都麻含为新东王，令其回国主持工作，继续通好中国。王妃葛木宁发誓与夫君永不分离，决定带次子温哈利、三子安德鲁及随从 10 人留在德州，为其守墓。

为了照顾母子一家的生活，朝廷在生活上给予足够的照顾。从德州官仓内每人每月提供口粮一石以及布匹、银钞等，赐"祭田二顷三十八亩"（温寿文：《温安家乘要录》），从德州、历城调来夏、马、陈三户回民供其役使。自此之后，王室后裔世代在此繁衍生息。以东王墓为中心，渐渐形成了一个苏禄人血统和中国回民血统相结合的小村落，这就是北营的雏形。在中国生活的时间久了，慢慢地就变成了事实上的中国人，无论是在生活起居方面，还是在风俗习惯方面。然而，真正的事实是，他们作为侨居海外的苏禄人的身份却一直未曾改变，直到300多年后，他们迎来了苏老丹。

清雍正九年（1731年），东王长子都麻含的后人、当时的苏禄国王苏老丹再次率团来中国进行国事访问。途经德州时，他们不仅瞻仰了苏禄王墓，祭拜了祖先，而且还亲切地慰问了这些侨居中国的兄弟姐妹。东王第八代孙温崇凯、安汝奇作为侨民代表，向苏老丹提出了一份请求，麻烦其转达给朝廷。请求内容大致如下："我们这些苏禄东王后人，客居中国，不能参加科举考试，不能入朝为官，常为他人所卑视，故申请加入中国国籍，以享受正常的国民待遇。"看到同胞们那一双双殷切期待的眼神，苏老丹甚为感动。放心吧，弟兄们，这事包在我身上。当雍正皇帝看到这份奏请时，他感到苏老丹国王很是仗义。既然你如此仗义，我雍正不能不仗义。于是，着令"礼部查明前明留德守墓人等子孙，以温、安二姓为姓入籍德州"（清·王道享：《德州志》）。从此，苏禄东王后人正式加入中国国籍，结束了他们在中国300余年的客居历史，成为法律意义上的中国公民。从此，中国回民族大家庭中又多了一个成员，一个带有王室血统的成员，一个带有外国王室血统的成员。这些王室后裔世世代代都在这块土地上生活着，从未离开过。然而，一直以来，在他们的内心深处永远存在着一个遥远的梦想——认祖归宗。

2005年，郑和下西洋600周年，中菲建交30周年。应菲律宾华裔博物馆邀请，东王第17代孙、时年76岁的安金田老人在两个晚辈安砚春和温海军的陪同下，南下菲律宾，踏上了梦寐以求的寻根之旅。在苏禄岛上，面对祖先墓碑，老人双膝跪地，低头叩拜，已然泣不成声……

转眼间，600年过去了……

600年来，这位身处异国他乡的苏禄东王无疑是幸运的，因为他的妻子、他的子子孙孙一直以来都不离不弃，永远守护在他的身旁；这位因运河与中国结缘的苏禄东王无疑是幸运的，因为他的灵魂随着大运河水一路南下，漂过大海，一直漂到他的家乡；这位沉睡在大运河之畔的苏禄东王无疑是幸运的，因为他不仅在此见证了大运河的兴衰沧桑，更见证了、并将继续见证着中菲人民的世代友谊地久天长。

一条运河，一座古墓，两国情谊！

三 临清运河钞关

临清运河钞关，位于临清市城区内大运河西岸，始建于明宣德四年（1429年），已有近600年的历史，为全国重点文物保护单位，是我国唯一一处钞关旧址。

钞关之名，在明之前尚未出现。之所以出现在明朝，乃缘于一种特殊的钞票。钞关，顾名思义，是专收钞票的关卡。当然，钞票可不是人人都可以去收的，只有政府才有这个权力。如果有人胆敢擅自设卡收钞，政府将对此严惩不贷，"胥役严处，官吏严参"。明政府收的钞票有一个专门称呼——大明通行宝钞。明朝建立初期，因政府财政力量不足，铜源短缺，故铜钱铸造数量有限，从而出现货币供给困难，影响了经济系统的正常运转。于是，明洪武七年（1374年）颁布《钞法》，设印钞机构，并于次年开始发行纸币，是为大明宝钞。宝钞高约30厘米、宽约20厘米，是世界上面积最大的纸币，也是明朝官方发行的唯一纸币，贯行于明朝270余年。钞关初建时，仅收宝钞，后又钱钞均收，后又折收银两。尽管税赋形式一变再变，但钞关之名却未曾改变，直至现在。

明朝初年，随着会通河河道疏浚和综合治理工作的顺利完成，大运河南北贯通。于是，永乐十三年（1415年），明政府罢海运而专任漕运，大运河恢复了昔日的繁荣景象。在运河上，不仅航行着数量众多的向北京运输漕粮的官船，而且航行着越来越多走南闯北做生意的商船，运河逐渐成为南方之间最重要的商路。慢慢地，明政府惊奇地发现，商人们的腰包越来越鼓了。作为大明子民，已经先富起来的成功商业人士，是不是有义务帮助国家脱贫致富，实现共同富裕呢？在明政府的心目中，答案只有一个。

　　宣德四年（1429 年），明政府下令，在漷县（属通州）、临清、济宁、徐州、淮安、扬州、上新河（属南京）的客商辏集处设立钞关，并差户部官员依法监收"船料钞"。明代，钞关征税的原则是——"量舟大小修广而差其额，谓之'船料'，不税其货"（清·张廷玉：《明史·食货志》）。其意思解释如下："征税时，需按照船只的大小长宽或载货量的不同而收取不同等级的税额，此即船料钞。"对于一般钞关而言，只收船料钞，不对货物本身收税。然而，临清不是一般的钞关。除对船只收税外，还兼收"货税"，即根据货物本身的价值收税。于是，路过临清钞关的商船，走的程序会烦琐一点，为国家作的贡献也会相应地多一点。更值得一提的是，临清钞关不仅收船税，竟还收车税，河运、陆运通吃。而随着明政府一纸罢令，临清钞关的地位更不一般。正统四年（1439 年），撤销徐州关、济宁关，山东境内仅存临清钞关一处。税关减少，客观上促进了山东运河区域的商业发展和繁荣，从而大大增加了临清钞关的税收。至万历年间，临清钞关的年税收总额达 83000 余两白银，居全国钞关之首，占全国课税总额的四分之一。

　　有钱有权的地方就容易滋生腐败，钞关自然首当其冲。钞关的腐败问题自始至终都是政府极为关注、极为头痛的重大课题。为了解决这一顽疾，明清两代政府绞尽脑汁，采取了各种各样的方法，其中最为棘手的就是钞关官员的任命问题。最初，钞关是由户部直接派员管理，结果官员欺凌船户，刻薄客商。朝廷无奈，只好将户部官员取回，将管理权下放至地方政府。然而，地方官员不甘落后，很好地继承了中央官员的工作作风。朝廷很是无奈，将管理权再次收回，差户部官员监管钞关……就这样，折腾来折腾去，一直折腾了数百年。为了防止户部官员与地方官吏营私舞弊，朝廷自正统六年（1441 年）开始实行"每岁一替"的任命制度，即户部差官的任命期限仅为一年。同时，为了严惩各类腐败行为，朝廷又制定了一系列非常严厉的惩罚制度。该做的都做了，但该来的还是来了。尽管朝廷很努力，可是官吏更卖力。他们不遗余力地钻各种空子、使用各种手段、采用各种方式剥削商家、坑害国家，发誓将腐败行动进行到底。

　　明清时期，钞关的供职人员大致分为三类。其一为高级官员，朝廷命官，包括户部官员和地方官员；其二为胥吏，基层公务员；其三为差役，最底层的打工仔。自钞关设立后，官员、胥吏、差役充分利用手中的权力，积极地进行各类寻租行为，官痞勾结、勒索商人、扰害民众的现象一直非常严重。《金瓶梅》中有一回写道："西门庆差下人韩道国去杭州置办了一万两银子的绸缎，到达临清钞关时，遇到了钞关上的打工仔钱老爷。怎么办，心照不宣、相互关照吧。于是，老韩给了老钱一点私房钱，老钱少收了老韩一笔公家钱。"双方都很满意，只是坑了国家，害了人民。像钱老爷这样级别的差役尚且贪得如此不亦乐乎，更别提他们的顶头上司。腐败行为日盛，百姓怨声载道。终于，一个人的到来，点燃了临清百姓心中压抑已久的怒火。此人名马堂，职业太监。

明万历二十七年（1599 年）三月，马堂被派往临清担任提督太监。这个职业是万历皇帝的首创，是除户部之外的又一个收税部门。提督太监以"为天下之民脂民膏服务为己任"，又被称为税监。马税监一到临清，便"口衔天宪，手握皇纲"，打着皇帝的旗号开始大肆敛财收钱。他令下人建立衙署，在水陆要道大设关卡，拦截过路船只，任意抽税。更为甚者，他招募流氓、恶棍等"亡命之徒"数百人，在光天化日之下，"手拿银铛"公开抢夺工商业者财产，如有违抗，轻则拳打脚踢，重则治罪甚至斩首示众。临清工商业者惨遭摧残。临清"往年伙商三十八人，皆为沿途税使盘验抽罚，资本折尽，独存二人矣。向来缎店三十二座，今闭门二十一家；布店七十三座，今闭门四十五家；杂货店六十五座，今闭门四十一家。辽左布商，绝无一至矣"（明·陈子龙等：《明经世文编·关税乞减疏》）。临清工商交困，无计为工，无法做商，百姓已忍无可忍。

忍无可忍，无须再忍！同年四月，临清人民奋起反抗，万余名百姓怒气冲天，"纵火焚堂署，毙其党三十七人"（清·张廷玉：《明史·宦官传》），然马太监侥幸逃脱。此举震惊朝野上下。为维护江山社稷之稳定，朝廷立即下令逮捕暴动首领。当时，有一编筐匠人王朝佐，挺身而出，"一人承当，阖郡人民赖其保全"。同年七月初九日，王朝佐被押赴刑场，神色不变，从容就义。后人为其立祠竖碑，以示感恩戴德。

水能载舟，亦能覆舟。运河钞关的现存警示意义盖莫过于此！

四 水次仓

水次仓，顾名思义，即水边或码头边上的粮仓，又称中转仓、转运仓、转输仓、转搬仓，是中国古代中央政府为存储、转运漕粮，在自然河流或人工运河沿岸设立的国有粮仓。其主要功能是存储、转运漕粮，以供应京城官僚、皇室、军队的粮食需求，另外还兼具灾荒赈济、填补漕粮缺额等功能。水次仓的雏形最早可追溯至秦王朝。为将中原粮食转运至京师咸阳，残暴的秦始皇役使民工，在河南荥阳黄河岸边的敖山上修建了我国历史上第一座水次仓——敖仓。其后，水次仓历经各朝各代，得到进一步发展，至明代达到最繁盛的时期。

明朝初年，天下初定，然政局仍然不稳，战事较为频繁。明朝的主要敌人就是刚刚被其推翻的元朝残余势力，主战场在北方大漠。兵马未动，粮草先行。如何将军粮及时地送达北方成为朝廷亟须解决的问题。当然，最为经济、便捷的运输方法非漕运莫属。然而，由于元朝末年黄河多次泛滥，再加之政府长期疏于管治、战乱频繁等各种因素的共同影响，运河断航了。所以，当时的运粮方式主要有两种：第一种是陆路。可是，陆路运输的成本太高，包括时间成本、劳动力成本以及由此带来的粮食成本。如果从陆路运输粮食，必须额外准备送粮人的口粮。运一辆，吃一辆，吃掉的可能比送去的还多。第二种是海路。可是海路运输的成本也相当高，不但要绕远路，而且经常要遭风吹浪打之苦，冒船翻人亡之险。于是，运河的疏浚及相关配套工程很快被提上了工作日程。

明永乐九年（1411年），朱棣命令工部尚书宋礼治理会通河，至永乐十三年（1415年），运河南北全线贯通。于是，明政府下令在运河沿岸的淮安、徐州、临清、德州、天津5个重要城市设水次仓，由户部派专人监管。五大水次仓实际上是五大仓群，如临清水次仓群由3座大小不一的水次仓组成，分别为广积仓、常盈仓和临清仓，其中以临清仓最大，可容纳粮食300万石（合3.6亿斤）。各大仓群规模都很大，每年存粮数量少则几十万石，多则上百万石。在明朝初年，临清、德州两大水次仓群作为南粮北运的中转站，每年都会有数百万石粮食在此装船、卸船、入仓或短期储存。将数量如此之巨的粮食由南方运抵京师，可不是一件轻而易举的事情。这一艰巨的任务由一支由12万人构成的特种部队承担，这支部队的名字叫作运军。

明朝初年，百废待兴。为了减少军费开支，缓解财政压力，朱元璋采用刘基的建议，设立独具特色的、持续了数百年的卫所军事制度。在全国范围内，度要害之地，"自京师达于郡县，皆立卫所"（清·张廷玉：《明史·兵志》）。将几个府作为一个防区，设一卫，士兵总数为5600人。卫以下设千户所、百户所，士兵总数分别为1120人和120人。运河沿岸重地均设卫所，如山东运河沿岸的德州、临清、济宁、东昌等重要地区都设立了卫所。卫所士兵均来自军户，即户籍种类为军籍的家庭，其来源主要有两类：一是元代旧有的军户，二是现役军人之户。值得一提的是，军户为世袭制，除非丁尽户绝，或是皇帝赦免，或是祖坟冒烟、家中有人成为高官，否则军籍是无法消除的。如果一家的户籍非常不幸地成为军籍，那么这家世世代代就会相当荣幸地为国家从事这样一件没完没了的工作：生男孩——当兵——再生男孩……军户的主要义务，便是让家里的老大赴卫所当兵，称作正军，老二、老三等其他孩子称作余丁或军余。老大赴卫所当兵时，老二要陪同随行，一则充当警卫员，照料其生活起居；二则担任替补队员，一旦老大临阵逃脱或者为国捐躯，老二会二话不说，义不容辞地顶上。在明清时期，地处运河之畔的卫所，其兵士称为运军，承担的任务主要有两个。一是屯田，国家批一块地，士兵在此进行耕作，自给自足。二是运粮，负责护送各地粮草运至京师，这也是运军最主要的工作任务。明清时期，漕运方式几经改革，主要经历了三个阶段。

永乐十三年（1415年），实行支运法，规定各地农民依照就近原则，将上交漕粮分别自行运至淮安、徐州、临清、德州四地的水次仓存储，然后由卫所运军分段依次递运（淮安—徐州—临清—德州），转至通州或北京，一年转运四次。然而，支运法需要农民运粮至仓，不仅工作辛苦，而且会耽误农业生产。于是，宣德六年（1431年）开始实行兑运法。朝廷规定江南各府漕粮由农民负责运至扬州瓜洲、淮安两地水次仓，兑给当地卫所的运军，然后由运军负责漕粮转运至通、京。当然，由于北上路途遥远，农民不仅需要负责路费，还要额外上交数量不等的耗米（古代官府征收钱粮时，以弥补损耗为名额外加征的部分）。如此一来，江南漕粮由产地装船北上，不再以临清、德州仓为中转站，其功能相对下降。不过，在山东、河南两省仍多实行支运法，农民仍需将漕粮运至临、德二仓。为彻底免除农民运粮负担，成化七年（1471年），开始实行长运法，命令运军渡江南下，径赴江南各州县的水次仓交兑漕粮，除加征运费、耗米外，另加征一斗（合12斤）米为渡江费。原来渡江费这么便宜啊，十来斤大

米就能搞定？不要以为运军们宅心仁厚，渡江费为每石（10 斗）加征 1
斗。将漕粮交兑完毕后，由运军直接运抵京师，中间不再转存。成化十一
年（1475 年），淮、徐、清、德四仓均改为长运。"长运之法，民安其业，
军得其饶，军民两便，于是定焉。"（清·邵之棠：《皇朝经世文统编·理
财部十二·漕运》）此后，漕运方式再无变革，一直沿用到清末。随着长
运法的全面实施，临清、德州水次仓的中转功能日益减弱，仓场规模日益
缩小。

如今，水次仓荒废了，卫所消失了。然而，运河的漕运记忆永远不会
消失。在山东运河两岸，数不清的村镇一直在以一种特别的方式，默默地
向人们讲述着一个又一个动人的漕运故事：以自己的名字——李营、许
营、侯营、蒋官屯、马官屯、顾官屯……

五　临清贡砖

老北京人口中常常念叨这样一句话："咱北京城是漂来的。"此言的
确一点不虚，也一点不假。随着大运河的开通，南方各地的粮食、茶叶、
水果、丝绸、戏曲等诸项物事都沿运河由南向北漂至北京，京城皇族、百
姓开始过上衣食无忧、有玩有乐的幸福生活。当然，从运河上漂来的还远
不止这些。明清时期，从临清出发或取道临清北上京师的大小官船、商
船，都会非常荣幸地享受到其他船无法享受的一种特殊待遇：免费给官府
捎带砖头，少则十来块、数百斤，多则百余块、数千斤。可不要小瞧这些
砖头，它们可相当有来头，而且有一个相当响亮的名字——临清贡砖。这
些贡砖被运至京城之后，当作何用呢？

明朝初年，在帝国的北方有几个不太友好的邻居（主要是蒙古旧
部）。这些邻居经常不经允许就擅自进入主人的屋里拿走自己喜欢的东
西，而且从来不留欠条。一次两次暂且罢了，长此以往，大明帝国之颜面
何存？！于是，永乐年间，为了有效地控制北方边界，保卫国家安全，朱
棣决定将都城自南京迁至北京。迁都北京，不仅是因为他曾在此生活了二
十年，更因为北京"北枕居庸，西崎太行，东连山海，俯视中原，沃野
千里，山川形势，足以控制四夷天下"（《明太宗实录》）。然而，迁都并
非易事，面临着两大问题。其一是粮食问题。从南京迁走的可不是朱棣一

人，而是一大批人，有他的老婆孩子，有王公大臣，有士兵百姓。这些人的口粮仅靠北京地区供应那是绝对不可能完成的任务。办法只有一个——从南方调粮。可是，此时运河栓塞，河道不通。于是，朱棣命令工部尚书宋礼、漕运总督陈瑄疏通运河，"南极江口，北尽大通桥，运道畅通三千余里"（清·张廷玉：《明史·河渠志》）。其二是城市建设问题。经过元末战火的洗礼，北京城毁坏较为严重，很难满足北迁人口日益增长的物质需要和精神需要。为此，需要大兴土木，建皇宫、修天坛、铺道路、造宫苑、整长城、筑皇陵。于是，朝廷开始在全国大规模地征派木料砖石，其中木料多来自云贵川湘的深山老岭，砖石多来自运河沿岸城镇。在山东、河北、河南等地均建窑烧砖，并差工部侍郎监督管理，临清的烧窑历史即始于此时。明嘉靖年间，河北、河南的砖窑一律停废，仅留临清诸窑，临清从此成为明清贡砖最重要的生产基地。

那么，为何朝廷将贡砖的生产基地设在千里之外的临清呢？主要原因有四个。其一是水土好。临清运河沿岸的土，其形成过程十分特别。由于临清地处黄河冲积平原，每次黄河泛滥之后，总会留下一层细沙，覆盖在黏性土壤上。久而久之，土壤形成了红、白、黄相间的层状结构，如莲花瓣一样均匀清晰，当地人称之为莲花土。莲花土细腻无杂质，沙黏比例适宜，和泥抟坯有角有棱，不易变形，再加之卫运河水质清澈，碱性较小，具备烧制优质贡砖的水土条件。其二是交通便利。临清卫运河水源充足，不易干涸，又因距京师较近，一直以来都是漕运咽喉之地，交通非常方便。其三是燃料充足。临清及其附近的州县，是棉花、大豆、小麦、玉米等农作物的重点种植区，其秸秆正好可作为烧制贡砖的优质燃料。其四是管理便利。临清地区人口较少，闲置之地较广，在此集中建窑，并将华北平原各州、府、县的工匠聚集在一起烧砖，便于领导，便于管理。于是，临清成为贡砖生产基地的不二之选。

明清两代的砖窑均分布在运河两岸，绵延60余里，共有砖窑192座。每座砖窑又有两个窑，共计384个。砖窑之间分布相当稠密，有些地方的砖窑仅隔几十步。砖窑规模差距不大，每座占地40—60亩，供取土、盖窑、堆柴、存放砖坯和成砖之用。砖窑的直接从业人员分为四大类。第一类为窑户，是官府征调承包砖窑的窑场主，是砖窑的管理人员，拥有财力及招雇工人的权力。第二类为作头，是窑场生产的直接组织者和参与者，相当于工头、生产的参加者和指挥者。第三类为匠人，是在窑场中从事烧砖工作的技术工匠，又称为"把式"。第四类为杂工，负责挖土、推土、筛土、滤泥、制砖坯、装窑、出窑、搬柴、烧窑、担水、裱纸、运砖等工作。在每座窑内，这四类工作人员不下50人。在近200座窑内，工作人员不下万人。于是，临清运河岸边出现了这样一幅百窑开火、万人烧砖的壮观景象。有诗云："秋槐月落银河晓，清渊土里飞枯草。劫灰助尽林泉空，官窑万垛青烟袅。"（清·袁启旭：《官砖使者行》）

临清作为朝廷指定的贡砖生产基地，聚集了一大批本地、外地的优秀工匠。他们在长年累月的烧砖过程中，积累了非常丰富的经验和极为娴熟、独特的烧造工艺，在我国的陶冶史上写下了重重的一笔。经这些把式之手烧制的临清贡砖，是明清时期名冠全国的优质产品，仅有苏州生产的金砖（专供皇宫铺地用的方砖）可与之相媲美。临清贡砖品种齐全、色泽纯正、形状规整、击之有声、断之无孔，坚硬如石，代表了我国古代制砖业的最高水平，成为宫殿皇陵砌墙用砖的首选。

"玉河秋水流涓涓，舳舻运砖如丝连。"（清·袁启旭：《官砖使者行》）500多年来，临清贡砖沿着大运河千里迢迢漂到北京，被一块又一块地堆砌起来。于是，有了故宫，有了长城，有了天坛，有了皇陵……有了整座北京城。

运河的水，临清的砖，北京的城，紫禁城上有临清！

然而，闻名海内外的临清贡砖，后来却由于种种原因停止了烧造。不过，值得庆幸的是，贡砖烧制技艺却没有因此失传，而是靠世代口传心授被完好地保存下来。20世纪90年代，一股复古、仿古热潮使得贡砖烧制之火再次燃烧起来。1996年，临清重新开窑烧制贡砖。2008年，"临清贡砖烧制技艺"入选《国家级非物质文化遗产名录》。

卫运河的水仍在静静地流淌着，它曾经在此目睹了临清贡砖昔日极为辉煌的风采，它必将会在此见证临清贡砖更为灿烂的明天。

六　竹竿巷

运河的南北贯通，在带动山东运河城镇商业繁荣的同时，也带动了其手工业的长足发展，竹器加工业逐渐成为各城镇一种非常重要的手工业形态。几乎在山东运河沿岸的每个城镇中，都有以"竹竿巷"命名的街巷。在这其中，以临清、济宁的竹竿巷最为著名。

临清竹竿巷，现为聊城市重点文物保护单位，位于临清市中州运河古城区，巷长约 1000 米，宽 3 米左右，因明清时期竹木器加工而得名。关于临清竹竿巷名字的来历，当地还流传着一段有趣的传说。

相传明朝时期，南方有一个名叫朱刚的人。此人头脑灵活，吃苦耐劳，然而家境却不富裕。为了发财致富，他决定效仿其他商人贩运江南土产至临清销售。经过一番思索，他将发家的希望寄托于一件土产之上——毛竹。毛竹是我国栽培历史悠久、种植面积最广、经济价值最重要的竹种。其竿形粗大，是良好的建筑用材，可作梁檩、棚架、脚手架等建筑之用。然而，毛竹对生长条件的要求较为苛刻，适合在气候温暖、土壤肥湿、土质优良的江南地区生长，不适合在地处温带季风气候的江北地区生长。因此，山东自古至今很少种植毛竹，产竹量少得可怜。这似乎是一个较大的潜在市场机会。于是，朱刚装了几船毛竹，沿运河北上至临清，开始了他的寻梦之旅。

然而，他的富贵美梦在最开始时注定还只是一场梦。由于毛竹在北方很少种植，人们并不太熟悉它的属性，所以在当时的建筑施工中，毛竹无任何用武之地。朱刚运来的这几船毛竹，竟然成了死货。这一事例形象生动地告诉我们，在做一项重大决定时，仅仅靠脑袋思索是远远不够的，深入细致的调查研究是必需的、必要的。于是，朱刚迈开双腿，开始脚踏实地地进行调查，去捕捉市场机会。

一天，朱刚来到一个编织器物市场，发现由柳条、高粱秸秆、芦苇等编织的筐、篮、帘子非常受顾客欢迎。这时，一个绝妙的念头在他的脑海闪过。他的心跳开始加速，开始变得兴奋，因为在他的脑海中浮现出竹筐、竹篮等许多竹器的影像。他隐约地感觉到，他的美梦是那么的依稀可见。当然，还只是依稀可见。

将粗大的毛竹变成精致的竹器可真是一项技术活，对于毫无编织经验的朱刚来说可不是一件容易的事儿。幸好，他具备着谦虚、好学、吃苦、爱钻研等优良品质。他拜临清编织高手为师学习编织手艺，勤勤恳恳，废寝忘食。终于，苍天不负，朱刚实现了从菜鸟到专家的蜕变。经他之手所编的竹筐、竹篓、竹筛、竹帘等竹器，样式精美，轻巧耐用，愈来愈受到人们青睐。青睐之余，人们还送给朱刚一个雅号——朱巧手。朱刚名利双收，昔日美梦渐已成真。

朱巧手的名气越来越大，来找他编织竹器的富商大贾络绎不绝。有一年元宵节的前几天，来了一位大字号绸缎店掌柜。他要求朱刚为他的绸缎店编一盏精巧别致的竹灯，希望在灯节这天晚上装耀门面。并告知朱刚，只要竹灯能让自己满意，价钱肯定会让他满意。朱巧手很痛快地将此活接下，并将所有的精力、心血、思想全部注入这件作品之中。经过几天几夜的不懈努力，在消耗了无数的脑细胞之后，在进行无数次的反复试验之后，一盏精美奇妙的竹灯终于编成了。灯节晚上，绸缎庄掌柜把竹灯在店门口一挂，顿时引起一阵轰动。这盏灯的外形宛如一个精致的鸟笼，鸟笼内有两只异鸟围着烛光展翅跳动、追逐欢唱。这件艺术作品的问世，标志着朱巧手已不再是一位专家，他已经成长为一名大师。越来越多的人仰慕朱大师的才艺，纷纷拜倒在他的门下，再也不想离开。不久之后，朱大师所住的街道延长到 1000 米，成为繁华热闹的竹器市场。因朱大师的名字"朱刚"与"竹竿"谐音，故后人将此街命名为竹竿巷。

临清竹竿巷形成于明朝中后期，巷内多数店铺为家庭作坊。在其最繁荣的时期，巷内有 70 多个家庭作坊，生产、销售的产品有上百种，大致分为四大类。其一为农具，如用来将土块弄碎的竹耙、用来赶牛羊等牲畜的鞭条等；其二为生活用品，如竹帘、竹篮、竹筐、竹篓、竹几、竹椅、竹担、竹筷等；其三为儿童玩具，如竹呼哨，即用竹子做的口哨；其四为装饰品，如竹鸟花等。除家庭作坊外，巷内还有亨通、太和两大竹商。他们从江浙一带将竹料贩运到临清，一部分出售给当地的手工业者，同时自己也雇佣工匠进行竹器加工。当时，整条街巷呈现出一派欣欣向荣的景象，一直持续到清朝末年。清末，受黄河泛滥、铁路出现等诸多因素的影响，大运河停止漕运，正式断航，而临清也逐渐失去了往昔的繁华。因无利可图，竹竿巷内的手工业者们陆续关闭自己的小作坊，尽管有些许不舍。如今，竹竿巷内仅保留着几家竹器铺，几位老匠人用手里的一把篾刀、一把弓锯为我们讲述着这条文化名巷的历史和记忆。

与临清竹竿巷的萧条、冷清形成鲜明对比的是，济宁竹竿巷在今日却仍保持着旺盛的生机与活力。竹竿巷现为济宁市重点文物保护单位，位于济宁市老运河南岸，长约 1500 米，至今已有 700 多年的历史。自明清始，济宁成为山东最大的竹器生产基地和销售市场，竹器作坊多集中在竹竿巷。清末，巷内从事竹器加工销售的商户有10余家，民国初年增加至60余家，至1937年前后增至130多家。时至今日，竹竿巷仍然是济宁市竹器行业的大本营。

济宁的竹器产品大致可分为四类。其一为鞭条与竹竿制品，如赶牲畜用的鞭尖、三股条、四股条，撑船用的竹篙等。其二为编织品，如磨坊筛面用的、药材店筛柏子用的竹筛子，各种各样的竹筐，渔业生产所必需的渔笼、渔篓、渔筐等。其三为鸟虫制品，如样式各异的方笼、圆笼，供玩家专用的百灵笼、画眉笼、鹦鹉笼、蝈蝈笼，捕鸟用的打笼与拉笼等。其四为轿床家具，如各式各样的竹床、竹椅、竹凳，婚庆用的花轿、竹伞、裙灯等。因济宁的地貌与江南水乡较为相似，故其竹器制品亦体现出较为鲜明的地域特色，许多用具如竹篙、渔笼、渔篓、渔筐等与当地的渔业生产紧密相连，这与临清竹器产品存在明显不同。

竹竿巷内的竹器店铺的建筑样式亦别具一格。店铺顺河而建，相互搭连，高低错落，跌宕起伏。竹器铺多为两层楼阁式建筑，古朴雅致，小巧玲珑，其建筑格局为"前店后坊、下店上居、铺前面街、铺后临河"，形成了门前交易、院后乘船的独特风貌。经过南方工匠的数次改进和北方泥瓦匠的不断翻新，竹竿巷既具江南水乡灵巧清秀之韵，又有北方大地稳固厚重之风，成为运河上一道迷人的风景。济宁也因此也拥有了一个美丽的新名字——江北小苏州。

七　临清舍利宝塔

在临清市城北卫运河东岸矗立着一座九层高塔，名为临清舍利宝塔，始建于明朝万历年间，现为全国重点文物保护单位，与北京通州的燃灯塔、浙江杭州的六和塔、江苏镇江的文峰塔并称为"运河四大名塔"。

乍听此塔的名字，多数人会以为它是供奉舍利子之所。何谓舍利子？其具体含义如下："舍利子，为诸佛、菩萨、罗汉、高僧等圆寂后火化，凝结形成的晶莹如珠、如花之物。"其形状多样，有圆形、椭圆形，有莲花形；颜色各异，白色为骨舍利，赤色为血肉舍利，黑色为发舍利。它是佛教修道者生前依戒定慧（道德、禅定、智慧三学）熏修而得，历来被视为佛门珍宝，争相供奉。然而，临清舍利宝塔却并非因舍利而建，而是缘于风水。

明万历时代是明王朝走向灭亡的前夜。许多史学家认为："明亡，实亡于万历。"当时，万历皇帝不理朝政（此君创造了 30 年不上朝的吉尼斯世界纪录，至今无人能破），宦官魏忠贤九千岁独断专权，东西厂、锦衣卫横行朝野，政局极不安定，经济异常萧条。在此背景下，连续两届科举考试，临清均榜上无名，谓之科甲不利。于是，文人缙绅们聚集在一起就此事召开专题会议，分析原因，研究对策。与会代表一致认为："此诸多不吉，盖为风水不利所致。观音菩萨像供于城南，不能镇卫运河之水。"于是，当时来临清办公的钦差大臣钟万禄，收到了这样一份提案：临清风水不好，宜将城南观音菩萨像移至汶、卫两河汇流北去的"天关"处，并建造一座宝塔供奉之，以利风水。此事关乎一方民生，钟钦差对其非常重视，态度非常诚恳——像一定要移，塔一定要建。但是国家没钱，经费自筹。好吧，国家指望不上，自己干吧。于是，众人推举赋闲在家的御史柳佐主持宝塔建设。

柳佐，临清人，明万历十四年（1586 年）进士，曾任知县，后被提升为御史。因御史的主要职责为弹劾与建言，故其被罢官的概率非常之高。而柳佐正是明代御史群体的一个典型。他为人刚正不阿，从不结帮入派。他耿直敢言，认真履行本职工作。很多同僚都不喜欢他，怎么办？以其人之道，还治其人之身。既然你小子不仁，别怪兄弟我不义。一纸"莫须有"的弹劾，将柳佐送回了临清老家，却阴差阳错地成就了舍利宝塔的诞生。

接到这一艰巨任务之后，柳御史开始多方筹集资金，许多香客、富商和当地百姓纷纷捐资筑塔。自 1611 年至 1620 年，历时 9 年，临清舍利宝塔终于完全竣工。"民之所欲，天必从之。"在宝塔建成的当年，万历走了，紧接着九千岁也走了。第二年，临清一举考中两名进士。这似乎是一种巧合，可是临清百姓不这么认为。有点迷信的百姓送给了宝塔另外一个名字——风水塔。

关于舍利宝塔的来历，还有另外一个版本的神话传说。

相传很久以前，卫运河里来了两个鱼精，老大叫大青，老二叫二青。尽管法力尚浅，但是这二位却胸怀大志，一直梦想着跳过龙门，游进东海，成为魔教教主。当上教主可不是一件容易的事儿，需要有足够的资历条件。其中必须具备一项基本条件——吃 500 个小孩。为了尽快达到这一项基本要求，它们碰了个面，就是否吃、何时吃、如何吃等事宜进行了认真磋商。最后，哥俩儿达成一致意见："小孩的肉还是比较香的，是一定要吃的。有条件要吃，没有条件创造条件也要吃。"这次会议之后，原本平静的卫运河已不再平静。坐船的小孩、在河边玩耍的小孩都成了鱼精们的美味佳肴。两位吃得很开心，可百姓们却人心惶惶，不可终日。

正在人们苦于束手无策的时候，从临清城南来了一位老者，鹤发银须，身带一股仙气。这位老者向百姓献上镇妖之策——如欲镇妖，必设高塔。要设高塔，无须劳民伤财。城南 50 多里处，有一座 20 多丈的废弃宝塔，将其拉来，便可镇妖。闻听此言，百姓竟无人叫好。因为对于凡人来讲，拉这么高的宝塔的确是一件不可能完成的任务。然而，这位老者不是凡人。看到众人无动于衷的样子，老者当即表示："宝塔不用你们拉，我老头子来拉。但是有两个要求：一是要回家给我准备绳子；二是要回家给我准备牛。越多越好。"分工很明确，意见很统一，大家很高兴。一切准备工作都就绪之后，人们都进入了梦乡，除了一个人。

随着雄鸡的一声鸣叫，清晨的一缕阳光洒向卫运河。人们睁开惺忪的双眼，没有看见那位老者，却惊奇地发现，一道长长的影子横穿运河。顺着影子望去，一座高大的舍利宝塔屹立在运河东岸。这座塔，八角八面九层，底层开一扇大门，门楣上写着四个大字——舍利宝塔。门前有一封条，上面写道："宝塔罩深井，深井锁二青。"看来，二位鱼精教主是做不成了。如果此塔不倒掉，估计它们哥俩儿会永远待在这里做一井之主了。

宝塔南面的地上，留下一道深深的辙印，一直向南延续了 50 余里。果然，原来在那里的古塔不在了。可是，原塔周围的村庄还在，至今还在。它们的名字是马塔头村、赵塔头村、刘塔头村、国塔头村、娄塔头村、影庄……

综观整座宝塔，其整体为砖木结构、楼阁式建筑，通高 61 米，共八角八面九级，应佛教"灵收八表，九九归一"之意。"灵收八表"，意为此处汇聚四面八方之灵气。"九九归一"意为从来处来，往去处去，又回到本初状态。当然，这种回复不是简单的返回，而是一种升华，一种再造，一种涅槃，更是一个新的起点。佛语有云："九九归一，终成正果。""九"是最大的，也是终极的。故而许多人文建筑都以"九"为最，舍利宝塔亦不例外。

登塔远眺，八面风光尽收眼底，三百里外忽见遥山，朝宾岱宗暮太行！

八 山陕会馆

明清时期，随着京杭大运河的南北畅通，聊城凭借其优越的地理位置和经济环境，被誉为"漕挽之咽喉，天都之肘腋，江北一都会"①。一时之间，这里"舟楫如云，帆樯蔽日"，吸引着全国各地的无数商人来此做买卖，蹭铜板。在这浩瀚的商业大军中，有一支来自秦晋地区的队伍。他们驱赶着一拨拨的马车驼队，从遥远的黄土高原缓缓走来，然后以其卓越的商业才干、讲求信义的商业品格和雄厚的经济实力，迅速占领了这片市场。他们就是有"执北方牛耳"之誉的山陕商人。因为身处异地他乡，为了共叙同乡情谊，共结秦晋之好，共谋搂钱大计，这些腰缠万贯的山陕商人一致决定，共同集资建造一座会馆，一座相当体面、相当气派的商业会馆。于是，一座举世闻名的会馆即将在此诞生。该会馆名为山陕会馆，现为全国重点文物保护单位。

对于任何事情都非常讲究的山陕商人来说，会馆的选址当然不能例外。他们在城内仔细寻找，走了好多地方，找了好长时间。终于，在古城区南边的运河西岸，耐心的山陕商人找到了这样一块宝地。这里不仅有好风水、好风景，而且有两棵明朝古槐。古槐有一个美丽的名字——情侣槐，缘于一段凄美的爱情传说。相传，运河岸边的村子里，有一对青年男女，从小青梅竹马，两小无猜，发誓相伴彼此到天荒地老、海枯石烂。然而，天有不测风云。一位财主手里提着一根大铁棒，无情地打散了这对苦命的鸳鸯。为了矢志不渝的爱情誓言，二人别无选择，双双投河自尽，化为两棵古槐。这段忠贞仁义的爱情故事，深深地打动了这些视情义为生命的山陕商人。是这里了，就在这里了。

---

① 山东省聊城市地方史志编纂委员会：《聊城市志》，齐鲁书社 1999 年版，第 3 页。

　　清乾隆八年（1743 年），以两棵古槐为轴线，会馆开始动工兴建。这不建不要紧，一建就是 66 年，共耗费白银 60465 两 6 钱 9 分，穷极奢侈之能事。嘉庆十四年（1809 年），这一浩大、奢华的宏伟工程终于宣告完工。一座既有气势恢宏、富丽堂皇之姿，又有玲珑秀丽、典雅别致之韵的山陕会馆，高傲地矗立在运河之畔。值得一提的是，思乡心切的山陕商人将他们心底浓厚的乡情全部倾注到会馆的每一处角落。原材料全部来自秦晋之地，五大工匠①都为秦晋之民，建筑、雕刻均具山陕之风。"今众聚集其间者，眈然蔼然，如处秦山晋水间矣。"（山陕会馆内碑刻《重修山陕会馆戏台、山门、钟鼓楼记》）山陕会馆建成之后，山陕商人在此"敦亲睦之谊，叙桑梓之乐，虽异地宛若同乡"（清道光九年《重修浮山会馆碑记》）。

　　老乡见老乡，两眼泪汪汪。抱头痛哭之后，山陕商人们擦干眼泪，开始进行一项在当时相当时尚、相当高雅的休闲活动——看戏。有时，老乡们觉得人少太过冷清。于是，这些仁慈的山陕老乡也会请当地老乡们来免费观看，凑凑热闹。

　　老乡们看戏的地方叫看楼，艺人们唱戏的地方叫戏楼。看楼有两座，位于戏楼南北两侧。山陕会馆的戏楼在全国同类建筑中是最有名的，也是最华美的。戏楼最为引人注目的部分是其葫芦形楼顶，外檐向东北、东南方向各伸出两个翼角，向西北、西南方向各伸出三个翼角，如凤凰展翅，似俊鸟争飞，令人叹为观止。

　　不差钱的山陕商人不仅将戏楼建设得相当华丽动人，而且这些戏迷请来的戏班剧团也相当绚丽多姿。来此演出的戏班来自天南地北，表演剧种包括山西梆子、陕西梆子、河北梆子、徽剧、京剧等各种类型。其表演内容也多种多样，涉及古代政治故事、军事故事、侠义故事、神仙故事、民间故事等诸多种类，唯独没有关公戏。这位端坐在戏楼对面的大殿里，在此看了一百多年戏的关公大帝是山西商人心目中的神灵，神圣不可亵渎，哪怕是一丝、一点都不行。

　　山西商人崇拜关公，崇拜到了顶礼膜拜的程度。他们对关公的崇拜，比中国其他任何地区的人群都要虔诚。全国各地的每一个山陕会馆，山西

---

① 　五大工匠：木匠赵美玉、常典；泥匠孙起福；油匠李正；画匠霍易升；石匠李玉兰。

商人的每个店铺，都会供奉关公。关公崇拜已然成为山西商人的标志。为何山西商人的关公信仰虔诚到了如此无以复加的程度呢？原因有三。首先，关羽是山西运城人，是自家老乡。老家拥有如此优质的资源，当然是最理想的不二人选。其次，关羽精忠贯日，大义参天，与山西商人"讲求诚信，以仁为本"的经营之道不谋而合。最后，关羽有勇有谋，能文善武。迷信的山西商人认为，这位曾经千里走单骑、水淹七军的关公大帝能够在他乡异地保佑自己的身家性命。于是，关公成为他们心中永远的保护神。

除了供奉关公外，山陕商人们还专门在大殿两侧辟殿，祭祀财神、水神、文昌、火神，希寄诸神保佑自己生意兴隆、财源滚滚，保佑商船漕运畅通、安全无虞，保佑子孙成才成器、学优入仕，保佑家庭平平安安，免受水火之灾。

当然，重情重义的山陕商人们不会忘记那对仁义忠贞的情侣。那两棵情侣槐，高高地耸立在由戏楼、南北看楼和关帝大殿围成的院落中央，相互依偎，彼此依恋。槐树两侧蹲有两尊雕刻精致、相对而视的石狮，一雌一雄，含情脉脉，精心守护着这份忠贞不渝的爱情……

静静地坐在会馆大门外的石阶上，看着依依的杨柳随风飘曳，望着清澈的河水缓缓流淌，恍若置身于一幅美丽的山水画卷之中。这里虽然没有山，却有仁——有山陕商人的为富有仁，有关公大帝的杀身成仁，有情侣古槐的至贞至仁。

仁者，若山！

九　海源阁

在山东省聊城市古城区运河之畔，有一座著名的清代私人藏书楼——杨氏海源阁。它曾是中国北方最大的私人藏书楼，与江苏常熟瞿绍基的铁琴铜剑楼、浙江吴兴县陆心源的皕宋楼、浙江杭州丁氏兄弟的八千卷楼，合称"清代四大私人藏书楼"。后来，陆氏、丁氏之藏书均转于他人，其藏书楼已不复存在，只有铁琴铜剑楼与海源阁南北遥相呼应，故有"南瞿北杨"之美誉。据记载，海源阁鼎盛时藏书多达 20 万卷，其中不乏珍本、善本、孤本，真乃"鸿名盛业，百载难逢，琅缳（玉帝藏书之所）

之府，群玉之山，目不暇给，美不胜收"（傅增湘：《海源阁藏书记略》）。这些藏书多来自江南与北京，然后随运河之水漂到聊城。因而，海源阁有一个比较有诗意的名字——运河上漂来的藏书楼。这座藏书楼的百余年沧桑历史，可以用这样一句话描述：四代主人，三次浩劫，两次转移。

海源阁的第一代主人为杨以增。杨以增（1787—1855 年），山东聊城人，生于书香门第，自幼受家庭熏陶，酷爱藏书。道光二年（1822 年）中进士，步入仕途。之后，他开始借居官之便，购藏书籍，初以普通版本、精刻本为主，珍本较少。道光十八年（1838 年），因父亲病逝，杨以增回乡守丧三年。这三年是不平凡的三年，因为它见证了一座伟大私人藏书楼的诞生。

为了完成父亲遗愿，杨以增于道光二十年（1840 年）兴建藏书楼，取《礼记·学记》中"先河而后海，或源也，或委也，此之谓务本"之语，题名海源阁，意为"聚少成多，不断积累"。就这样，海源阁的书籍如细水一般，越积越多。可是，离杨以增的期望还差很远很远，直到一个机会的出现。

道光二十八年（1848 年）始，杨以增升任江南河道总督，官至从一品，官署设在清江浦（今江苏省淮安市）。清江浦自古以来为大运河沿线重要交通枢纽、漕粮储地和商业城市，也是明清两代文人墨客的重要汇聚之地。杨以增在此任职八年，广交文士，大量收集珍本秘籍，购入珍本、善本甚多，其中绝大多数来自汪士钟的艺芸书舍（江浙藏书之精华，集于汪氏一家）。咸丰元年（1851 年），太平天国运动爆发，战火迅速燃烧到江浙一带，私家藏书不能自保，"江南各地藏书，一时俱出"（王献唐：《聊城杨氏海源阁藏书之过去与现在》）。杨以增以近水楼台之优势，尽量搜求江南散出之珍籍，得之颇多。同时，杨以增利用职务之便，利用大运河的有利交通条件，用船将所购书籍运往老家聊城，使海源阁藏书大为充实，为其成为清末北方私家藏书中心奠定了坚实的基础。

咸丰六年（1856 年），杨以增逝世，其子杨绍和（1830—1875 年）成为海源阁第二代主人。为保证藏书安全，杨以增留下遗训：将海源阁藏书分为两部分，五分之二藏于聊城杨氏祖宅内的海源阁，五分之三藏于山东肥城的杨氏别墅陶南山庄。然而，他的这一看似周全的计划，却使海源阁藏书经历了第一次浩劫。

咸丰十一年（1861年），捻军（太平天国时期北方的农民起义军）攻至肥城，在杨氏别墅陶南山庄住了一天一夜。这帮没有上过学的农民兄弟，在这间豪华别墅进行了一项极为低级、极为幼稚、极为可耻的娱乐活动——烧书玩。这里的藏书，被焚者十之四五，占杨氏全部藏书的三成左右，且孤本珍籍甚多，损失非常惨重。不过，幸好这一次聊城的海源阁安然无恙，幸好海源阁的书没有全部搬到肥城，真是不幸中的万幸。此后，残余之书全部运至聊城海源阁。

同治四年（1865年），在肥城藏书被焚4年之后，杨绍和考中进士，工作被分配到北京。在京城，他遇到了一个绝佳的购书机会。同治年间，怡亲王载垣及肃顺等人以狂悖遭诛，史称"辛酉政变"。之后，怡府乐善堂藏书俱散出。杨绍和非常幸运地抓住了这次机遇，尽力搜购乐善堂的散出珍籍，得之颇丰，并将这些藏书精华利用漕船沿运河南下运至聊城。杨绍和继承并发扬着父亲的藏书事业，他的一生购藏书籍不多，但珍秘之本不在少数，数量不亚于其父。于是，有人作出了这样的评价："海源阁珍本书，半得于北，半得于南。"（王献唐：《聊城杨氏海源阁藏书之过去与现在》）经过父子两代人的努力，海源阁的藏书达到鼎盛时期，从根本上改变了我国私家藏书"南强北弱"的格局。

同治十四年（1875年），杨绍和去世，其子杨保彝（1852—1910年）接过了接力棒。然而，他却没有怎么向前跑。如果说他的爷爷、父亲毕其一生为的是搜书、购书，开创一番事业，那么杨保彝的一生却只为一个"保"字——保住这份来之不易的祖业。在那个局势动荡的年代，他顺利地完成了自己的任务，并将接力棒传给了继子杨敬夫（1900—1970年）。由于时年仅10岁，藏书由其母代为管理。

当时，正值军阀混战，兵荒马乱，土匪横行。长大成人后的杨敬夫最主要的工作是运书——将藏书从海源阁转运到比较安全的地方。第一次转运发生在1928年。是年春天，西北军第17师马鸿逵部占领聊城，海源阁书稍有损失。因担心家中藏书重蹈半世纪前的覆辙，同时欲变卖书籍以谋生计，杨敬夫是年冬天，匆匆回到聊城，将海源阁的珍籍装了十几大箱，运至天津（此部分图书几经周折，大都归入中国国家图书馆收藏）。这是一个英明果断的行动。因为，不久之后，海源阁接连遭遇两次洗劫。

1929年7月，土匪王金发攻陷聊城。这位王土匪的书记官、参谋都是清末秀才，相当有眼光。他们不但看上了海源阁，并将其作为司令部，而且看上了司令部内遗留下的珍善古籍，并将其一掠而空。

1930年，海源阁又接连迎来了几批慕名而来的土匪。经过上一次浩劫，已经没有多少太值钱的书籍了。于是，这些土匪充分发扬不怕苦、不怕累、不怕丢人的精神，转眼之间，一个个干起了图书推销员。图书销售的原则是，能给多少是多少，给钱就卖。实在卖不了的怎么办？这些土匪本着浪费就是犯罪的原则，或者随身带走，或者用来擦枪、卷鸦片、当枕头、做饭、擦屁股。

经过这两次浩劫，海源阁元气大伤，不仅珍善本书荡然无存，普通版本书也大量被劫掠损毁。所幸的是，海源阁藏书太多，土匪们没有将其全部毁掉。

第二次转运就发生在两次浩劫之后。1930年12月，杨敬夫将劫余之书籍，装50余箱运至济南的杨氏私人住宅中（此部分图书现全部归入山东省图书馆收藏），并将少量书籍移至聊城西南田庄杨氏祖坟旁的弘农丙舍存放（后在抗日时期毁于战火）。

兴建90年后，这座曾经风光无限、海内闻名、有"南瞿北杨"之誉、堪比天帝琅缳的藏书楼已是人去宅空，书尽楼空。

130多年后，海源阁整座楼宇毁于"文化大革命"。

150多年后，聊城市在海源阁原址，仿照原样重建了藏书楼。然而，没有藏书的藏书楼，却空有其形而无其神。

唉！一声叹息！

十   东昌湖

聊城市地处山东省西部，被誉为"江北水城·运河古都""中国北方的威尼斯"。城内河流纵横交错，湖泊交相辉映，形成了一幅"湖水相连，城湖相依，城在水中，水在城中"的美丽画卷。举世闻名的京杭大运河穿城蜿蜒而过，城区中央有一座水面辽阔的湖泊与运河之水相连通，如一颗硕大的璀璨明珠镶嵌在运河之畔，这座湖泊就是堪与杭州西湖齐名的东昌湖。东昌湖水质清澈，波光激滟，水深3—5米，水域总面积6.3平方千米，略小于杭州西湖，为目前中国北方最大的城内人工湖泊。

东昌湖，原名护城河、环城湖，始建于北宋熙宁三年（1070年）。为加强东昌古城的防御，北宋政府下令在古城四周掘地取土修筑城墙及护城堤，城墙之外因之形成护城河，河面宽四五十尺，宛如一条美丽的玉带环绕在古城周围。熙宁九年（1076年），北宋政府重修护城堤，护城河面积随之扩大。明清时期，护城河又得到了进一步的修缮和加宽，水源由运河调剂。清朝末年，因运河河道淤塞，护城河水源曾一度断绝，逐渐干涸，直到1935年运河重新疏浚后，护城河方重新有水源补给，并始终保持着一定的水面。新中国成立之后，政府坚持"挖沟排污水，修闸引清流，建造人工湖，鱼藕齐发展"的原则，对护城河进行了综合治理，遂成今日之规模，并于1995年将其改名为东昌湖。

位于东昌湖中心的东昌古城，最初修建于北宋淳化三年（992年），至今已有1000余年的历史。古城呈正方形，面积为1平方千米，布局严整规则，以光岳楼①为中心向四面辐射，形成四条笔直宽阔的主干道。城内大街小巷泾渭分明，垂直交叉，将古城描绘成一张巨大的棋盘，随波荡漾。

古城设城门4座，上筑门楼，外设瓮城，除北瓮城外，其他三座瓮城城门均为扭头门（城门并非正对大路，而是拐了一个弯设在侧面，相当具有隐藏性）。远远望去，东昌湖怀抱中的古城又宛若一只在水面上展翅欲飞的凤凰，南门东向如凤头，东、西两门南向如凤翼，北门北向似凤尾。于是，聊城古城又有了一个颇为美丽的名字——凤凰城。而关于凤凰城之名的由来，当地流传着一个家喻户晓的凄美传说。

相传，聊城地区在很久以前生长着一片一望无垠的梧桐林，林中有棵粗若碾盘的梧桐树，树上住着一对凤凰，恩恩爱爱，心心相印，统领林中百鸟。一天，林中突发大水，随之而来的是一条来自东海的黑色恶龙，见此处树木葱葱，百鸟争鸣，欲据为己有。在经过一番激烈的厮斗之后，雄凤不幸战死，已身怀六甲的雌凰只好强忍悲痛逃离此地。鸟王一走，百鸟俱散，昔日鸟语花香的祥和景象一去不返，空余一片汪洋湖水，无边无

---

① 光岳楼，始建于明洪武七年（1374年），为江北第一名楼、中国古代四大名楼之一，是聊城市的标志性建筑。

际，人称东州湖。

一日，这里的州官来到东州湖畔，凝视着浩瀚无际、清澈透明、芦苇丛生的湖水，一个念头瞬间闪入脑海——若在这湖泊中央修建一座宏伟的城池，那该是多么体面的一件事情啊。主意虽然已定，然而要在深水之中修建城池却非轻易之举，非凡人力所能及，必须有能人相助。这天，官府里来了两位毛遂自荐的青年，老大名王东，老二名王昌。州官闻之大喜，尊为上宾，因为就在几天之前有只凤凰仙鸟曾托梦于他，告知有王东、王昌两兄弟会前来助他一臂之力。原来，这兄弟二人不是别人，正是那只雌凰的两个苦命儿子。

在兄弟二人的规划、指挥下，修筑城池的准备工作有条不紊地展开，万事俱备，只差工料。就在工程正式开工的这天，只见湖面上驶来一队队载满工料的巨船，船上却不见船工，仅靠凤头大帆，乘风破浪。船队上空，一只雌凰高歌翱翔，为船队引路领航。九九八十一天之后，一座方方正正、雄伟壮观的城池赫然矗立于万顷碧波之上。人们将此城命名为凤凰城，以纪念凤凰在建城中的功绩。

就在人们紧锣密鼓地修筑城池的时候，久踞深湖的黑龙回了一趟老家。探亲回来之后，发现自己的地盘之上竟然在自己不知情的情况下出现了一座巨大的城池，顿觉人格受到了极大的侮辱。勃然大怒的黑龙立即兴风作浪，欲将新城摧毁。刹那间，天空中电闪雷鸣，风雨交加，湖面上狂风四起，惊涛骇浪，凤凰城在水中摇摇欲坠。在这紧要关头，身负血海深仇的王东、王昌兄弟赶到，与黑龙展开了一场猛烈的肉搏战。一个时辰之后，多处受伤的黑龙不敢恋战，遂钻入水底，扒出一条水道，逃往东海。然而，从水道之中却冒出了滚滚激流，水面急剧升高，凤凰城危在旦夕。在这危急时刻，兄弟二人未加任何思量，义无反顾、毅然决然地潜入水底，用自己坚强的身躯将水道口牢牢堵住。一切瞬间又归于平静，凤凰城保住了，百姓得救了，而兄弟二人却永远地沉入了水底。于是，为了缅怀二王兄弟献身保城救人的高尚行为，人们又将凤凰城称作东昌城。

有意思的是，非但东昌古城与凤凰颇有渊源，而且环绕古城的东昌湖也与凤凰有着不解之缘。静若处子的东昌湖又名凤凰湖，其中隐含着另一段与凤凰有关的传奇故事。据传，在很早以前，聊城一带一连下了 10 多天的倾盆大雨，大地一片汪洋，百姓生灵涂炭。适逢玉皇大帝夫妇率领童女云游至此，看到此情此景，不禁忧愁满面，忧心忡忡。随行人员中有一位美丽善良的雌凰仙女，主动向玉帝请命，愿意下界排除水灾，挽救苍生。在得到玉帝的允许后，雌凰仙女下凡至人间，率领众人挖湖修堤，以蓄积洪水。不久之后，湖泊修成，水患解除，人们恢复了往日的平静生活。

雌凰仙子在凡间待得时间久了，不免动了凡心，看上一位名叫胡存龙的青年。虽然家境贫穷，但胡存龙为人正直，待人忠厚，勤奋好学，志向高远，遂赢得美人心，抱得美人归。春光明媚之际，夫妻二人骑马踏青，游玩于湖光碧影之中，逍遥快活，自由自在。然而，毕竟天地有别，人神殊道，从雌凰仙子动情的那一刻起，就注定了这段爱情将会是一场悲剧。当王母娘娘获悉雌凰仙子私嫁凡人的消息之后，大发雷霆，责令她返回天庭接受惩罚。雌凰仙子手捧宝珠（召回天界的信物），凝望着心爱的丈夫，泪如雨下，心如刀绞，因为这一去必定将是永别。在经过一番激烈的挣扎之后，她最终选择了坚守爱情，哪怕是只有一天的厮守。

得知雌凰仙子竟敢违背自己的命令，怒不可遏的王母娘娘使用法术将雌凰化为一尊石凰。肝肠寸断的胡存龙，为了守护他们忠贞的爱情，每天都陪在石凰身旁，久而久之，亦变作一尊石凤。为了感激雌凰仙子的救命之恩，人们将雌凰仙子修筑的湖泊命名为凤凰湖；为了纪念这段坚贞的爱情，人们在湖中小岛建立石亭，将两尊石像置于其中，并将其命名为凤凰亭。

除了凤凰湖这个美好的名字之外，东昌湖还有一个富有诗意的名字——胭脂湖，缘于《聊斋志异》中一则名为"胭脂"的故事。故事梗概如下：胭脂是一位清秀可人的少女，经常来到东昌湖畔梳妆打扮、洗衣浣纱。一次偶然的机会，胭脂与英俊潇洒的秀才鄂秋隼不期而遇，两人一见钟情，互生爱慕之意。谁料天降大祸，胭脂的父亲不幸在家遇害，手中紧紧攥着一只绣花鞋。于是，这对青年男女作为最大的嫌疑人，卷入了这桩由一只绣花鞋引发的杀人命案，并且饱受牢狱之苦。幸运的是，他们遇到了生命中的贵人，来聊城视察的山东学政（相当于省教育厅厅长）施润章明察秋毫，见此案蹊跷无比，亲自主持重审，终使案情真相大白，并洗清了二人的不白之冤。最后，审错此案的县令为了弥补自己的过失，亲自做媒，将胭脂嫁与鄂秀才，有情人遂终成眷属。

动人的爱情故事、感人的神话传说、悠久的历史文化将烟波浩渺的东昌湖装扮成一位秀外慧中、绰约多姿的美丽女子，从而使"南有西子，北有东昌"的美名誉满天下。

南有杭州西湖美，北有聊城凤凰媚。

南有天堂西子秀，北有水城胭脂香。

十一　南旺分水枢纽工程

元末明初，黄河多次泛滥，运河河道堵塞，然而朝廷却对此无动于衷，致使北方运河断航达数十年。明永乐年间，为了维持北方地区的安定，国家的统一，朱棣作出了两项重大决定：一是出兵讨伐元朝旧部，二是迁都北京。这两件事情可不是小孩子过家家，牵扯的问题太多太多，其中最大的问题就是粮草，因为保家卫国的士兵们需要吃饭，迁到北京的达官贵人们也需要填饱肚子。规模如此庞大的粮草以陆上、海上运输成本太高，漕运无疑是最为经济的运输方式。面对北方运河长期废置的局面，朱棣作出了其执政以来的又一项重大决定——疏浚大运河。

然而，疏浚大运河可不是一件容易的事情，必须有大量的人力、物力和财力支持，搞不好可能会动摇国家的根本。幸好，朱棣所处的时代适逢盛世，已经具备了完成这一水利工程的经济实力，而且，最幸运的是，他拥有水利工程建设方面的专业人才。宋礼就是其中的一位——一位当时国内最顶尖的水利人才。朱棣最先想到的就是宋礼，不仅因为宋礼是人才，更因为宋礼还是一名国家高级公务员——工部尚书。这一任务艰巨、利国利民的水利工程乃工部分内之事，宋尚书当然责无旁贷。永乐九年（1411 年），肩负着朝廷赋予的神圣使命，背负着国人的殷切期望，怀揣着满腔热情，宋礼一行来到了会通河，决定在这里干一件轰轰烈烈的事情。

宋尚书的热情当然是值得肯定的。然而，要完成这项艰巨的使命，仅仅有热情是远远不够的。会通河段的奇特地形，使得这位水利专家一年多来竟一筹莫展。山东省枣庄至聊城的会通河段，其地势仿佛是一座高高耸立的拱桥，两端（枣庄、聊城）低洼，中间（济宁）隆起。拱桥的顶端为大运河的制高点，位于济宁市汶上县南旺镇，海拔 39 米，比南边的济宁市区高 38 米，比北边的临清高 30 米。因此，南旺镇有一个响当当的名号——运河水脊，有"南旺运河一日不通，京城惊恐万分"之说。来此公干的宋尚书，站在高高的水脊上，看着无水可济的运河，思绪万千，却一点也理不出个头绪来。看来要将水引到这么高的地方，只有高人才能做得到了。哪里有高人呢？乡村里。于是，宋礼拍了拍身上的尘土，撂下手头的工作，叫了几个随从，开始下乡遍访高人。不久，宋礼就真遇到了一位高人——"汶上老人"白英。其实，白英并不老，时年尚不到 50 岁。

白英（1363—1419 年），祖籍山西洪洞县，明初被朱棣的父亲迁至汶上。自幼酷爱水文，经常在大运河充当河工，后来由于工作业绩突出，被提拔为基层领导干部——"老人"。明朝时，在运河较浅、船只航行不畅的地方，每隔一定距离会设置一座庐舍，并派驻民夫养护水利设施，引导船只过河。每 10 名民夫设一名负责人，称为"老人"，白英就是大运河汶上管理段的老人。经过长期基层工作的锻炼，白英详细地了解了山东境内的河流地势和水情，积累了丰富的治水和行船经验。是金子总会发光的。白英当然是一块金子，他一直在等待着一个令自己发光的机会。现在机会终于来了。

当宋礼一行行至汶上县军屯乡彩山村时，遇到了在一株古槐下独坐的白英，两人相谈竟是相见恨晚。看到官居二品的宋尚书如此礼贤下士，白英心里有种莫名的感动，他隐约地感觉到自己多年来的夙愿不久就会实现。于是，白英将自己早已成竹于胸的计划和盘托出。听着听着，宋礼茅塞顿开，豁然开朗，一直紧锁的眉头渐渐舒展。一项堪与都江堰相媲美的水利工程——南旺分水枢纽工程，由此拉开帷幕。

白英的计划被称为"借水行舟，引汶济运"，涉及四个最为关键的问题。其一为水源问题。若将水引至地势如此之高的南旺来，水源地地势必须更高。在南旺东北 38 千米处有一村庄，名为戴村，汶水即从此村流过。此处河床高出南旺 300 余尺，是运河水源的首选之地。在此筑坝拦水，便可解决水源问题。这座坝就是至今仍然在发挥截水灌溉作用的宏伟建筑，名为戴村坝。其二为水渠问题。在戴村东北不远处，汶水有一岔流，长 80 余里，然而已经淤塞，成为废河。将这条废河稍加疏浚，即可作为遏汶水南流的水道。这条水渠作引汶水之用，故名小汶河。其三为分水问题。将汶水循水渠引至南旺运河后，需要将水南北一分为二。可在汶河入

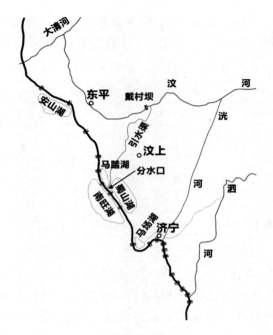

图 2—3　南旺分水枢纽示意图

运河口处建立一座分水鱼嘴，将汶水分流，七分北流，三分南流，故民间有"七分朝天子，三分下江南"之说。其四为水量调节。在汛期到来时，汶水来量过大，运河沿岸会决口成灾，而在旱期到来时，运河可能又会面临水源不足的问题。为了调节运河水量的枯旺，可利用运河两岸的湖泊、洼地蓄水，建水闸。水量太多时，通过水闸将洪水泄入湖泊；水量不足时，再将湖水放入运河，来补给运河水源。最终，南旺附近形成了安山湖、南旺湖、蜀山湖、马踏湖、马场湖五处湖泊，合称北五湖，它们有一个相当有诗意的名字——水柜。

这一计划科学、缜密、系统、合理，为南旺分水枢纽工程的建设描绘了一张宏伟的蓝图。经过 8 年的奋战，明永乐十七年（1419 年），南旺分水枢纽工程宣告完工。这一工程真乃神妙绝技，巧夺天工，有效地解决了运河水脊的通航问题。它是大运河上最具科技含量的工程，为京杭大运河成为南北交通大动脉提供了根本的保证。南旺分水功成，"万樯粮艘扬帆直上，正供天庾，源源不绝！"（清·李青山：《永济神白英墓碑文》）然而，在自己的人生理想业已实现的同时，白英却因积劳成疾，竟呕心而殁，终年56岁。"身处岩穴而心在天下，行在一时而惠及万世"（清·李青山：《永济神白英墓碑文》），白英乃真豪士也！

为纪念宋礼、白英这一伟大的治水壮举，明清两代在南旺汶、运交汇处建造了分水龙王庙，立宋公祠、白公祠。宋公祠两侧，书对联一副：

凭宋尚书，用白老人，才有这黄金水道三千里；

筑戴村坝，分南旺水，造就了帆樯如林六百年。

十二　微山湖

运河流经山东济宁微山县之后，进入一段漫长、宽阔的自然航道。此段航道为运河的黄金水道，南北长120千米，东西最宽处达25千米，是一座由四处彼此相连的湖区构成的天然湖泊，名为南四湖。自南往北，依次为微山湖、昭阳湖、独山湖、南阳湖，与北五湖遥相呼应。四湖之中，以微山湖面积最广、名气最大，故又被统称为微山湖。微山湖水面辽阔，水域总面积达1266平方千米，为中国北方最大的淡水湖，占山东省淡水总面积的45%，被誉为"鲁南明珠""齐鲁灵秀"。它的形成经历了一个悠长的演变过程，受地质构造运动、黄河屡次泛滥以及人工开凿运河等多种因素的影响，南阳湖、昭阳湖、独山湖、微山湖自元末至明末相继诞生，于清朝同治年间连为一体，最终形成今日微山湖之规模。

微山湖之名的由来，缘于湖中有座名为微山的小岛。岛屿长6千米，宽3千米，面积仅9平方千米，却是微山湖中最大的岛屿。在微山湖尚未形成之前，微山曾为一座小山丘，自山丘周围成湖之后，微山随之变为一座湖岛。微山之所以得名，不是因为它面积很小，海拔不高，而是由于这里埋葬着殷商时代的一位仁者贤人。这位在此长眠了3000多年的仁贤不是别人，正是笔者的始祖——微子。

微子，又称微子启，微为其封地名称，子为其姓，启为其名。子启出身相当高贵，为商王帝乙的长子，是商纣王子受同父同母的亲大哥。然而，子启出生之时，其母尚为妾，故被视为庶出，虽为长子，却不得嗣位。在其母由妾晋升为妻之后，又生子受，是为嫡出，遂被立为太子并继承王位，而子启则被封于微地（今山西省潞城县），自此之后，始有微子之名。

　　与子受相比，身为长兄的微子更有才华，更有能力，更有贤德，更能胜任商王之位。可是，国有礼法，家有成规。在子启眼中，没有什么东西比宗法更为神圣，没有什么东西比兄弟亲情更为宝贵。因此，在子受继位后，宅心仁厚的微子并没有因为王位旁落而对兄弟有所忌恨，没有选择与兄弟同室操戈、手足相残，而是决定同箕子、比干①一起一心一意、尽心竭力地去辅佐兄弟治理国家。

　　然而，执政之后，子受的表现的确让人大跌眼镜，堕落成那位沉湎酒色、暴虐无道、穷奢极欲、荒于朝政的纣王（意为"残害忠良的君主"）。对此，微子看在眼中，忧在心中。虽曾屡次劝谏兄弟改邪归正，然而每次纣王都充耳不闻。看来纣王已无药可救，殷商王朝已病入膏肓，正走向一条不可逆转的覆灭之路。然而，国可破，宗庙不可毁。于是，微子带上祖先的灵位和祭器，离开殷都，远走他乡。

　　武王伐纣克殷之后，微子一行携带着祭器、茅草（祭祀时作蘸酒之用）和羊群，风尘仆仆地赶至周军军营。只见微子袒胸露肉，两手缚在身后，匍匐跪地，谢罪求告。殊不知，微子以尊贵之躯，伏于敌人面前，绝非是为了自己苟且偷生，却是为了保存殷商之祀，为了保全殷商遗民。如此大仁大义之举，世间能有几人可为？微子屈尊以求大义的行为令周武王颇为感动，乃"亲释其缚，复其位如故"（西汉·司马迁：《史记·宋微子世家》），并封纣王的儿子武庚于殷墟（今河南安阳）。

　　武王死后，一心做着复国大梦的武庚趁成王年幼之机发动叛乱。经过三年的艰苦战斗，掌管政事的周公终于将叛乱平定，因感于微子对周朝忠心耿耿，遂封其于宋国（都城在河南商丘，为商族发祥地），管理商朝遗民，奉守商人宗祀，并准用天子礼乐祭祀祖先。仁德、贤明的微子深受人民爱戴，国人忠于朝廷，以国为荣。宋国共传36代，历时700余年。战国末年（前286年），宋国为齐国所灭，宋国遗民多以故国之名改作姓氏，而微子作为宋国开国国君，遂成为宋氏开姓始祖。微子死后，葬于宋国境内一座风光秀美的小山，是为微山。

　　站在微山岛上，环望四周，湖色美景尽收眼底。碧空如洗的蓝天、悠

---

　　①　孔子曾曰"殷有三仁焉"，指的就是箕子、比干和微子，箕子、比干均为纣王的叔父。纣王执政后，因忠言逆耳，将箕子投入监狱，将比干开膛挖心。

悠飘扬的白云、炊烟缭绕的小岛、郁郁葱葱的树林、碧波荡漾的湖水、白帆点点的渔船、随风摇曳的芦苇、一望无际的荷花、逍遥游弋的鹅鸭、追逐嬉戏的鱼群、展翅飞翔的小鸟，共同编织出一幅精美绝伦、令人沉醉的山水画卷。

画卷之中，最令人叹为观止的无疑是那片"碧如玉、红似火、粉如霞、白若雪"的万顷荷花了。千百年来，荷花被视为"花中仙子"，并以其优美的身姿和"出淤泥而不染"的品格而为世人所钟爱。若要观赏荷花，有"中国荷都"之美誉的微山湖，应当是游客的不二之选。无论是在"小荷才露尖尖角，早有蜻蜓立上头"的初夏，还是在"接天莲叶无穷碧，映日荷花别样红"的盛夏，或是在"菡萏香销翠叶残，西风愁起绿波间"的深秋，微山湖都会给游人以不同凡响的别样感受。有诗赞曰："黄山归来不看岳，微山归来不赏荷。"

画卷之中，最让人垂涎欲滴的当是微山湖的鲤鱼了。与别处的鲤鱼不同，微山湖鲤鱼的嘴上多长了两根短须，看上去好似有四个鼻孔，故被称作"四孔鲤鱼"。相传，乾隆皇帝乘龙舟沿运河巡幸江南时，路过景色秀丽的微山湖，忽见湖中有一群红尾鲤鱼在追逐戏游。乾隆兴致顿起，当即令人捕捞数条，却发现这些鲤鱼竟有四个鼻孔。惊诧不已的乾隆皇帝立刻下令传来一名渔民问清原委，一位老渔翁应召而来，机智地回答道："此鱼乃微山湖名产，它有四个鼻孔，象征着当今四海升平，天下太平，此乃圣上之功、百姓之福也。"闻听此言，乾隆皇帝龙心大悦，重赏老渔翁，并立即命御厨烹食，却发现口味竟是如此鲜嫩，虽海参鱼翅亦不能及。自此之后，微山湖鲤鱼美名远扬，身价倍增，并作为贡品，岁岁晋京。直至今日，在微山湖地区，四孔鲤鱼一直是民间传统的吉祥物。在渔民心中，鲤鱼的四个鼻孔分别代表吉祥、如意、平安、富贵，蕴含着他们纯真朴素的理想和追求。无论婚丧嫁娶，还是宾朋宴席，或是走亲访友，都少不了四孔鲤鱼的身影，真是"无鲤不成礼，无鲤不成席"。

画卷之中，最使人回味悠长的应是这里特色浓郁的人文风情。微山岛上，长眠于此的不仅有微子，还有两位贤者，一位是因"子鱼论战"而名垂青史的目夷①，另一位是"运筹帷幄之中，决胜千里之外"的张良。南阳岛上，矗立着一座古镇，名为南阳古镇，曾经享有"运河四大古镇"之美誉；微山湖畔，渔民们以船为家，以湖为生，世代延续着传统的劳作方式和生活习俗；微山湖东岸，有一座乡镇，名为马坡镇，这里是中国民间四大爱情传说之一、有"东方罗密欧与朱丽叶"之誉的梁祝化蝶故事的发源地；芦苇荡中，"铁道游击队""运河支队""微湖大队"等多支革命武装于此出没，谱写了一部部可歌可泣的抗日传奇，而那首脍炙人口的《弹起我心爱的土琵琶》让微山湖一夜之间名闻天下……

日薄西山，泛舟湖上，沉浸在湖光山色交相辉映的旖旎风景之间，陶醉于蛙鸣莺啼②相和而成的纯美音乐之中。眼前，落日的余晖静静地洒落在波光粼粼的湖面之上；耳畔，蓦然间依稀传来那首撩人心弦的美妙旋律："西边的太阳快要落山了，微山湖上静悄悄，弹起我心爱的土琵琶，唱起那动人的歌谣……"

十三　血战台儿庄

在长达 1200 华里的山东段运河上，有一段极其特殊的运河，因为这段运河的流动方向和其他河段迥然不同。其他河段均为南北流向，而这一河段却为东西流向。它西起烟波浩渺的微山湖东口，一路向东蜿蜒逶迤，流经广袤的鲁南大地，然后流入江苏境内的中运河。在这段运河的北岸矗立着一座小城，它有一个有点奇怪的名字——台儿庄。古时，这里地势低洼，四周天然水道纵横交错。每逢汛期，诸水汇集，一片汪洋，先人唯有筑台而居，以避水患，台儿庄由此得名。起初，台儿庄是一座默默无闻的小村庄。明清时期，随着大运河的南北畅通，台儿庄凭借其有利的地理位置，成为运河沿线重要的交通枢纽和商业城镇。而台儿庄最终之所以家喻

---

① 目夷，字子鱼，为微子第 17 世孙，是宋襄公同父异母的庶兄，官至宰相。公元前 638 年，宋、楚战于泓水，子鱼主张趁楚兵半渡之机截杀之，仁义得有些迂腐的襄公没有接受；楚兵上岸之后，子鱼认为要在其阵形未稳时袭杀之，却再次遭到拒绝，结果宋军大败而归，战后子鱼深刻地批评了兄弟，言"君未知战"，意为"你根本就是战盲"。

② 莺，为苇莺，是生活在芦苇丛中的美丽小鸟，即《诗经》中所提到的"关关雎鸠"，传为一对至死不渝的青年男女化身而成，雌雄对唱，互倾衷肠。

户晓、闻名天下，却是缘于一场战役，一场震惊中外、彪炳史册的战役——台儿庄战役。

1937 年 7 月 7 日，卢沟桥事变爆发，日军全面侵华战争正式开始。依靠其先进的武器装备和不怕死、不要命的武士道精神，日军以摧枯拉朽之势横扫中国守军，占领中国许多重要城池。7 月 29 日，北平沦陷；11 月 12 日，上海沦陷；12 月 13 日，南京沦陷；12 月 27 日，济南沦陷。为了实现迅速灭亡中国的侵略计划，日军决定以南京、济南为基地，兵分三路，从南北两端，沿津浦铁路（天津至南京浦口）夹击徐州，将华东、华中战场连为一片，进而捣毁当时中国的战时政治中心武汉，彻底粉碎中国军民的抗战信心。日军的作战方案具体如下：在华中战场，以第 13 师团为主力，沿津浦线北上，渡过淮河，直取徐州。在华东战场，第 10 师团自济南南下，先后攻占泰安、兖州、滕县（今济宁滕州），逼近台儿庄；第 5 师团自东北方向南下，先后攻占潍坊、临沂、枣庄，逼近台儿庄；同时，令第 10 师团一部从青岛登陆，向胶济线（青岛至济南）进击，并沿台潍公路（台儿庄至潍坊）南犯，与第 5 师团会师台儿庄。

面对来势汹汹的日军，国民党政府高度重视，蒋介石特调力主抗战的李宗仁担任第 5 战区司令长官，赶赴徐州，全权负责山东、江苏、安徽等地的抗战指挥工作。针对日军的作战方案，李宗仁采取了相当有针对性的作战方针：在华中战场，以国军第 11 集团军、第 51 军、第 59 军为主力，将日军第 13 师团阻挡在淮河南岸，打破其与华北日军会合的企图。在华北战场，命第 40 军驻守临沂地区，阻击日军第 5 师团；令第 41 军、第 45 军驻守滕县，阻击日军第 10 师团。这一作战方针得到了比较有效的贯彻执行：华中战场的日军第 13 师团被阻挡在淮河以南，华北战场的日军第 5 师团溃败于临沂决战，只有日军第 10 师团撕破了国军的防线，攻陷滕县。

1938 年 3 月 20 日，日军第 10 师团不顾第 5 师团和第 13 师团受挫受困的局面，借攻克滕县之余威，集中 4 万人，配以坦克、大炮，在飞机的掩护下，孤军深入，向台儿庄发起了猛烈的进攻。李宗仁认真分析了战争局势，进行了一系列的防御部署：命令第 2 集团军的第 27 师、第 30 师布防于运河一线及台儿庄以西，第 31 师主力固守核心阵地台儿庄，第 31 师一部驻于台儿庄东西两侧支援核心阵地作战；令第 20 军团部署于临沂苍山一带。一切部署完毕之后，一场"好戏"正在悄悄上演。

李宗仁不仅担任这场"戏"的"编剧"和"导演"，还义不容辞地出演了"男一号"。其他"男主角"包括池峰城（国军第31师师长）、汤恩伯（国军第20军团长）等，"男配角"为矶谷廉介（日军第10师团长）、板垣征四郎（日军第5师团长，九一八事变策划人之一）。这场戏的核心是"李导演"的一个绝妙的作战计策，名为"瓮中捉鳖"，"瓮"为台儿庄，"鳖"为矶谷师团。"捉鳖"的具体思路如下：汤恩伯部不主动出击矶谷师团，而是让开津浦线，让其长驱直入；然后将其引至台儿庄，之后各部联合形成合围之势，关门打狗，并最终将其一举歼灭。自始至终，整场"戏"主要由四组相互衔接、环环相扣的场景构成——诱、守、围、歼。

要完成"瓮中捉鳖"，首先得把"鳖"引进"瓮"中。为诱敌深入，3月23日，第31师派出一骑兵连从台儿庄出发，向峄县（今枣庄峄城）方向搜索前进，并派出183团跟进接应。当骑兵行至峄县城南20里的康庄时，与日军矶谷师团正面相遇。骑兵连边打边撤，将日军引至台儿庄城下。

仅用一天的时间，国军就完成了引诱敌人的任务。然而，在"李导演"的整个作战计划中，诱只是一个开始，守才是计策能否成败的关键所在。只有守住台儿庄，才能为以后的围、歼赢得宝贵的时间。然而，在日军的飞机、大炮、坦克、机枪等重型武器的狂轰滥炸下，要守住这座城堡是绝对不可能完成的任务。于是，激战三天三夜之后，日军冲入台儿庄北门，并很快占领城中大部分地区。

虽然台儿庄城门被破，但是并没有沦陷，因为古城内的千余座以巨石筑成的商铺、民居正好可以作为国军战斗的天然堡垒。国军第31师师长池峰城向全师官兵下达命令：台儿庄是全师将士的光荣所在，也是我部官兵的坟墓，任何人不得撤退，违者严惩不贷。既然拼炮拼枪拼不过小鬼子，那么就跟他们拼刺刀、拼肉搏吧。于是，惨烈的巷战开始了。第31师将士坚守在南门一带至死不退，死守阵地，打退了日军一次次猛烈的进攻，上演了一幕幕感人肺腑的悲壮故事。例如，敢死队的故事就是其中的一个典型。为了夺回失去的阵地，池峰城师长立即组织成立了一支由57人组成的敢死队。敢死队队员趁着夜色冲入敌阵，与日军展开了残酷的白刃战。有的队员受了重伤，却又艰难地从血泊中爬起来，用仅存的一丝力气挥着大刀砍向敌人；有的队员，在生命的最后一刻，拉响身上的手雷与敌人同归于尽……最终，阵地夺回来了，而敢死队队员却仅存13人。为了表彰敢死队立下的战功，池师长犒劳每位队员30块大洋，却遭到所有队员的一致拒绝。他们用相当朴实的话语表达了自己发自肺腑的心声："我们连命都不要了，要钱干什么。如果要了钱，我们对不起那些死去的弟兄。我们打仗不是为了钱，而是为了我们的父母、亲人！"在敢死队精神的感召下，第31师将士浴血奋战，与日军周旋数日，为外线部队的围攻争取了充裕的时间。3月31日，国军完成对进入台儿庄地区的矶谷师团的包围。

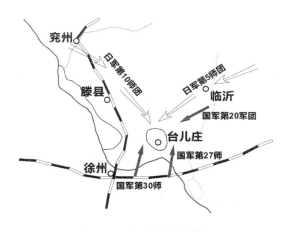

图2—4 台儿庄战役简图

收到矶谷兄弟被困台儿庄的消息，远在临沂的板垣征四郎甚为着急。于是，他命令第5师团自临沂出发，驰援台儿庄。在苍山县向城、爱曲一带，遭遇汤恩伯第20军团。汤恩伯心想：台儿庄城里已经围住了一只王八，现在竟然又一只送上了门口。少一只不少，多一只不多，把这只也给围住。于是，汤恩伯以迅雷不及掩耳之势从内线转至外线，将板垣师团围住，并将其一路赶向台儿庄。

身处包围圈的矶谷师团见救援无望，如同被困的野兽一般，向台儿庄守军发起了玩命的博杀。他们露出狰狞的面孔，决定以死相拼，一个个都杀红了眼。国军虽以5倍的兵力围攻，却难以将敌人消灭，而且付出非常惨重的伤亡代价，运河的河水被战士的鲜血染得通红。面对这头疯了一样的野兽，没有其他更好的办法，最好的办法就是以疯治疯，以狠治狠，而最狠的办法无疑就是断自己的后路，破釜沉舟，背水一战。于是，池峰城师长下令，炸掉南门口通过运河南岸的浮桥，斩断了自己的后路，同时也斩断了日军的前路。就这样，在国军的包围死守下，日军突围了数日，终究没有成功。渐渐精疲力竭的日军已经没有了往日的骄横，心里却隐隐约约地感到阵阵恐惧，甚至有一丝丝的绝望。他们非常害怕听到一种声音——国军吹响反击号角的声音。可是越怕什么，就越来什么，该来的终于来了，因为收网的时候到了。

4月3日，李宗仁下达总攻击令，国军正式由守转攻，反攻之，围歼之！听到国军反击的号角，日军如惊弓之鸟，丧魂落魄，纷纷溃逃。激战4天，国军重创日军王牌劲旅第10师团和第5师团，其残部逃至峄城、枣庄方向。至此，台儿庄战役最终取得大捷。此次台儿庄之役，虽然没有完全达到预期的"捉鳖"（全歼）目标，但歼敌万余人的战果，不仅造成日军数量上的重大损失，而且在精神上沉重打击了日军的嚣张气焰，彻底粉碎了"大日本皇军不可战胜"的鬼话。此役之后，这座运河之滨的千年古城虽被夷为平地，却成为堪与苏联斯大林格勒（今伏尔加格勒）、波兰华沙相提并论的第二次世界大战名城。

转眼之间，70多年过去了。70多年前，运河在此静静地见证了并成就了一段经典的战争传奇。70多年后，运河仍然在这片红色土地上静静地流淌着，继续默默地讲述着那段辉煌的抗日历史。

站在台儿庄南门对面的运河桥上，凝视着这座新建的红色古城，凝望着这条曾经浸满人民战士鲜血的运河，思绪宛如一条条红色的丝带，慢慢地飘向那个炮火纷飞的战争年代……

十四　胶莱运河

在山东境内，除京杭大运河纵贯南北之外，在其东边还有一条较为著名的运河。这条运河南接胶州湾，北连莱州湾，故被称作胶莱运河，简称胶莱河。以平度市姚家村为分水岭，胶莱运河分为南北两段，分水岭以北称北胶莱河，以南称南胶莱河。北胶莱河原是一条自然河流，古称胶水（又名胶河，此河以东地区称为胶东），自姚家村北流，经平度、高密、

昌邑，至莱州市海仓口汇入莱州湾，全长 100 千米。南胶莱河从姚家村南
流，30 千米之后，在胶州市前店口东南处汇入大沽河，至胶州市马头村
注入胶州湾。与京杭大运河相比，胶莱运河长度不及其 1/10，影响力较
小，且较为年轻，其开凿时间始于元代。

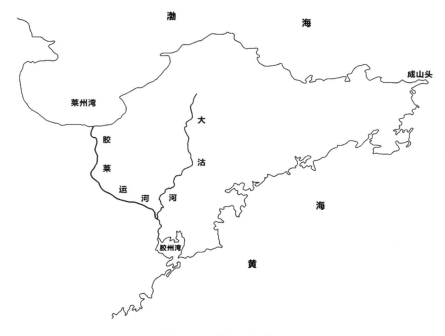

图 2—5 胶莱运河简图

　　元朝建立之后，定都大都，京师所在的北方地区因长年遭受战乱和自
然灾害，人口锐减，土地荒芜，农业凋敝，粮食短缺，根本无力供应京师
用粮，只得从江南地区转运漕粮。然而，由于黄河长年泛滥，加之长期疏
于管制，南北大运河已不能全线贯通。于是，漕粮运输只得采用水陆转运
和海运两种方式。然而，水陆转运路途曲折，费力耗时，成本太高，运量
有限，而海运虽运量较大，成本较低，但路途也较远，风险又极大，特别
是海运的必经之地、山东半岛的成山头素有"放洋之险"之称，极易发
生海难。于是，为了避开"成山之险"，缩短运输距离，开挖胶莱运河便
很快被提上日程。

　　至元十七年（1280 年），莱州人姚演向朝廷上奏，建议开凿胶莱运

河，这一较合时宜的提议立即得到了元世祖忽必烈的采纳。为了保证开河工程的顺利进行，元朝政府在人力、财力等方面提供了充分的支持。首先，任命益都等路宣慰使都元帅①来阿八赤为总管，任命姚演为总设计师，全面主持胶莱运河的开凿工作。其次，从益都、淄莱、宁海（今牟平）等地征役民丁万余人，具体负责运河的挖掘工作。最后，从国库之中出资钞银万锭（元代一锭银子为 50 两），并免除益都、淄莱、宁海三地一年的赋税，作为民工的劳务费用。一切准备工作就绪之后，胶莱运河开凿工程正式启动。

这项工程的主体部分是开通自平度分水岭至胶州湾的南胶莱河。除此之外，还有几项配套工程。其一，对北胶莱河进行了全面疏浚，将南、北两段运河联通；其二，挖掘一条"助水河"，引大沽河水以供给运河水源；其三，自南向北依次设立陈村、吴家口、窝铺、亭口、周家、玉皇庙、杨家圈、新河、海仓 9 座水闸，以蓄存河水，调节水位。这是一项任务极为艰巨的宏大工程，然而在来阿八赤和姚演的指挥与监督之下，在万名民工的不懈努力之下，经过两年的艰苦奋斗，"凿地三百余里②，起（胶州）胶西县东陈村河口，西北达胶河，出（莱州）海仓口，谓之胶莱新河"（清·张廷玉：《明史·河渠志·胶莱河》）。胶莱运河的南北贯通，开辟了一种河海联运的新型运输方式，大大缩短了海运航程，在很大程度上降低了海运的危险系数。至元十九年（1282 年），在胶莱运河完工的当年，由此运送的粮食就达 2 万石（合 240 万斤）。为了进一步提高运河的运输能力，元朝政府又在至元二十年（1283 年）命来阿八赤等广开新河，对运河进行了第二次整修。至元二十一年（1284 年），胶莱运河的运粮数量大幅提高，达到 60 万石。

然而，由于生产条件的限制，胶莱运河在开凿、运输等过程中存在着无法解决的致命缺陷，主要表现在三个方面：首先，地形问题。胶莱运河地处山东半岛丘陵地带，地势中间高、南北两边低，河面高于海平面，船

① 地区最高军政长官，辖潍州、胶州、密州、莒州、沂州、滕州、峄州、博兴等地，治所在今青州。

② 自元代开始，胶州湾面积日益缩小，如今已经减半，而胶莱运河也由麻湾口入胶州湾，转而由前店口汇入大沽河，长度由原来的 300 多里缩短为 260 里。

只只能在涨潮时方能进出运河。若使河面低于海平面，需要凿地八九丈，不仅花费异常巨大，而且在当时是不可能完成的任务。而且，胶莱运河河口处暗礁林立，在风急浪险之日，极易发生触礁沉船事故。其次，水源问题。胶莱运河本身水量不足，还需要借助周边大沽河等河流维持水源。但是，这些河流具有较强的季节性，水源流量极不稳定。夏季虽水量充足，却不时会有山洪暴发，危及运河河道；冬季则进入枯水季节，陷入无水可引的局面。最后，泥沙淤积问题。胶莱运河周围多沙地，崩岸积沙、淤塞河道的情况时有发生，而提供水源的河流会携带大量泥沙，也会形成沉积，致使河道浅涩。另外，胶莱运河两端河口的海沙壅积现象也较为严重。

诸多弊端的存在，导致胶莱运河自开工之日起，便存在着反对的声音，屡屡遭到弹劾，而来阿八赤、姚演在施工过程中侵吞钞银、中饱私囊的行为直接决定了胶莱运河的最终命运。至元二十二年（1285 年），胶莱运河完工仅仅三年，元朝政府便在一片反对声中宣布将其罢废，而将主要精力投入京杭大运河工程的建设上。

明朝时期，为了解决南粮北运问题，为了避免绕海之险，胶莱运河的开凿工作又被提上议程，自正统、嘉靖、隆庆、万历一直持续到明朝末年的崇祯年间。然而，地形、水源、泥沙等问题均无力解决，最后只得作罢，只是在嘉靖十六年（1537 年）开通了一条北起黄岛湾、南至唐山湾的马濠运河（属于胶莱河的南端部分），对当时的海运起到了一定作用，并一直通航至清朝中期。清朝至民国时期，政府也曾多次计议重修胶莱运河，但最终由于上述种种原因而未能实现。

新中国成立以后，为解决水患问题，人民政府对南、北胶莱运河进行了系统有效的疏浚和治理。自 20 世纪 80 年代末期开始，就有专家、学者提出重开胶莱运河的宏伟计划。建造人工海河，贯通胶莱两湾，既可以开辟黄海与渤海的海上直通航道，发展山东的海上短途运输，进而带动沿线经济区、旅游区及港口城市的兴盛，又可以实现莱州湾、胶州湾的水体交换，改善两湾的生态环境，实为利国利民之举。在当前发达的科学技术条件之下，古代运河开凿过程中所遇到的种种难题均可迎刃而解，相信"重开胶莱运河、再现碧海蓝湾"，指日可待。

第三篇

沂泗诸河之润

篇　序

牛女相守沂河岸，梁祝化蝶泗水边。
文姜侍母撼大地，王祥卧冰惊苍天。
孔明禀慧阳都城，仲尼修儒洙泗院。
沂源猿人横空出，诸河之润誉尘寰。

一 沂源猿人

沂河，又名沂水，是山东省第二大河，是发源于山东省境内的第一大河。沂河的历史极为悠久，最初形成于1.3亿年以前。当时，山东地区强烈的燕山地壳运动形成了沂沭断裂带，这就是沂河河谷的雏形。此后，一股股山泉水流入河谷，日复一日，年复一年，渐渐地汇成一条大河。

沂河发源于沂源县西北部，此处层峦叠嶂，植被茂盛，洞壑深幽，清泉泓泓。从山下流淌下来的泉水汇成四条河流，这便是沂河的源头。沂河主源为发源于大张庄乡老松山北麓的大张庄河，其他三源分别为发源于徐家庄乡小黑山北麓的徐家庄河、发源于大张庄乡张家旁峪南山的南岩河和狼窝山北麓的高村河。四条河流从不同方向一路走来，最终携手汇合在一起，汇合在沂源县境内最大的水库——田庄水库之中。自田庄水库之下，方有沂河之名。之后，沂河一路南下，依次流经临沂市的沂水、沂南、河东、兰山、罗庄、苍山、郯城等县区，由郯城县流入江苏省境内，经骆马湖流入新沂河，抵燕尾港注入黄海，全长333千米，其中在山东境内有287.5千米。

沂源县，是沂河之源，是一座以河流命名的城市。然而，作为山东省平均海拔最高的县区，沂源县不仅是沂河的源头，还是淄河、汶河、泗河的发源地。这里低山连绵，植被茂盛，山泉密布，河流纵横，气候温暖，雨水丰沛，空气湿润，环境优美，是一个非常适合人类生存居住的地方。2006年，沂源县被文化部和建设部评为"最适合人类居住的名城"之一。殊不知，早在几十万年以前的远古时代，一批刚刚学会行走的猿人就已相中了这块世外桃源，并在这里定居下来，过上了舒心惬意的幸福生活。这些独具慧眼的猿人可不是一般人，他们是最早的山东人，是山东人的祖先。

沂河自田庄水库流至沂源县南麻镇南时，左面有螳螂河汇入。螳螂河为沂河支流，源于鲁山西南三府山的螳螂崖，流经土门、南麻两个乡镇后，汇入沂河。在螳螂河两岸矗立着许多大大小小的山峰，山体多由石灰岩构成，拥有众多洞穴，是古人居住生活的理想之地。其中，在螳螂河左岸、土门镇境内有一座小山，名为骑子鞍山，山脚下有一座看上去非常不起眼的小山洞。然而，就是在这样一座其貌不扬的小山洞里，竟演绎着一段人类生命的不朽传奇。

历史上，9月18日注定是极为不平凡的一天。这一天是中国人民永远铭记的国耻日。1931年9月18日，日本帝国主义发动了震惊中外的"九一八事变"，东北三省全部沦陷，3000多万同胞沦为亡国奴。时光飞逝，转眼之间，时间走到了半个世纪之后的9月18日。这一天，正在举国上下隆重纪念"九一八事变"50周年的时候，沂源境内的一项考古发现再一次震惊中外，而这次考古发现的地点正是骑子鞍山山麓那个小山洞里。

1981年9月18日，沂源县图书馆文物组一行三人又来到这个小山洞进行文物挖掘工作。前两天在此挖掘时，听一名当地的战士说，骑子鞍山下修路时曾挖出过一块瓢形的骨头，极像人头骨，就埋在小山洞附近。然而，经过两天的挖掘，仅发现了一些动物化石和石片，并没有发现他们想要找的东西。不甘心的三个年轻人又来了，而他们的不甘心也最终得到回报，因为就在这天下午，他们终于找到了那个瓢状的骨头化石。在对这块化石的形状及表面特征进行了仔细查看之后，几位年轻人确定这的确是一件人类头盖骨化石，然而他们不能确定化石的具体年代。非但他们不能确定，就连县里、省里的文物部门也没有能力对化石进行鉴定。看来，要解开这个谜底，只能靠首都的专家了。

1981年10月18日，著名考古学家和古人类学家、北京大学考古系教授吕遵谔的家里来了几位来自山东的不速之客。生于山东省福山县（今烟台福山区）的吕遵谔见到这几位老乡，心里非常高兴。而更令吕遵谔高兴的是，这些老乡手里竟然提着几个大小不一的包裹。不过，这些包里可不是什么沂源苹果、博山煎饼，而是此前从那个小山洞里发掘出来的各类化石。这些山东老乡此行的目的不是送礼，而是请吕教授帮忙鉴定一下化石的具体年代。当吕遵谔看到这块瓢形头盖骨化石时，心头为之一震。凭借自己多年的经验，他一眼就看出这可不是一般的东西。在详细地询问了化石的发现经过，并且反反复复、仔仔细细地查看之后，吕遵谔根据头骨的石化程度和同一地点采集的动物化石类型，断定这块化石极有可能是猿人的头骨。而此时，作为新中国培养的第一批屈指可数的旧石器考古专家，作为一名土生土长的山东人，吕遵谔的心情竟一时难以平静，久久不能平息——是该回趟老家看看了。

1981 年 10 月底和 1982 年 5 月初，吕遵谔先后两次来到沂源县的骑子鞍山，主要工作就是指导、主持化石的挖掘工作。经过两次大规模的发掘之后，连同最初挖掘出的头盖骨化石，共发现一块头盖骨、两块眉骨、一块股骨、一块肋骨、六颗牙齿以及许多动物化石，包括肿骨鹿、棕熊、三门马、李氏野猪、硕猕猴、大河狸、黑熊、鬣狗、变异狼、虎、梅氏犀、斑鹿、牛 13 种动物。至此，化石的挖掘工作暂时告一段落，接下来的重要工作就是测定这些头骨化石的具体年代了。然而，当时的检测方法，无论是碳 14 检测法（只能适用于年代较近的化石）还是铀系法（要求化石处于完全封闭的保护状态），对这些化石都不适用。于是，吕遵谔采用了第三种方法——对照法，并将目光转向了距今约 70 万年的北京猿人。

通过对比，发现这些头骨化石和北京猿人化石存在三点相似之处。第一，这些化石出土地的土层颜色为红褐色，与北京周口店猿人遗址的土层颜色相似。第二，与这些头骨化石一同发现的许多伴生动物化石，与周口店动物群相比，种属相同，外形相似。第三，这些头骨化石，从形状、厚度、尺寸等各个方面，都与北京猿人化石存在惊人的相似之处。基于土层特性、动物群化石特点以及头骨化石本身特征的对比分析，吕遵谔断定，这些生活在沂源的猿人的生存时代为四五十万年前，与北京猿人大致相同，只是比其稍晚一点。于是，在中国考古界，旧石器时代的古人类中又多了一个新的成员——沂源猿人。

沂源猿人是迄今为止在山东境内生存时代最早的古人类，也是整个黄河中下游平原地区最早的古人类。它将这一地区的人类历史提前了数十万年之久，证明山东地区也是我国人类的重要起源地。同时，由于沂源县位于北京、安徽和县和辽宁营口三角地带的中心，沂源猿人的发现，也为研究北京猿人、和县猿人（约 34 万年前）和金牛山人（约 28 万年前）之间的相互关系提供了重要依据。

沂源猿人的发现，为我们勾勒出这样一幅优美的图画：几十万年前，在沂河的源头地区，这里山峦起伏，山泉遍布。山上森林茂盛，植被丛生，野果遍地；山下河流交错，水草丰盈。硕猕猴们在树上玩耍嬉戏，老虎、黑熊、棕熊、野猪、犀牛等猛兽在森林中成群出没，肿骨鹿、斑鹿、三门马等食草动物在河谷中成队游走。一群聪颖、健壮的沂源猿人，白天拿着原始的木棒和石器，采集野果，捕捉野兽；晚上则栖息于温暖舒适的熔洞之中，繁衍后代，生生不息……

沂河，生命之河！

二 牛郎织女

沂河自田庄水库一路逶迤南下，在到达沂源县燕崖乡大贤山时，一幅如梦如幻的神奇景象映入眼帘。这段河水安静而深邃，它有一个相当有诗意的名字——银河。在银河右岸大贤山的山崖上藏有一处山洞，名为织女洞。在银河的左岸坐落着一个小山村，名为牛郎官庄；村里建有一座古庙，名为牛郎庙。远远望去，山上万绿丛中的织女洞、山下蜿蜒流过的银河水和岸边清静祥和的牛郎村，三位一体，形成了一幅美妙绝伦的图画，正所谓"人间天上，天上人间"。在这充满诗情画意的人间仙境里，一段凄美的爱情传说，一直在此演绎着，一直演绎了千百年。

作为中国四大民间传说故事①之一，《牛郎织女》的传说几乎是家喻户晓。殊不知，这段哀婉动人的爱情传说的形成却经历了一个非常漫长的演变过程。

这段传说中的主人公的原型其实并不是织布的女子和放牛的男子，而是两颗闪亮的星星。农历七月，正是古代妇女织布的时节。而恰好在此时，天空中的正东方有一颗最为明亮的星星。于是，这颗星星有了一个美妙的名字——织女星。农历八月，国家要挑选最强壮、最健美的牛来祭祀神仙、祖先。而在此时，织女星已西沉并逐渐暗淡，天空的正东方出现了另外一颗最为耀眼的星星。于是，这颗星星也有了一个美好的名字——牵牛星。八月的牵牛星一直在后面追赶七月的织女星，却永远都追不上，这就为以后牛郎织女传说的形成埋下了伏笔。

关于这两颗星星的记载，最早见于《诗经》。其中《小雅·大东》篇写道："维天有汉，监亦有光。跂彼织女，终日七襄。虽则七襄，不成报章。睆彼牵牛，不以服箱。"其大意为："看那天上的银河，照耀灿灿闪

---

① 其他三大民间传说故事分别为《孟姜女》《白蛇传》和《梁山伯与祝英台》。

亮光。鼎足三颗织女星①，一天七次移动忙。纵然织女移动忙，没有织出好纹章。牵牛三星②亮闪闪，不能拉车难载箱。"在该诗中，作者以织女星和牵牛星来比喻周王朝的官员，讽刺他们处于其位，却不谋其政，非但不顾百姓生活疾苦，反而只顾成天压榨百姓。这首诗歌说明，周朝时期的人们开始以织女星和牵牛星等天象来比喻社会、讽刺社会。然而，此时的两颗星星还只是星星，还没有思想，没有灵性，也没有感情，二者之间尚不存在任何情感纠葛。这种情形一直持续到东汉时期。

在东汉组诗《古诗十九首》中，第十首诗名为《迢迢牵牛星》，它为人们描绘了一幅凄美的爱情画面："迢迢牵牛星，皎皎河汉女。纤纤擢素手，札札弄机杼。终日不成章，泣涕零如雨。河汉清且浅，相去复几许？盈盈一水间，脉脉不得语。"在这首诗中，织女、牵牛已经不再只是星星，已然化身成为一对有血有肉、有情有义却被银河之水阻隔的恩爱恋人。虽然仅一水之隔，而且河水又清又浅，但是他们却只能含情脉脉地隔河相望，却不能卿卿我我地互诉衷肠。自此之后，随着两颗星星拟化成人，牛郎织女的传说开始成型，并在内容、角色、情节等各个方面不断丰富、不断成熟。魏晋时期，开始出现"牛女渡河相会"之说，玉帝在其中担任重要角色；南朝时，开始出现"喜鹊搭桥"之说；到了明清时代，王母娘娘作为阻碍牛女婚姻自由的封建家长，也走进了这个故事。至此，主要角色已全部到位，剧情已经相当完善，这段妇孺皆知的牛郎织女传说最终形成。

故事的男主人公为牛郎，他出身颇为贫寒，每天的主要工作就是到山上放牛，久而久之，便与那头老牛结下了不解之缘。父母双亡之后，兄嫂打心底里不喜欢这个兄弟，非但每天恶语相向摧残他幼小的心灵，而且时常拳打脚踢伤害他柔弱的身体。这日子真是没法过了，分家吧。在分配家产的时候，兄嫂却表现出难能可贵的"善解人意"：既然兄弟与老牛感情这么好，那么老牛就分给你吧；至于什么房产了、地产了、存款了，你小孩子家又不懂，兄嫂当然不会勉为其难，我们会好好料理的。在与兄嫂签订了这份不平等条约之后，小牛郎就一直与这头老牛相依为命，白天一起

---

① 织女三星分别为织女一、织女二和织女三，其中织女一最亮，即所谓的织女星。
② 牵牛三星分别为河鼓一、河鼓二和河鼓三，其中河鼓二最亮，即所谓的牵牛星。

工作，晚上一起睡觉，过着贫苦、平淡的生活。

然而，一个人的到来，打破了他们平静的生活。这个人就是故事的女主人公——织女。织女是玉帝与王母娘娘的女儿，她聪明美丽，心灵手巧，尤其擅长织布。当然，织女也是一个爱美的女孩子，也喜欢梳妆打扮，经常与其他仙女一起下凡到河里洗澡。洗的次数多了，走光的概率就会变大。终于有一次，正在放牛的牛郎，无意中窥见了正在洗澡的织女。偷看美女洗澡本来就是一件不太道德的事情。然而，在老牛的极力怂恿下，一向老实善良的牛郎却做出了一件更不道德的事情——将织女的衣服偷走。爱情让人失去理智，爱情让人变得疯狂。衣服都被偷走了，一个黄花大闺女倘若光着屁股回天宫，那可是一件极其丢人的事情，看来真是没有颜面再回天宫了。可是，织女在人间无依无靠，只好赖上那个偷走自己衣服的放牛娃了，还好这位放牛娃长得也不赖。于是，这对意外邂逅、一见钟情的恋人在老牛的撮合下结为连理，并且生下一儿一女。他们夫妻恩爱，相敬如宾，男耕女织，比翼双飞，过着自由自在的幸福生活。然而，幸福生活却往往是那么的短暂。

在古代，婚姻可是一件极其严肃的事情，讲究门当户对、父母之命、媒妁之言。然而，织女、牛郎一个天上一个地下，门不当户不对，而且结婚时既没有征求父母的意见，也没有媒人牵针引线（老牛虽是月下老人，但毕竟没有正式从事媒人这一职业），这岂不是拿婚姻当儿戏，我玉帝夫妇的颜面何存。盛怒之下，玉帝派天兵天将来到人间，欲将织女强行抓回天宫，牛郎一家四口面临着生离死别。

而在此时，那头与牛郎朝夕相处的老牛已生命垂危，奄奄一息。临走之前，它作出了一个决定，它要为自己的男主人再做最后一件事情："主人，我死之后，你可将我的皮做成皮衣。穿上它，便可腾云驾雾。"遗嘱说完之后，老牛便永远地离开了自己深爱的主人。牛郎抹掉脸上悲痛的泪水，穿上那件沉甸甸的皮衣，用担子挑着一双儿女来到天上，奋力追赶孩子的妈妈，眼看就要追上了。就在这个时候，孩子妈妈的妈妈出现了。

这位姥姥可不是人们想象中的慈祥老人，却是一位专横霸道的封建家长——王母娘娘。她来的目的既不是看望自己的姑爷，也不是抱抱自己几年未曾谋面的外孙，而是来行使自己的家长权力，拆散这对苦命的鸳鸯。只见她从头上拔下一枚金簪，在空中轻轻一划，便在织女牛郎之间划出一条波浪滚滚的银河。二人被阻挡在银河两岸，只能隔河痛泣，哭声震天，碎人心扉。

人心都是肉长的，神仙也不例外。毕竟是自己的亲生女儿，听到织女撕心裂肺的哭喊声，这对心肠如铁石般坚硬的家长也因此流下了感动的泪水。然而感动归感动，家法是家法，死罪可免，活罪难逃。于是，玉帝下令，允许牛郎织女相聚，但一年只能相聚一次，时间为每年农历的七月初七。从此，每逢七月初七，无数闻讯而来的喜鹊会在银河之上搭起鹊桥，让牛郎织女在此相会。这天，天空会飘下丝丝细雨，那是牛郎织女的相思之泪。这天，最终成为传统的中国情人节。

千百年来，这段感天动地的爱情传说在不同时代、不同地域的人们中间广泛地流传着。然而，一段传说只有在一个具体的地域落地生根，才会具有持久的生命力。而牛郎织女的传说最终在沂源安家落户，其间也经历了一个较为漫长的过程。

唐朝时期，始有织女洞之名，"唐人闻个中札札机声，以故织女名"（明万历《沂水县重修织女洞重楼记》）。之后，织女洞经历代重修，成为砖石结构建筑，面积相当宽阔，里面供奉着织女神像。

明万历六年（1578 年），当时的县令来到大贤山上，与山上的道长谈天论地。当两人谈到织女洞时，县令说道："这位道长，您看这块风水宝地是不是好像还缺点什么呢？"道长恍然大悟："是呀，真是缺点什么。"于是，这位道长立即下山募捐，并在织女洞下面沂河的对岸，主持修建了牛宫，即现在的牛郎庙。"对岸并起牛宫，在天成象，在地成形矣。"（明万历《沂水县重修织女洞重楼记》）牛郎庙的建成，标志着牛郎织女传说已经实实在在地落户沂源。

几十年之后，从邻近的淄川地区迁来一批移民，在牛郎庙附近落户安家。他们笃信牛郎是自己的祖先，并且以牛郎后代自居，继续演绎、传承着这段浪漫的爱情故事，一代又一代……

2007 年 8 月，沂源被中国民俗学会授予"牛郎织女传说之乡"称号，标志着牛郎织女传说正式在沂源落地生根。2008 年 6 月，由山东省沂源县和山西省和顺县联合申报的《牛郎织女传说》被列入第二批《国家级非物质文化遗产名录》。

如今，每逢农历的七月初七，情窦初开的少男少女们都喜欢来到大贤山下的沂河岸边，来此祭奠牛郎织女那段忠贞不渝的不朽恋情，来此体验牛郎后代们那种男耕女织的幸福生活，来此寻觅属于自己的那份梦寐以求的美好爱情。

沂河，爱情之河！

三　沂蒙母亲

沂河之水蜿蜒南流，在流经沂南县境内时，其右侧有东汶河汇入。东汶河发源于蒙山东北部，一路东南流，流经马牧池乡的东辛庄。抗日战争时期，东辛庄是沂蒙抗日根据地一个著名的"堡垒村"。村中有一座百年老屋，是当时闻名遐迩的"堡垒户"。八路军一一五师、第一纵队、山东纵队、中共中央山东分局、省战工会（省政府前身）、鲁中区党委、省妇救会、《大众日报》等机关都曾先后入驻此户，老一辈无产阶级革命家和山东党政军领导人罗荣桓、徐向前、肖华、朱瑞等同志也曾先后在此办公居住。这座老屋的女主人是有"沂蒙母亲"之誉的王换于。

王换于，1888 年出生于沂南县岸堤镇圈里村的王姓人家。像当时很多女孩子一样，她直到出嫁时都没有名字。19 岁那年，她嫁到了东辛庄一户于姓人家。夫家、娘家两姓合一，于是她被称为于王氏。此时，这位贫苦农家出生的姑娘仍然没有属于自己的名字。如果是在和平年代，想必她就会像大多普普通通的妇女一样，生孩子、热炕头、男耕女织，和自己的丈夫老于过着自由自在的田园生活，即使没有名字又有何妨。然而，她生活的时代却是乱世。这个动乱的时代没有带给她平静的生活，却带给了她精彩辉煌的一生，令她流芳百世。作为名人，没有名字那是无论如何都说不过去的。有意思的是，她的名字却是用两斗谷子换来的。

1937 年 7 月，日本侵华战争全面爆发，战火很快燃烧至沂蒙山区。为了驱除外侮，保卫家园，沂蒙山区的广大人民群众纷纷投入轰轰烈烈的抗日战争之中。马牧池乡作为沂蒙山区的核心地带，在该地区抗日战争中起到关键作用。于王氏因思想先进、性格直爽、办事干练远近闻名，遂被当地党组织培养成为抗日积极分子。1938 年 11 月，年过半百的于王氏光荣地加入了中国共产党。在入党的这一天，于王氏终于有了自己的名字。因地处贫困山区，当初嫁给老于的时候，老于家的彩礼不是千斤黄金，也不是三斤人民币，而是可怜的两斗谷子。用二十来斤谷子换来一位勤劳能干的好媳妇，老于真是赚大了。自嘲之余，已知天命的于王氏也让众人知道了自己的名字——王换于。不久之后，王换于相继被选为村妇救会会长、副乡长。作为当地妇女群众的领袖人物，王换于积极从事一系列的革命活动，如传送情报、救治抗日干部、厚葬革命烈士、掩藏抗日物资、保护干部名册等。不过，她的主要革命任务是开办托儿所。

此托儿所与现今的托儿所不可同日而语。第一，不以营利为目的。现在所有的私人托儿所均是以营利为主要目的，每月入托费少则几百，多则上万，比大学生的学费还贵上好几倍。而王换于创办托儿所纯粹是一项民间自发组织的支前活动，非但不赚钱，反而会往里贴钱。第二，条件非常简陋。托儿所里没有专业教师，没有教室，没有娱乐设施，仅有几间破屋、几铺破炕而已，虽不能全面开展素质教育，却能维持孩子生存活命，而在当时能够活着无疑是最重要的一件事情，只有活着，一切才会有希望。第三，没有固定场所。托儿所不像如今一样有固定的教学场所，门口再悬挂一张书有名字标识的大牌子，而是由村里许多"堡垒户"共同组成的集合体。平时，托儿所的孩子分散在各"堡垒户"家中。每逢鬼子扫荡，托儿所又会从村里转到村外的山洞里。第四，孩子身份特殊。托儿所里的孩子不是村里普通农家的子弟，而是革命干部、革命同志、革命烈士们的后代。托儿所的全名为"战时部队机关托儿所"，担负着极为重大的历史使命，为的是保护红色革命的火种，使之继续燃烧，永不熄灭。

战时托儿所前后共抚养了两批孩子，共80余名。孩子最大的不过七八岁，最小的才出生3天。其中包括徐向前元帅的女儿小何，罗荣桓元帅的女儿罗琳，以及后任上海市委副书记陈沂的女儿陈小聪等人。尽管处在艰苦恶劣的战争环境中，然而孩子们却得到了王换于等人精心细致的照料和无微不至的呵护，他们在托儿所里平安、健康、茁壮地成长。看到自己抚养长大的孩子一个个都成了国家栋梁之材，王换于感到由衷的欣慰。

不过，欣慰的背后，却饱含着令人痛楚的辛酸和令人崇敬的伟大。因为，抚养革命后代的任务是神圣的，成本却是极其高昂的。这项艰巨的任务不仅耗费了她大量的精力、粮食和情感，而且还牺牲了自己的亲生骨肉，且不止一个。她的4个孙子先后夭折，原因很简单，因为营养不良而被活生生饿死。战争年代，宁愿置自己的孩子于不顾，怀里却紧紧地抱着别人的孩子，宁愿牺牲自己孩子的性命，来换取革命同志后代的生命，这是何等的胸怀，这是何等的伟大，这就是拥有人间大爱的沂蒙母亲。

感动之余，仅剩敬佩！

王换于仅仅是千千万万个沂蒙母亲中的一个典型，其他的典型还有用乳汁救活垂危战士的哑妇明德英母亲、救治伤员并收其为子的祖秀莲母亲，等等。这些伟大的革命母亲，用自己弱小的身躯构筑了一座坚固不摧的万里长城。革命的胜利，有她们一份永不磨灭的功勋。

沂河，用自己甘美的乳汁哺育了成千上万名沂蒙母亲。她们又用自己圣洁的乳汁哺育了战争中的儿女，哺育了革命的火种，催开了自由胜利之花。

沂河，红色之河！

四　诸葛亮

在沂南县境内，沂河、东汶河汇流之处，原先有一座古城，汉时称阳都（今沂南县砖埠镇）。这里大河奔流，水量充足，土地肥腴，良田万顷，历来是鲁南地区的鱼米之乡；这里物华天宝，物产丰富，谷粮禽畜，应有尽有；这里河川秀美，景色迷人，烟水之胜，轶于江南。在这片肥沃富饶的广阔土地之上，人们温饱有余，知书达礼；在这块风景优美的风水宝地之中，人们饱受河水滋润，灵气十足；在这座充满灵性的阳都古城之内，历代人才济济，英贤辈出，其中最为著名的莫过于享有"智圣"之美誉的诸葛亮。

诸葛亮（181—234 年），字孔明，号卧龙，三国时期蜀汉丞相，杰出的政治家、军事家、文学家，在世时被封为武乡侯，死后追谥忠武侯，是诸葛家族的典型代表。诸葛家族，为三国时期显赫一时的名门望族。其先祖原本为"葛"姓，居住在潍河之畔的诸城，西汉初年，迁至阳都。因当地已有"葛"姓，为了与之相区别，故在"葛"姓前加一"诸"字，是为"诸葛"，意为来自诸城的葛姓。西汉中期，诸葛家族就出现了一个鼎鼎大名的人物——诸葛丰。他官至司隶校尉（相当于今监察部部长），以性情刚直、忠于职守、秉公执法而闻名于世，对其后世子孙的成长产生了深远影响。东汉末年，诸葛家族英才辈出，渐放异彩，至三国时期达到鼎盛，其辉煌始于诸葛珪、诸葛玄两兄弟。

诸葛珪为诸葛亮的父亲，官至郡丞（相当于今地级副市长）。他有三儿两女，诸葛亮为老二，其上有兄诸葛瑾和两个姐姐，其下有弟。诸葛瑾，少年以孝闻名，后避乱江东，深得孙权信任，官至东吴大将军（最高军事职务）；其子诸葛恪少时以才闻名，亦得孙权赏识，官至太傅，位列三公，一时权倾朝野，其子孙亦为东吴重臣。

诸葛玄为诸葛亮的叔叔，官至太守（相当于今地级市长），为当时名士，年轻时交友广泛，其中有两位成为叱咤风云的人物——袁术和刘表。他有一子，名诸葛诞，为"魏国四聪"之一，在魏官至征东大将军（最高军事职务），其子孙也是人中豪杰，相继在朝为官。

三国时期，诸葛家族的成员们似一颗颗耀眼的明珠，分居三个相互敌对的国家，且都位极人臣，执掌权柄，不禁令人叹为观止。其中，最为光彩夺目的那颗，无疑是诸葛亮。

如前所述，诸葛亮出生在沂河之畔一个官宦家庭，家境比较殷实。沂河水质清澈，甘美无比，河中盛产鱼虾（据科学研究证明，鱼虾之类的水产品特别有利于儿童大脑的发育）。幼年时代的诸葛亮是幸福的，在这块人杰地灵的土地上，他喝着沂河之水、吃着鱼虾之肉慢慢长大。富有灵性的河水和营养丰富的鱼虾不断滋润着他幼小的身躯，也赋予了他极为聪颖的天资和健康的体魄。然而，幸福的生活却往往是那么的短暂。

故天将降大任于斯人也，必先苦其心志。随着母亲、父亲的相继去世，年仅8岁的诸葛亮及其兄弟姐妹都成了孤儿，只好投靠叔叔诸葛玄。时值东汉末年，中原一带战乱频发，先是黄巾起义，再是董卓之乱，后是诸侯混战。诸葛一家备受战乱之苦，只好四处流离，最后好不容易辗转到了荆州古城，此时诸葛亮14岁。这段颠沛流离的生活深刻地磨炼了诸葛亮的意志，成为他人生中的一个重要阶段。

诸葛玄一家之所以来到荆州，是为了投奔好友刘表，因为在当时这里是刘表的地盘。尽管作为政治家，刘表是失败的，但是作为好朋友，刘表无疑是相当够义气的。在荆州，诸葛玄一家受到了刘表无微不至的关怀，有吃有喝，有玩有乐，还有书读，诸葛亮就在一所学堂里，接受到了系统的儒学教育。不过，寄人篱下的感觉并不好受，对于像诸葛亮这样有节操的人更是如此。三年之后，17岁的诸葛亮决定自立，迁至南阳郡（今湖北襄阳）的隆中，躬耕陇亩，安心读书，过上了半耕半读的生活。这一过，就是十年。

这十年是极不平凡的十年，是极具意义的十年，是诸葛亮人生中最重要的学习阶段。在这期间，他最主要的工作就是博览群书。他所读过的书有《诗经》《尚书》《礼记》《春秋》等儒家著作，有《申子》《韩非子》《管子》等法家著作，有《孙子兵法》《孙膑兵法》等兵家著作，有《老子》《庄子》等道家著作，有《史记》《左传》《战国策》等历史著作。非淡泊无以明志，非宁静无以致远。十年之间，他一直隐居在自己的简陋茅庐里，贪婪地吸收着圣人先哲们的思想精髓，不断地汲取着无穷无尽的智慧。经过十年的艰苦磨砺，诸葛亮已然成为一名学识渊博、出类拔萃的青年才俊，人送外号"卧龙"。

人生有两件最大的喜事——洞房花烛夜、金榜题名时。虽然是卧龙，毕竟诸葛亮也是凡人，也有七情六欲，也想娶媳妇生孩子。既然是卧龙，诸葛亮必然异于凡人，"每自比于管仲、乐毅"（西晋·陈寿：《三国志·蜀志·诸葛亮传》），怀揣远大的理想抱负。在尚无科举考试制度的三国乱世，诸葛亮虽不能金榜题名，却亦希望"学而优则仕"，渴望能遇到一位独具伯乐之慧眼的君主。在择妻、择君这两件人生大事上，诸葛亮表现出了深邃独到的大智慧。

《诗经·周南·关雎》有云："关关雎鸠，在河之洲。窈窕淑女，君子好逑。"在中国古代，婚姻历来讲究"郎才女貌"，貌美如花的女子，当然是风流才子择偶的首选。可是，"身长八尺，容貌甚伟"的诸葛亮却不是一般的才子，他择偶的标准与众不同。20岁时，诸葛亮到了成家的年纪。因为欣赏诸葛亮的人品和学识，一位名为黄承彦的朋友主动找上门，前来提亲。然而黄承彦有些心虚，因为他的女儿黄月英不但长得丑、头发黄、脸上黑，而且相当有才华。在"才子配佳人""女子无才便是德"的年代，这样的女孩子真是不好意思拿出手。令黄承彦异常惊喜的是，诸葛亮却欣然笑纳。他看重的并不是美丽的外表，而是有涵养的内在，这正是他性情高逸超群之处，也是他博大智慧之所在。不过，新婚之夜还是给了诸葛亮大大的惊喜。在揭开新娘红盖头的那一刻，他惊奇地发现妻子竟是如此的花容月貌，原来岳父跟自己开了一个小小的玩笑。

抱得美人归的诸葛亮完成了自己的第一件人生大事，成家之后尚需立业，择君成为摆在他面前的最大事情。诸葛亮心高气傲，刘表之流的小军阀当然不会放在眼里。放眼天下英雄豪杰，唯三人耳。当时，曹操挟天子而令诸侯，雄才大略，求贤若渴，无数人才趋之若鹜。但是，深受儒学思想浸润的诸葛亮对此人并不感冒，他认为曹操"欺君篡汉，于国不忠；滥杀无辜，为政不仁；生性多疑，于友无信"（中央电视台《武侯春秋》解说词）。而孙权文韬武略，胆识过人，兵精粮足，爱惜人才，但是也未受到诸葛亮的青睐。在他看来，孙权虽为英雄豪杰，但不会对他言听计从，自己平生所学不会完全施展。于是，三人之中，只剩一人，即为刘备。刘备被时人称为英雄，靠的不是军队，不是地盘，而是他对国家的忠诚，对朋友的信义以及对百姓的仁慈，这与诸葛亮的择君标准不谋而合。而且，在气量宽宏的刘备那里，可以淋漓尽致地施展自己的才华。好吧，就是这道菜了！

　　27 岁那年，诸葛亮那座破烂的茅庐迎来了几位显贵的客人，一次一次又一次。诸葛亮颇受感动，决定从此结束隐居生活，一心一意辅佐刘备。一条卧龙横空出世。自此之后，诸葛亮正式走上政治舞台，尽情地挥霍着自己源源不断的智慧：火烧新野、舌战群儒、草船借箭、巧借东风、空城之计、七擒孟获……

　　两千年来，人们始终将诸葛亮视为智慧的化身，并给予了他最高贵的荣誉——智圣。殊不知，这位智圣身上流淌的每一滴血液均源自沂河。正是这条生生不息、充满灵性的母亲河，赐予了他取之不尽、用之不竭的智慧。

　　沂河，智慧之源！

五　卧冰求鲤

　　沂河流经临沂市兰山区白沙埠镇时，其右侧有一条小河汇入。这条河比较有名，名为孝河，又称孝感河。河岸有一个颇有名气的小山村，名为孝友村。孝河、孝友村之所以出名，缘于一个"孝"字，源于发生于此的一个事母至孝的感人故事——卧冰求鲤。

　　卧冰求鲤，位居中国古代二十四孝之首，其主人公为王祥。王祥

（184—268 年），字休征，山东琅琊①人，历汉、魏、晋三代，官至三公，是琅琊王氏家族的第一代成员。琅琊王氏，是中国古代第一豪门望族，被誉为"簪缨世家"（簪缨为古代达官贵人的冠饰）。这一家族自汉代登上历史舞台，至两晋之际逐渐达于兴盛，历东晋南朝，经十数代人，不仅子弟众多，而且才俊辈出，三百余年冠冕不绝，"未有爵位蝉联、文才相继如王氏之盛也"（唐·李延寿：《南史·王筠传》）。东晋时期，王氏家族势力达到鼎盛，朝中官员75%以上是王家或与王家相关的人，形成了"王与马，共天下"的政治局面。南朝时期，王氏家族逐渐走向衰落，"旧时王谢堂前燕，飞入寻常百姓家"（唐·刘禹锡：《乌衣巷》）。然而，其流风余韵却一直延续到隋唐时期。

琅琊王氏家族成员有三个引人注目的优点。第一，英俊潇洒。魏晋时期，琅琊王氏是最著名的美男家族，个个风流倜傥，"触目见琳琅珠玉"（南北朝·刘义庆：《世说新语·容止》），泰山（丈人）俱乐部的VIP会员均以纳王氏男子为"东床快婿"为傲。第二，才华横溢。王氏家族成员不仅以其美貌名满天下，更因其光彩四溢的才华著称于世。其中，最为才华横溢的两位当属在书法界享有"书圣""小圣"之誉的王羲之、王献之父子。第三，孝闻天下。王氏家族成员自小就会接受《孝经》的启蒙教育，对其父母百般孝顺，对其兄弟姐妹敬爱有加，而开创这一优良传统的正是家族中的第一位豪贵——王祥。

王祥出生在一个有山有水、风景优美的小山村。然而，在他很小的时候就失去了亲生母亲。不久之后，这个从小就缺少母爱的苦命的孩子迎来了自己生命中的第二个母亲朱氏。作为中国古代传统继母的典范，朱氏一直在兢兢业业地履行着她作为后妈的职责。具体表现如下：第一，偏心眼。厌恶非己出的王祥，只偏爱己出的王览。第二，嚼舌根。无论是在枕边还是在床下，抓住一切可能的机会向老公搬口弄舌、挑拨是非。久而久之，小王祥失爱于父。第三，找活儿干。不是给自己找活儿干，而是穷尽一切办法给小王祥找活儿干，诸如上山砍柴、烧火做饭、上坡放牛、打扫畜圈等，不一而足。尽管身体有些弱不禁风，然而性格坚毅的小王祥还是

① 秦时，设琅琊郡，治所在今青岛胶南市琅琊镇夏河城。东汉时，改郡为国，国都亦移至临沂城区。临沂古称琅琊，即始于此。

认认真真地完成了继母大人交代的各项任务。不过，他的辛苦劳动换来的却是继母嚼来嚼去的舌根、无休无止的打骂和父亲愈来愈冷的眼神。但是，生性至孝的小王祥却无怨无悔，他仍然默默地、尽心尽力地孝敬自己的生父继母。比如，为了照顾生病的父母，他睡觉时衣不解带，喂药时亲尝汤药。在小王祥看来，孝顺父母是天经地义的事情，是不需要讲究任何回报的。退一步讲，父母之所以不喜欢自己，只是因为自己做得不够好；想赢得父母的疼爱，一定要表现得越来越好。这就是令人怜爱的小王祥的生活哲学。遗憾的是，他的这套生活哲学在朱氏身上却很难奏效。

虽然家境并不富裕，但朱氏却是一个爱美的女人。为了保养皮肤，朱氏一直有一个癖好——爱吃新鲜的鲤鱼。正好村前有条小河，河里鲤鱼众多。平时天气好的时候，从河里抓鱼也不是一件难事。可是到了严冬，河面结了一层厚厚的冰，抓鱼可真是一件不可能完成的任务。不过，朱氏可不管这一套，吃鲤鱼那可是风雨无阻。在一个风雪交加的数九寒天里，朱氏的鲤鱼瘾又犯了，嚷嚷着要喝鲜鱼汤，老公执拗不过，却也一筹莫展，只好将无助的目光投向自己的大儿子。

外面寒风呼啸，大雪纷飞。小王祥穿着单薄的衣服，走进冰天雪地，一直走到小河边，四周白雪茫茫，空无一人。瑟瑟发抖的王祥伸出冻得通红的小手，搬起一块石头，欲砸冰取鱼，可是砸开这么厚的冰对于这个几岁的小孩来说难比登天。小王祥放弃了砸冰，将有些刺痛的小手放在了有丝丝暖意的怀里，一个令人发颤的主意涌上心头。寒风刮得更烈，大雪下得更紧。只见小王祥脱光身上的衣服，走向小河中央，慢慢地趴在冰冷的冰层之上，好一幅令人心碎的画面。人间至孝不过如此，足以感动上苍。只见"冰忽自解，双鲤跃出"（东晋·干宝：《搜神记·王祥剖冰》）。

卧冰求鲤的王祥感动了上天，感动了四里乡亲，却没能感动心肠比铁石还硬的继母。朱氏非但没有一丝感动，却绞尽脑汁，变本加厉地折磨王祥，甚至到了丧心病狂的地步。门前的李子树果实快熟了，生怕被鸟吃了，她令王祥守在树旁，"每风雨，祥辄抱树而泣"，哀求果实不要掉落下来。有时朱氏想换换口味，"又思黄雀炙（烤黄雀）"，命王祥捉黄雀，"复有黄雀数十，（飞）入其幕（帐篷）"（东晋·干宝：《搜神记·王祥剖冰》）。后来，王祥长大娶媳妇了，朱氏更是"爱屋及乌"，将儿媳妇一起收拾。再后来，王祥渐渐小有名气，朱氏却因忌生恨，竟然想出了一个阴狠的计划——鸩杀王祥。这时，一直陪伴在兄长身旁的王览终于忍无可忍，上演了一幕"护兄争鸩"的动人故事。

王览（206—278年），字玄通，历汉、魏、晋三代，官至光禄大夫（大夫为皇帝近臣，其中光禄大夫最显要，历代为从一品大员，为掌议论之官），也是琅琊王氏家族的第一代成员。虽然生母朱氏品行恶劣，但王览却没有遗传母亲的这一显性基因；虽然生母对其溺爱有加，但王览却没有沉浸在母爱的泥潭中不能自拔。自打懂事的那刻起，他就勇敢地与兄长王祥站在同一阵线上，兄友弟恭，相依相偎。母亲让哥哥干活，他跟哥哥一起干；哥哥被母亲打了，他跟哥哥一起抱头痛哭；嫂子受婆婆虐待了，他叫自己的媳妇一起受罚。惊闻母亲欲起杀心，准备用毒酒毒死哥哥的消息时，他作出了一个惊人的决定——争而饮之。要毒死我哥哥，你先把亲生儿子毒死吧。这便是被纳入二十四悌故事之列的"王览争鸩"。"自后朱赐祥馔，览辄先尝。"（唐·房玄龄等：《晋书·王祥传》）就这样，王览与母亲进行了几十年艰苦卓绝的斗争，并最终取得了抗战的胜利。将王祥折磨了大半辈子，朱氏觉得心满意足了，也觉得有些身心疲惫。在对自己的丰功伟绩进行详细总结、认真对比和深刻反思之后，朱氏决定洗心革面，发誓要向儿子们看齐，要向儿媳们学习，争取做一名慈祥善良的合格母亲。问世间情为何物，笃孝至悌应如是。

为了纪念至孝至悌的王祥、王览兄弟，人们将他们所住的村子命名为孝友村，村内建立孝友祠，将村前的那条小河命名为孝河。夏天，孝河里盛产莲藕，清脆爽口，味道鲜美。此处莲藕与众不同，有十个孔眼，较他处莲藕多出一孔。这多出来的一孔，便是"孝心"，传为王祥的孝心所化。冬天，孝河上结满了一层厚厚的冰，只有一块不到两平方米的地方却未结冰，是为"孝河凝冰"，为"琅琊八景"之一，传说这未结冰之处正是王祥卧冰求鲤时留下的灵迹。

有诗颂曰："继母人间有，王祥天下无；至今河水上，留得卧冰模。"

六　王羲之

晋太安二年七月十一日（303年9月3日），孝河之畔的孝友村传来了一阵婴儿的啼哭，一个新的生命呱呱落地。这个孩子的家世可不一般，他的太爷爷即是"护兄争鸩"的王览，他的父亲是王旷（官至太守，相当于地级市长），他的母亲夏侯氏则是琅琊王司马睿（后来的东晋开国皇帝）的母亲夏侯太妃的亲妹妹。关于这个孩子的出生，当地还流传着一段美丽的传说。

话说夏侯太妃听说自己的妹妹已怀胎十月，便派两名家奴至孝友村打探消息。当他们长途跋涉行至孝河时，只见碧莲接天，红花映日，却见一株白莲亭亭玉立、摇曳多姿、含苞待放。两人被这一幅美丽的景象深深吸引，顿感神清气爽，不觉加快了脚步。当行至王旷家门口时，恰好听见了一个男孩的呱呱啼哭。两人很是兴奋，便迫不及待地要将这个好消息带给主人。当两人回经孝河时，他们又一次不经意地将目光瞥向那十亩红莲，但见那株白莲已经盛开怒放，阳光下熠熠生辉。他们被这眼前的一幕惊得目瞪口呆。难道这是吉兆？难道这是天意？难道那株白莲是这个孩子的化身？难道这个孩子将注定一生与水藕断丝连？

这个孩子的名字为王羲之。王羲之（303—361 年），字逸少，后来官至右将军（三品官），人称"王右军"。他又是中国最著名的书法家，人称"书圣"。

当王羲之满周岁的时候，家里人特意为他举行了生日宴会，并且在席间举行了一场富有吉庆色彩的传统游戏——抓周。抓周是一种在我国北方广泛流传的乡间风俗，是小孩周岁时举行的一种预测前途和性情的仪式。在孩子周岁生日这天，有心的父母会在床上摆上许多准备好的物品，如笔、书、算盘、钱币、剪子、尺子、玩具等，让孩子抓着玩，不给予任何诱导。孩子抓到什么，说明孩子喜欢什么，那么他以后就会在与此相关的领域有所建树。在王羲之的抓周仪式上，他从众多物品中抓住了一根毛笔且紧紧不放，这让在场的长辈们惊喜不已。因为在传统观念中，抓住毛笔是一种吉祥的征兆，预示着这个小孩将来必定会读书成才，写一手锦绣文章。

其实，王羲之之所以会抓毛笔，与琅琊王氏书画世家的传统是分不开的。据统计，晋朝共有 113 名书法家，其中王家就占 23 位。王羲之的父亲王旷擅长书法，叔父王廙、王彬都是有名的书画家。特别是王廙的书画，人称"晋室第一"，长于章草和飞白，善画人物、鸟兽、鱼龙，"右军之前，唯廙为最。画为晋明帝师，书为右军法"（南朝·王僧虔：《论书》)。可以想见，王羲之自出生之日起就受到良好的书画氛围的熏陶与浸染，就与笔墨结下了不解之缘，这为他日后成为书法大家奠定了良好基础。

中国有句古话，叫作"名师出高徒"，意指要成为技艺高超的人必须找一名高明的师傅。这句话适用于任何领域，当然书法领域也不例外。年幼的王羲之无疑是幸运的，他不但有着显赫的家世，更是凭借这一身份遇到了自己的授业恩师、当时著名的女性书法家——卫夫人。卫夫人（272—349 年），名铄，字茂猗，出身书香门第，自幼酷爱书法艺术，师承大书法家钟繇，得其真传，书法精湛，是天下之奇女子也。卫夫人的书法，既承钟繇瘦洁飞扬之风，又开卫氏清婉灵动之韵，得到其师由衷的赞誉："碎玉壶之冰，烂瑶台之月，婉然若树，穆若清风。"（唐·张怀瑾：《书断》)

卫夫人不仅是一名书法高手，也是一名书法理论家，更是一名坚持将理论密切联系实际的优秀教师。她撰有《笔阵图》一卷，对书法理论进行了深入的论述。其中，针对点、横、竖、撇、捺、折、钩七种不同笔画的书写，提出了七条标准（七种笔画似七种自然具象，如点若高峰坠石、横似千里阵云、竖如万岁枯藤等)，形象生动，恰合关窍，实为初学书法者良好的入门途径。她带王羲之到高山上丢石头，让他体会高山坠石的力道；带他观看天上飘过的流云，体会云卷云舒的飘逸；给他一把利刃，在地上砍断坚硬的犀角，感受刀锋划过的光影……这样先进的体验式教学方式让王羲之开阔了眼界，丰富了心灵，不仅使他深刻地掌握了基本的书法技巧，而且使得他的字充满了"灵性"，充满了生命的力量。

师傅领进门，修行在个人。一个人的成功，不仅需要一个好的老师，更需要自己锲而不舍的毅力和孜孜不倦的汗水。天资聪颖的王羲之深谙此道，并且身体力行。传说王羲之幼年时每次练字完毕，都要到家旁边的池塘里涮笔洗砚。他在洗笔的同时还经常做"悬笔悬纸书"，即以水面为纸，悬腕悬笔而书，在水面上仔细体会笔尖与水面接触的细微感受，笔牵情走，意随笔动，力求达到"心笔合一"的境界。久而久之，原本清澈透明的池水，竟被墨汁染得乌黑，留下了"池水尽墨"的千古美谈，后人将此池命名为洗砚池。

洗砚池内白鹅浮绿，深深地吸引了年幼的王羲之。中国古代文人有着名的"四爱"——周敦颐爱莲，陶渊明爱菊，孟浩然爱梅，而王羲之独爱鹅。王羲之之所以爱鹅，不是因为垂涎鹅的美味，而是因为他发现鹅的姿态与书法之间似乎存在某种内在的联系，每次观鹅都会给他带来不一样的感悟。白鹅优美的体形和行姿，对他的执笔和运笔方法以及书法风格的形成具有很大的启发。王羲之执笔时食指高钩，拇指置于食指和中指之间，使食指如鹅头一样高昂微曲；无名指内钩，小指紧贴无名指，外实内虚，运笔时似鹅掌拨水。正是得益于长期对鹅的观察、领悟和揣摩，王羲之的书法风格自成一体，飘若浮云，矫若惊龙，流畅潇洒，出神入化，达到了独立完美的境界。

河水的灵性、显赫的家世、聪颖的天资、优秀的老师以及勤奋的汗水，最终将王羲之塑造成为一名前无古人、后无来者的书法大家。

"永和九年，岁在癸丑，暮春之初，会于会稽山阴之兰亭，修禊事也。群贤毕至，少长咸集。此地有崇山峻岭，茂林修竹，又有清流激湍，映带左右。引以为流觞曲水，列坐其次，虽无丝竹管弦之盛，一觞一咏，亦足以畅叙幽情……"这就是举世闻名、流芳百世的《兰亭集序》，它代表了王羲之书法艺术的最高成就，被誉为"天下第一行书"。洋洋洒洒三百余字，犹如天上飘浮的云朵，宛若地上流淌的河水。最为神奇的是那20个"之"字，它们各具风韵，皆无雷同，恰似20只体态不同、风姿各异的戏水之鹅。

羲之之后，再无羲之！

七 孔子

在山东省济宁市，有一条古老的河流，名为泗河，又称泗水，其最早记录出现于甲骨文中。据唐代地理著作《括地志》记载："泗水源在兖州泗水县东陪尾山，其源有四道（泉），因以为名。"陪尾山，位于今泗水县城东25千米处，山下清泉密布，泉多如林，故名泉林。泉林之中，有名泉七十二处，又以趵突泉、洗钵泉、响水泉、红石泉四泉最为著名，合称"四源"，四源并发，汇流成河，是为泗河。

古泗河自源头出发，一路蜿蜒而下，最终汇入淮河，成为淮河最大的支流，因而历史上常将泗河与淮河并称为"淮泗"。然而，由于黄河长期夺泗夺淮入海，泗河下游入淮通道逐渐被淤塞，泗河之水遂渐渐囤积于中游，形成一处南北长 120 千米、东西最宽处达 25 千米的巨型湖泊，名为微山湖。如今，泗河仅剩上游河道，河水自泉林出发，历经泗水、曲阜、兖州、邹城、任城、微山等县市区，在微山县鲁桥镇仲浅村注入微山湖。

自古以来，泗河即以其秀美的自然风光、旖旎的山川景色而闻名于世。在一个阳光和煦的日子，宋代著名理学大师朱熹慕名行至泗河之畔，到此春游踏青，深深地陶醉于那一片山明水秀、鸟语花香的美景之中，在动情之余挥毫写下了一首流传千年的举世名篇，名为《春日》，诗文如下："胜日寻芳泗水滨，无边光景一时新。等闲识得东风面，万紫千红总是春。"

古泗河行至泗水县城北时，有一条名为洙水（古水名，其故道现已湮没）的支流汇入，西至曲阜东北时又与洙水分流，泗水在南，洙水在北，至任城时两水再次汇流。洙水、泗水流经之地，古称"洙泗之地"。这里是中华文明的重要发祥地，人类始祖伏羲、女娲、黄帝、少昊帝均诞生于此；这里是儒家文化的发源地，儒家学说的创始人孔子即降生于此。

周灵王二十一年（鲁襄公二十二年，前 551 年）公历 9 月 28 日，在鲁国陬邑尼丘山脚下的昌平乡（今曲阜市南辛镇鲁源村）传来了一阵男婴的啼哭声，老来得子的孔纥激动得老泪纵横。在此之前，天生拥有神力的孔纥已娶了一妻一妾，与妻育有九个女儿，与妾生有一个儿子，却因先天足病，不能继承家业。为了延续孔家香火，年逾花甲的孔纥又娶了一房不到 20 岁的小妾，名为颜徵在。当婴儿即将出世的时候，两人来到附近的尼丘山烧香许愿，不承想果然灵验。为了感谢山神的保佑和恩惠，孔纥取山名之"丘"字为儿子之名，取"尼"字为儿子之字，因孔丘排行老二，故称仲尼。

孔丘三岁时，永远地离开了父亲的怀抱。孔纥死后，因孔纥之妻心术不正，颜氏母子已无靠可依，只好择良而居。年轻的颜徵在带着年幼的儿子，移居至曲阜城郊一个名叫阙里的贫民巷，过着贫苦艰辛的生活。然而，就是在这里，孔丘迎来了自己人生的蜕变。

鲁国是周武王的弟弟、首创周朝一切礼仪制度的周公旦的封国，被称为"礼仪之邦"。鲁国的首都曲阜，珍藏着浩如烟海的礼仪典籍（儒书），是当时全世界唯一的文化巨城。在这种浓郁的文化氛围和学习环境之中，天资聪颖的孔丘如鱼得水，刻苦钻研儒书，并以"三人行，则必有我师"的学习态度，不耻下问，虚心求教，逐渐成长为一名知识渊博的"礼教"专家，成为鲁国当时颇有影响力的公众人物，在他20多岁时即被世人尊称为孔子（"子"是中国古代对有地位、有学问的男子的尊称）。然而，就是在此期间，孔子的母亲却因劳累与世长辞。"子生三年，然后免于父母之怀"①，为报答母亲养育之恩，孔子决定为母亲行三年守孝之礼。在那个礼法制度行将崩溃的年代，守孝三年之举，实在难能可贵，遂引起一时轰动。

孔子曾说"三十而立"。周景王二十三年（鲁昭公二十年，前522年），30岁的孔子提出了一个非同寻常的主张——有教无类，即任何人都有接受教育的权利。在此思想的指导下，孔子创立了中国历史上的第一所私塾学堂。任何子弟，不分贫富，不分贵贱，不分老少，不分国籍，只要行过"束修之礼"（"束修"本意为十条腊肉，是送给教师的见面礼）和拜师礼，就可以跨进学堂门槛，拜于孔子门下。自此之后，中国才有了真正意义上的平民教育。由于没有政府资助，孔子的讲学之处，甚至连一间像样的小屋都没有，而是在一片杏树林的土墩之上，人称杏坛。尽管教学条件非常简陋，仍然有一批接一批的学子慕名而至，趋之若鹜。据史书记载，孔子一生之中，共有学生3000余人，其中最得意的弟子72个，这些人最后都成为各行各业的精英。

其实，孔子之所以开办私塾，并非单纯是为了搞公益事业，在这个身长九尺六寸（190厘米左右）的巨人魁梧的外表之下，还隐藏着一颗博大的心灵，一个宏伟的复兴之梦。一直以来，孔子都将周公视为自己顶礼膜拜的偶像，而恢复周礼，以礼治国，建立"天下归仁"的和谐社会则是孔子的终极梦想。然而，出身平民的孔子也深知，单凭自己的力量，理想不可能会实现。于是，孔子将希望寄托在自己的学生身上，期望他们能够修身，然后齐家，进而治国、平天下，最终实现"天下大同"。正是由于心中一直坚守毕生的梦想，所以当鲁国的"三桓"（鲁国国君的三大亲族，国家军、政、财权的实际掌控者）向自己投来橄榄枝时，从教已20年的孔子毫不犹豫地笑而纳之。周敬王十八年（鲁定公八年，前502

① 语出《论语·阳货》，意为"孩子出世以后，一直到三岁才能离开父母的怀抱"。

年），年已半百的孔子正式开始了自己的政治生涯。

最初，孔子只是一个小小的中都宰（相当于今山东汶上县县长），由于政绩卓越，在短短几年内，先后被提拔为小司空（主管水利，相当于工部侍郎）、大司寇（主管司法，相当于刑部尚书），直至摄相事（代理宰相），孔子的仕途真可谓春风得意，而自己的梦想也似乎近在咫尺。为了建立一个君臣有序、上下有别的国家秩序，得意得有些忘形的孔子向"三桓"的权力提出了挑战，实行了著名的"堕三都运动"，即根据周礼的规定，以鲁定公的名义，命令"三桓"拆除自己都城的城墙，以重振国君权威。然而，懦弱无能的鲁定公却是一个扶不起的阿斗，以他为盾牌与根深蒂固、兵强马壮的"三桓"相抗衡，无异于以卵击石。这次运动最后以失败而告终，孔子与"三桓"彻底决裂，鲁国再无可容孔子的立锥之地。于是，周敬王二十三年（鲁定公十三年，前 497 年），孔子怀揣着梦想，带着众位弟子，背井离乡，踏上了漫长的周游列国之旅，希望自己的理想能够在异国他乡找到归宿。

然而，理想很丰满，现实却很骨感。在那个礼崩乐坏、群雄争霸的年代，各诸侯国亟须的是立竿见影式的富国强兵理论，而孔子的"仁和"思想显然生不逢时，无任何用武之地，因此孔子一行在列国四处碰壁，屡屡受挫。尽管初衷最终没有达成，但此次周游之旅也并非一无所获，孔子已将"仁和"思想的火种传遍中华大地，正所谓"天不生仲尼，万古如长夜"（南宋·朱熹：《朱子语类》卷九十三）。

周敬王三十六年（鲁哀公十一年，前 484 年），在相继游历了卫、曹、宋、郑、陈、蔡、楚等国之后，孔子结束了长达 14 年的漂泊之旅，又回到了阔别已久的故土。虽然有些无奈，但一向乐观的孔子并没有气馁、消沉，因为孔子深知自己的生命即将走到尽头，在接下来这段珍贵的剩余时光里，他想再做一件更有意义的事情，为子孙后代留下一笔宝贵的精神财富。孔子在曲阜城东北设立了一处书院，因其南临洙水，北靠泗河，故称"洙泗书院"。在这环境优雅、宁静怡人的书院之中，孔子潜心修书：删诗书（《诗经》《尚书》），定礼乐（《礼经》《乐经》），赞周易，修春秋，创立了"重仁尚礼"的儒家学说，将中国思想文化推向了一个新的高峰。孔子因之被尊为"儒学鼻祖"，而洙泗学院则被视为"儒学祖庭"。

　　周敬王四十一年（鲁哀公十六年，前 479 年）公历 4 月 11 日，享年 73 岁的孔子终于结束了自己坎坷而又精彩的一生，带着未尽的理想和些许的遗憾永远地离开了人世。孔子死后，被葬于曲阜城北，泗水之阳，洙水之阴，即今天的孔林。如果孔子泉下有知，他应该倍感欣慰，因为他的弟子们继续传承自己的衣钵并将其不断发扬光大，使儒家学说成为深刻影响中国封建社会长达 2000 多年的正统思想，而孔子也被历代帝王尊为"圣人""至圣""至圣先师""万世师表""文宣王""文宣皇帝"，孔子后裔更是在其祖先的荫泽下享尽了人间的富贵荣华。

　　孔子曾曰："仁者乐山，智者乐水。"作为一位德行深厚的仁者，作为一名思想深邃的智者，孔子自然喜欢徜徉山水，怡心悦性，抒情释怀。一次，孔子行至泗河之畔，目光凝视着滚滚西流、奔腾不息的河水，想到自己年华已然逝去，一生壮志却仍未酬，情至深处，不禁发出了那一声流传千古、发人深省的感叹："逝者如斯夫……"

八　双曜相聚

　　唐代是诗人辈出、群星闪耀的时代，是我国古典诗歌发展的全盛时期，其间所创作的诗歌统称为"唐诗"。唐诗是中华民族一笔珍贵的文化遗产，也是中国文学乃至世界文学宝库中一颗灿烂的明珠。在唐代众多的诗人之中，最著名的莫过于有"诗仙"之誉、以浪漫主义著称的李白和有"诗圣"之称、以现实主义见长的杜甫二人了。中国诗坛这两颗耀眼的明星竟生于同一时期，且能相遇、相聚、相知，成就了中国文学史上的一段佳话，史称"双曜相聚"。

　　双曜之中，年纪较长的为李白。李白，生于武则天长安元年（701年），出生地为碎叶城（唐代在西域地区设置的重镇，在今吉尔吉斯斯坦首都比什凯克以东托克马克市附近）。在他即将出世之前，母亲恍惚之间仿佛梦见有太白金星自天空坠落，父亲李客视其为一大吉兆，遂给儿子取名为李白。不平凡的诞生过程，注定了李白必将拥有一段不平凡的人生经历。李白自小天资聪颖，5 岁时即能背诵"六十花甲子"（5 岁这年，李白随父母自西域来到绵州昌隆县青莲乡，今四川省江油市青莲镇），10 岁就已读遍诸子百家之书。少年时期,李白的诗赋水平已然能与司马相如①的水平相媲美。除作赋吟诗之外,李白还潜心练习剑术,因为在李白的心中怀有一个颇为宏伟的志向——以文韬武略之才,致济世安邦之用。

为了游览名山大川,增长见识,为了广交朋友,结识权贵,以便步入仕途,24岁的李白腰佩一柄长剑,手牵一匹骏马,辞别亲人,离开偏远封闭的青莲乡,开始了迢迢的漫游之旅。他乘舟顺长江而下,先后游历了益州、渝州、荆州、鄂州、汉阳、江夏、江州、金陵、扬州、越州等地,游览了峨眉山、长江三峡、黄鹤楼、岳阳楼、洞庭湖、庐山等名山胜水、名胜古迹,写下了《大鹏赋》《望庐山瀑布》《静夜思》等举世名篇,结交了不少好友,也花光了随身携带的盘缠。幸运的是,窘迫不已的李白却在朋友孟少府的撮合下,于开元十五年(727年)成功入赘安州安陆(今湖北安陆市)一家许姓名门望族(李白的岳祖父许圉师在唐高宗时曾官至宰相),漫游之旅遂暂时告一段落。

与许家小姐结为伉俪大大地改善了李白的生活条件,然而由于岳祖父早已去世,岳父也已辞官回归故里,故而不能在仕途方面给予李白任何帮助。开元十八年(730年)初夏,在安陆求仕无门的李白告别妻子和刚刚出生不久的女儿,只身远赴千里之外的京城长安,并效仿前辈卢藏用("终南捷径"典故的主人公)的做法,隐居在京城附近的终南山上,以期得到贵人引荐,步入仕途。然而,理想虽很丰满,现实却非常骨感。在长安,风流倜傥的李白非但没有得到多少帮助,反而受到许多权贵的戏弄和阻挠,只得借酒浇愁,并将自己报国无门的郁闷、悲愤之情付诸笔端,《行路难》《蜀道难》等名篇佳作油然而生——"蜀道难,难于上青天……"

开元二十年(732年)春,灰心丧气的李白返回安陆,暂时忘却了仕途的失意,过起了安逸自在的隐居生活。然而,毕竟已过而立之年,壮志未酬的哀愁会时时袭来。为了排忧解闷,已遍游江南的李白在好友元演的邀请下,于开元二十三年(735年)来到山西太原,饱览北国风情、边塞风光。一年之后,李白返回安陆,却发现家里早已破败不堪。尽管如此,

---

① 司马相如(前179—前118年),字长卿,四川成都人,西汉大辞赋家,被誉为"辞宗""赋圣"。

李白仍然矢志不渝，一首《将进酒》，一句"天生我材必有用，千金散金还复来"，酣畅淋漓地道出了这位怀才不遇的知识分子的心声。

不久之后，李白又当了一回父亲。儿子的出生给这个家庭带来无尽的喜悦，同时也增添了不少负担。李白虽为一代才子，却不会务农，也没有经商头脑，生活除靠朋友接济外，家庭重担全都压在了妻子身上。开元二十八年（740 年），妻子因为劳累过度，一病不起，与世长辞。悲痛万分的李白只得携女带子，赶赴东鲁（唐代的兖州，又称鲁郡，下辖瑕丘、曲阜、任城等 11 个县，治所在瑕丘，今兖州市东北），投奔自己的远房亲戚。

东鲁之地，北有泰山巍峨，东有曲阜古城，汶、泗诸水横贯东西，自古即为"膏腴之地、礼仪之乡"。在去东鲁的路上，李白向汶上的一位老翁问路，却遭到老翁的嘲笑——一个快四十的穷书生，能有何作为？心高气傲的李白并没有和他一般见识，因为自己的雄心壮志根本不是这位没有文化的老翁所能够理解的，遂作《五月东鲁行答汶上翁》，一抒"我以一箭书，能取聊城功"① 的青云之志。

嘲笑李白的不仅汶上翁一人，寓居东鲁的李白还受到了当地一群儒生的嘲笑。对此，傲气十足的李白对他们反唇相讥，作《嘲鲁儒》一首："鲁叟谈五经，白发死章句。问以经济策，茫如坠烟雾……时事且未达，归耕汶水滨"，讥讽他们只知谈论四书五经，只会死守陈词滥调，不明当下时局形势，不晓经世治国之策，与其如此，还不如回家种地去。

不过，众人的嘲笑也不无道理。已近不惑之年的李白在东鲁拖家带口，而且没有经济收入，过着穷困潦倒的生活。为了照顾一双儿女，李白四处托人给自己续弦，却屡屡碰壁，最后只得与一个姓刘的寡妇草草结婚。事业的不顺心、婚姻的不如意，再加之生活的困顿，让这位满腹经纶的中年男子异常颓废，成天嗜酒如命，烂醉如泥（他经常光顾一家由贺兰氏经营的酒楼，这便是现今位于运河之畔的济宁太白楼），并开始痴迷

① 出自战国末年"鲁仲连射书救聊城"的典故，故事梗概如下：齐国欲收复失地聊城，燕国大将负隅顽抗，齐将田单久攻不下。辩士鲁仲连献计，修书一封，以箭射入城中。信中，鲁仲连称燕将为智者、勇士和忠臣，向其分析了燕军所处的两难形势，并指出了归燕、降齐两条出路。燕将读信之后，连泣三日，他既不想回国被燕王处死，又不想降齐被齐人杀死，于是拔剑自刎。守城燕军大乱，田单遂一举收复聊城。

于访道寻仙。一次，李白去兰陵县拜访一位好友，酒至酣处，挥笔写下一首流芳百世的诗歌，名为《客中作》："兰陵美酒郁金香，玉碗盛来琥珀光。但使主人能醉客，不知何处是他乡。"

天宝元年（742 年）八月的一天，在泰山修炼了三个多月的李白刚刚返回家中，却接到了一份印有玉玺的大红文书——唐玄宗下令征召李白进京，真是时来运转，否极泰来。欣喜若狂的李白当即设宴痛饮狂欢，醉酒当歌，这一天可谓是李白平生最为得意的一天。第二天，精神抖擞的李白，高声吟唱着"仰天大笑出门去，我辈岂是蓬蒿人"的豪迈诗句，再次踏上了进京的征程，他要出人头地，他要出将入相，他要在长安干出一番轰轰烈烈的事业。

在玉真公主和贺知章的推荐下，李白如愿地进入翰林院供职。他以其超凡绝伦的文采赢得了玄宗的宠爱，一时成为御前红人，过上了锦衣玉食、奢侈豪华的生活，令人垂涎三尺。然而，经过一段时间之后，李白发现自己仅仅是玄宗歌功颂德、粉饰太平、娱乐消遣、排忧解闷的一个工具而已，而"济苍生、安社稷"的毕生理想却渐行渐远，遥不可及。堂堂七尺男儿，怎能成日俯首帖耳，摇尾乞怜，"安能摧眉折腰事权贵，使我不得开心颜"。天宝三年（744 年）春，生性放荡不羁、对政治前程心灰意冷的李白在遭受杨贵妃、高力士等人的诬陷之后，愤然辞去翰林院的工作，回到东鲁，再次走上求道隐世的漫游之路。在自长安返回东鲁途中，路过洛阳，正是在这里，李白遇到了比自己小 11 岁的杜甫。

杜甫，生于唐玄宗先天元年（712 年），出身于河南巩县（今河南巩义市）一个具有诗书传统的官宦家庭。他自幼聪明伶俐，7 岁时即能吟诗作赋。少年时期的杜甫勤奋学习，广览群书，"读书破万卷"，为其以后的"下笔如有神"奠定了坚实的基础。19 岁开始，身怀"致君尧舜上，再使风俗淳"之理想抱负的杜甫，不甘于寓居狭小的巩县，抱着与李白同样的目的，也踏上了漫长的游历之旅，足迹主要涉及吴越（今江苏、浙江一带）和齐赵之地（今山东、河南、河北一带）。

在齐地漫游期间，杜甫顺便探望了时任兖州司马（没有实权的地方武装部长）的父亲杜闲。这位才华横溢的青年诗人登上了兖州城楼，挥笔写下了他现存最早的一首五言律诗《登兖州城楼》："东郡趋庭日，南楼纵目初。浮云连海岱，平野入青徐。孤嶂秦碑在，荒城鲁殿馀。从来多古意，临眺独踌躇。"开元二十四年（736 年），风华正茂的杜甫登上了泰山之巅，挥毫写下了那首脍炙人口的举世名篇《望岳》："岱宗夫如何？齐鲁青未了。造化钟神秀，阴阳割昏晓。荡胸生层云，决眦入归鸟。会当凌绝顶，一览众山小。"

开元二十九年（741 年），杜甫结束了长达十余年的漫游之旅，回到家乡，居住在洛阳附近首阳山下的陆浑山庄，并时常前往洛阳，结交名士，拜访权贵。然而，杜甫在洛阳也耳濡目染了官场的投机取巧、尔虞我诈，对政治感到有些厌恶，也萌生了学道求仙的念头。就在天宝三年（744 年）的春夏之交，两个失意的诗人相遇了。

对于这次相遇，现代著名学者闻一多先生在其《唐诗杂论》中进行了非常精彩的描述："我们该当品三通画角，发三通摧鼓，然后饱蘸了金墨大书而特书。因为我们四千年的历史里，除了孔子见老子（假如他们是见过面的），没有比这两个人的会面更重大、更神圣、更可纪念的。我们再逼紧我们的想象，譬如说，青天里太阳和月亮走碰了头，那么，尘世里不知要焚起多少香案，不知有多少人要望天遥拜，说是皇天的祥瑞。如今，李白和杜甫，诗中的两曜，劈面走来了。我们看去，不比那天空的异瑞一样的神奇，一样的有重大意义吗！"

与杜甫虽然年纪相差近一旬，然后均有满腹才华、豪情壮志，且均怀才不遇、功名不显，故而二人惺惺相惜，意气相投，一见如故，相见恨晚。两人在洛阳短暂相会之后，杜甫向李白赠诗一首，题目即为《赠李白》，表示自己希望与兄长一起赴梁宋之地（今河南开封、商丘一带），寻道访仙。

天宝三年（744 年）秋，李杜二人如约来到梁宋之地，又遇到了以一首《燕歌行》名震诗坛、同样怀才不遇而在此漫游的诗人高适。三个志同道合、境遇相似的诗人结伴畅游，敞怀痛饮，引吭高歌，吟诗咏赋，谈古论今，真是不亦乐乎。同年冬，三人依依惜别，各奔东西。高适继续到南方漫游，李白赶赴齐州（今济南）的紫极宫请求授箓（正式成为道士的标志），而杜甫则前去东鲁探望自己的父亲。临别之前，三人约定在东鲁再次相会。

天宝四年（745 年）春，李白依约来至，与杜甫会合，而高适却不知为何爽约了。于是，李杜二人开始了遍游东鲁之旅，他们或泛舟于泗河

（李白作《东鲁门泛舟二首》，将泗水美丽的风光描绘得淋漓尽致），或买醉于石门①，或访隐于东蒙（位于瑕丘城北的一座山），情同手足，亲若兄弟。在寻访瑕丘城北的一名范姓隐士时，杜甫作诗一首，题为《与李十二白同访范十隐居》，其中有"醉眠秋共被，携手日同行"两句诗，栩栩如生地描述了二人的金兰之谊。

不知不觉，秋天已至。李杜二人携手来到石门，但见一条石坝横锁在泗河之上，岸边绿杨扫地，红亭映水；水面白鸥历乱，碧流涟漪。不过，两人并非专为观景赏色而来，却为把酒话别而至。因杜甫决定西上长安求取功名，李白欲南下重游江东，兄弟二人就此拜别。酒过三巡之后，李白即席赋诗一首，名为《鲁郡东石门送杜二甫》，诗文如下："醉别复几日，登临遍池台。何时石门路，重有金樽开？秋波落泗水，海色明徂徕。飞蓬各自远，且尽手中杯。"

"何时石门路，重有金樽开？"李白由衷地希望还能与这位兄弟在石门重开金樽，高歌豪饮，却不知要等到何时。然而，谁也未曾料到，石门路上的金樽再也未能重开，兄弟二人再也没能重逢。石门一别，竟是永别！自此之后，两人身处异乡，天各一方，只能在一首首诗词中倾诉着对彼此无尽的思念之情。

李白有诗《沙丘城下寄杜甫》（沙丘，即瑕丘）："我来竟何事，高卧沙丘城。城边有古树，日夕连秋声。鲁酒不可醉，齐歌空复情。思君若汶水，浩荡寄南征。"

杜甫有诗《春日忆李白》："白也诗无敌，飘然思不群。清新庾开府，俊逸鲍参军。渭北春天树，江东日暮云。何时一樽酒，重与细论文。"

……

九　梁祝化蝶

在泗河南岸、微山湖东边的济宁市微山县马坡镇一带，当地一直延续

---

① 石门，即今兖州城东的金口坝，被誉为"江北小都江堰"。当时是横贯东西古驿道上的行人大坝，也是通往京口瓜洲的水上交通码头。据《水经注》记载，此坝"古结石为门，跨于水上也"，故名。

着一个极为特殊的风俗——梁、祝、马三大家族互不通婚。这种现象之所以产生，缘于由梁山伯、祝英台、马文才三人共同演绎的那段流传千古、令人荡气回肠的凄美爱情故事——《梁祝传说》。在中国古代民间四大爱情传说中，尤以《梁祝传说》影响最大，流传最广，成为唯一在世界上产生较大影响的中国民间传说，被誉为"东方的罗密欧与朱丽叶"。2006年5月，《梁祝传说》被列入第一批《国家级非物质文化遗产名录》。

明正德十一年（1516年），钦差大臣、工部右侍郎（相当于副部长）、前都察院右副都御史（相当于最高人民检察院副检察长）崔文奎奉命沿运河河道视察工作，途经微山马坡时，发现唐朝时期修建的梁祝墓已破旧不堪，荒凉无比。一向为梁祝故事所深深感动的崔文奎是一位性情中人，不忍看到这种萧条的景象，遂决定为梁祝重修墓祠，并请人为其立碑刻记，是为《梁山伯祝英台墓记》。该墓记前半部分以西周文言文的语体对梁祝故事进行了较为详细的叙述，是迄今为止关于梁祝故事的最早记录。其故事主要情节如下：

其一，扮装求学。"在昔济宁九曲村，祝君者，其家钜富，乡人呼为员外。见世之有子读书者，往往至贵，显耀门闾，独予无子，不贵其贵，而贵里胥之繁科，其如富何？膝下一女，名英台者，聪慧殊常。闻父咨叹不已，卒然变笄易服，冒为子弟，出试家人不认识；出试乡邻不认识。上白于亲毕，竟读书乃振门风以谢亲忧。"

相传，过去在济宁九曲村①，有一户姓祝的富贵人家，家境非常富裕，乡里人都称他为员外。尽管家财万贯，可是祝员外却高兴不起来。在那个"以男为尊"的旧社会，对于一个农村家庭来说，生儿子可是头等大事，因为有儿子就意味着香火有人延续，家业有人继承，学优则仕、显耀门楣之责任有人承担，而祝员外偏偏就膝下无子，这成为自己的心头之病，纵使自己拥有亿贯之财，究竟又有何用？于是，祝员外对别人家的儿子那真是羡妒不已，成天唏嘘感叹。

祝员外膝下有一女儿，名唤英台，聪慧异常。知父莫若女，生性灵睿

---

① 古泗河自源头出发，一路宛转而流，形如龙舞，自兖州到此处恰为第九个弯曲，村庄因之得名，现已分为东九、西九两村。为躲避洪水灾害，祝氏后裔后来从九曲村迁至今济宁任城区岔河村。

的祝英台从小就能体谅父亲的心思，决定女扮男装，外出求学，以振门庭，来减轻慈父的忧愁。在将自己的想法告知父亲之前，祝英台做了一个试验。她在闺房内卸下头上的女妆，脱下身上的女装，换上男子的服饰，走出房门，家里人竟然没有认出来，再走出家门，乡里人也没有认出来。在确定自己的装扮不会露出破绽之后，祝英台将自己的决定禀告父亲，踏上了东去峄山的求学之路。

其二，柳荫相逢。"时值暮春，景物鲜明，从者负笈过吴桥数十里柳荫暂驻，不约而会邹邑西居梁大公之子，名山伯，动问契合，同诣峄山先生授业。"当时正值暮春时节，风和日丽，鸟语花香，空气清新，景色优美。心情格外舒畅的祝英台在书童的陪伴下，离开家乡，沿古泗河西岸（当时古泗河河道与今泗河不同，九曲村位于泗河西岸）一路南行。在行至马坡时，泗河一分为二，一支向西南流，称为越河，另一支向东南流，仍称为泗河。在越河、泗河之上建有两座木桥，分别为大吴桥和小吴桥。祝英台一行继续沿越河西岸南行，相继穿过大、小吴桥之后，又行走了数十里，来到一片绿柳浓荫之下（今马坡镇黄桥村），在此驻足休息。美丽的邂逅在此发生，凄美的故事自此拉开帷幕。

不一会儿的工夫，柳荫之下又来了一位青年，只见此人一副书生打扮，身着长袍，头戴纶巾，身背书箱，英俊潇洒，风度翩翩。祝英台仔细问来，得知青年家居邹邑城西（今微山县两城镇薄梁村），名为梁山伯，也是到峄山求学。真是无巧不成书，相邻的家乡，相仿的年龄，相同的目的，使得两人有着太多的共同语言。二人你问我答，情投意合，遂决定边聊边走，一同赴峄山拜师求学。不过，令梁山伯意想不到的是，眼前的这位俊美少年却是女儿之身；更令梁山伯意想不到的是，自二人相互对视的那一刻起，自己的俊秀仪表就已深深打动这位少女的芳心，至纯至真的情愫开始在这位少女的心底渐渐蔓延。

其三，同窗三载。"昼则同窗，夜则同寝，三年衣不解，可谓笃信好学者。"峄山位于今济宁邹城市东南 10 千米处，传为女娲补天时所剩彩石堆积而成，因"峄石万迭，络绎如丝"而得名。峄山之上，怪石堆垒，孔窍幽邃，泉涌云间，峰插天表，古木苍郁。至圣先师孔子曾登临峄山，发出了"登东山（峄山的别名）而小鲁"的感叹。在这环境奇美的山水之间，梁山伯、祝英台共同度过了三年的美好时光，白天一起在窗下刻苦学习，晚上一起在床上睡觉，二人寸步不离，如胶似漆，从而结下了深厚的情谊。由于祝英台就寝时均为和衣而睡，所以智商颇高而情商不敢令人恭维的梁山伯始终没有发现其中的奥秘。因此，两人之间的情谊，在梁山伯的眼中，是一种志同道合、心心相印的兄弟之谊，对于祝英台而言，却是一直埋藏在心底的、少女对男子的倾慕之情。

其四，十八相送。"一日，英台思旷定省，言告归宁。"转眼之间，三年时间过去了。毕竟是一名女子，离家时间愈久，对父母的思念之情愈深。当梁山伯听闻祝英台要回家省亲的消息时，一时竟有些瞠目结舌。1000多个日日夜夜的厮守，已经让梁山伯习惯了这样温馨幸福的日子，而此时突然地分离，着实令他无所适从，竟情不自禁地流下了伤心的泪水。而对于感情细腻的祝英台来说，又何尝不是这样呢？在祝英台回家的那天，梁山伯说要送她一段路程，谁知不送则已，一送就送出了十八里之外（今济宁邹城市石墙镇附近）。离别的时候终于到来了，两人依依惜别，恋恋不舍，谁都不清楚下一次重逢将是何月何年。

其五，再次相会。"倏经半载，山伯亦如英台之请，往拜其门。英台速整女仪出见，有类木兰将军者。"倏忽之间，半年又过去了，在峄山继续学习的梁山伯每天都在思念祝英台，却始终没有等到她再次出现的身影，而是等到了她来家做客的邀请。异常兴奋的梁山伯当即拜别先生，收拾行囊，马不停蹄地赶到了祝英台的家中。令梁山伯大跌眼镜的是，迎接他的不是某日那个衣冠楚楚的书生，而是一位亭亭玉立的美丽少女，其潇洒的风姿犹如当年替父从军的花木兰。就在这一瞬之间，一幕幕往事在他的脑海中不断闪现，而自己对祝英台的兄弟之谊也在此刻化为深深的爱慕之情。然而，这一切似乎来得太迟了，因为就在几个月之前，祝英台已被许配给了邻村的马文才，实乃造化弄人也。

其六，生死相随。"山伯别来不一载，疾终于家，葬于吴桥迤东。西庄富室马郎亲迎至期，英台苦思：山伯君子，吾尝心许为婚，并无父母之命，媒妁之言，以成室家之好。更适他姓，是异初心也。与其忘初而爱生，孰若舍生而取义，悲伤而死。少阒，愁烟满室，飞鸟哀鸣，闻者惊骇。马郎旋车空归。乡党士夫，谓其令节，从葬山伯之墓，以遂前之愿，天理人情之正也。"

与祝英台的再次分别，却成为两人的永别。失魂落魄的梁山伯回到家中之后，因苦苦思念祝英台，竟然相思成疾，一病不起，不到一年光景，便永远地离开了人世。按照梁山伯的生前遗愿，家人们将其葬于大吴桥东，这里曾是祝英台求学的必经之地，也将是马文才迎亲时的必经之路，痴情不渝的梁山伯希望自己死后还能在此遇到祝英台的身影。

苦苦思念的不仅梁山伯一人，还有另外一个痴情种祝英台。柳荫之下的一见钟情，峄山之上的相濡以沫，闺房之中的独自守候，让祝英台的芳心早已许给那位仪表不凡的英俊少年，只是没有父母之命、媒妁之言而已。若要自己抛弃这份纯真的感情改嫁他人，这是一直恪守"从一而终"理念的祝英台万万不能接受的，而如今许配给西庄（位于古泗河东岸，今马坡镇马坡村北 2 千米处，马氏后裔后来迁居马坡村）马家的父母之命又不可违。该何去何从？唯有舍生而取义！于是，就在梁山伯死后不久，在马家迎亲的当天，忠贞不渝的祝英台在思念、悲伤、痛苦之中殉情而死。少顷之间，愁烟满室，飞鸟哀鸣，闻者惊骇。然而，对于马家而言，却是相当的无辜，原本欢天喜地的一件喜事，如今却变成了一件哀伤恸人的丧事，只好掉转车头，悻悻而回。

不过，祝英台的忠贞之举还是感动了乡里众人，按照祝英台的生前遗愿，人们将其从葬于梁山伯墓中。生前虽不能同屋而住，死后却可同穴而居。从此之后，梁山伯与祝英台的躯体便相偎相依，永不分离。而他们的灵魂则化作两只彩色的蝴蝶，在泗河之畔翩翩起舞，比翼双飞，相伴相随，不离不弃。

问世间情为何物，直教人生死相许。看人间多少故事，最销魂梁祝化蝶。

有歌唱道："碧草青青花盛开，彩蝶双双久徘徊。千古传颂深深爱，山伯永恋祝英台。同窗共读整三载，促膝并肩两无猜，十八相送情切切，谁知一别在楼台。楼台一别恨如海，泪染双翅，身化彩蝶，翩翩花丛来。历尽磨难真情在，天长地久不分开……"

十　沭河

在沂河东侧，有一条长达 300 千米的大河与之并驾齐驱，并行南流，这条与沂河并称为"姐妹河"的河流，名字叫作沭河。

　　沭河，古称沭水，又作术水。许慎在《说文解字·行部》中对"术"字进行如下解释："术，邑中道也。"（"术"的本意为"城邑之中的道路"）春秋时期，在我国东部地区有一条交通要道，北起齐国都城临淄，南至徐国（今江苏省泗洪县附近）。这条贯穿南北的交通大道便可称之为术道，而傍于术道一侧、与术道平行南下的大河便被称为术水。后来，人们又在"术"字旁边加上"氵"，合为"沭"字，用来专指这条河流，遂有沭水之名。

　　沭河发源于沂水县北部有"小泰山"美誉的沂山南麓，经临沂几个县区之后，进入江苏境内，最终注入黄海。在沂山主峰东南侧，有一座山丘，名为大岘山。山下有一条小河，名为马站河，古称岘水，蜿蜒东南流，最后注入沭河；山上，春秋战国时期曾矗立着一座雄关，名为穆陵关。此关位于齐国南疆边陲，地处崇山峻岭之间，有"齐南天险"之称。它东连沧海，西接泰岱，北走临淄，南控徐淮，是齐长城沿线上最古老、最雄伟、最重要的一座关隘，有"一夫当关，万夫莫开"之险，是当时名副其实的天下第一雄关。相传，周穆王姬满巡游行至大岘山，其爱妃盛姬患病而逝，遂葬于山上，故此山又被命名为穆陵山，而位于山上的险关便因之名为穆陵关。

　　沭河自源头出发，流经沂水县之后，进入莒县境内。沭河在莒县境内的流域面积占全县面积的88%，是莒县名副其实的母亲河。千百年来，正是源自沭河的滋润，才孕育出了源远流长、光辉灿烂，堪与齐鲁文化相媲美的莒文化。

　　早在几十万前的旧石器时代，就有原始先民在这里生息繁衍。到4800多年前的大汶口文化晚期，生活在这里的古人们，用他们勤劳的双手和高超的智慧，创造了光辉灿烂的先莒文明。他们以鸟为图腾，对鸟顶礼膜拜，他们构木为巢，以鸟名官，并依据鸟的形状制作出许多精美的陶器，其中最为著名、最具特色的当是封口白陶鬶①。与其他地区的白陶鬶相比，这一陶鬶的特别之处在于，其向上斜伸、如鸟喙状的口部进行了封口处理，而且在封口之上还饰有很多筛眼，这样既可以透气通风，又能防止灰尘进入，还可起到较好的过滤作用，这种独特的设计颇为科学，在同

———————————

　　① 鬶，一种炊、饮两用的陶制器具，有三足支撑，有柄有嘴，用来烧水、煮汤、温酒。

期文化中仅此一例。更令人叹为观止的是，在许多精制陶器的表面，竟刻有一些工整严谨、苍劲有力的图像文字，这是迄今所见中国最早的文字，是现代汉字的雏形，比甲骨文还要早 1500 余年。到 4000 多年前的龙山文化时期，在此生活的先人们已经掌握了极为熟练的制陶技艺，能够制作出"黑如漆、亮如镜、薄如纸、硬如瓷"的蛋壳黑陶。除制作陶器外，人们还将石头打磨成精良的石器，用以种植作物，捕鱼狩猎。夏商时期，人们已经能够制造出种类繁多、造型丰富、质量上乘的青铜器。

西周初年，周武王姬发分封天下，封少昊之后裔兹舆期于莒，兹舆期便成为莒国之始祖。相对于齐、鲁、燕、魏等诸强而言，莒国为偏隅东方的一个小国，然而却在政治外交方面异常活跃，曾多次参与列国间的会盟和战争，并鲸吞不少周围的小国。尤为值得一提的是，莒国曾是其他国家公侯将相理想的避难之所，这主要归功于其牢不可摧的都城。莒国故城东临沭水，"旧城有三重，皆崇峻，子城方十二里，内城周二十里，外郭周四十里"（清·顾祖禹：《读史方舆纪要》），是当时面积最大、最为规整、最为牢固的都城，以易守难攻而闻名于世[1]，故而来此寻求庇护的人络绎不绝[2]，其中最为著名的当是齐国公子小白。

周庄王元年（前 698 年），小白的哥哥齐襄公诸儿即位，他荒淫无度（竟与自己的亲妹妹乱伦），昏庸残暴，以致国政大乱。因担心遭到哥哥迫害，公子纠在管仲的护送下逃至母亲的故乡鲁国，而公子小白则在鲍叔牙的保护下逃至莒国。齐襄公十二年（前 686 年），公孙无知弑杀堂兄齐襄公并取而代之，仅在一年之后就被人袭杀。得到消息的公子纠和小白遂启程回国争夺国君之位。因恐小白先到，管仲快马加鞭，守在术道旁边伏击小白，并一箭射中小白。幸运的是，此箭并未射中要害，仅射中腰间皮带上的铜钩。急中生智的小白害怕管仲再来一箭，惨叫一声，口吐鲜血，佯装倒地而亡，成功骗过管仲，并赶在公子纠之前到达齐国，登上国君之位，是为齐桓公。为报一箭之仇，齐桓公发兵征讨鲁国，胆小懦弱的鲁庄

---

① 据《战国策·齐策六》记载："周赧王三十一年，即前 284 年，燕将乐毅伐齐，取七十余城，唯莒、即墨不下。"

② 据史料记载：鲁庄公八年，即前 686 年，齐公子小白奔莒；鲁庄公十年，即前 684 年，齐师灭谭，谭子奔莒，并终老于莒；鲁湣公二年，即前 660 年，鲁公子庆父奔莒；鲁襄公二十五年，即前 548 年，齐王何奔莒……

公为求自保，杀死公子纠，并将管仲囚禁起来，欲献给齐国。在鲍叔牙的建议下，齐桓公不计前嫌，从鲁国索回管仲并拜其为相。一次，齐桓公举行盛大的寿宴，酒至正酣之时，微有醉意的齐桓公发现鲍叔牙还未向自己敬酒，显得有些不悦，曰："何不起为寿？"鲍叔牙遂奉杯而进曰："使公毋忘出奔在于莒也，使管仲毋忘束缚而在于鲁也。"① 豁达开明的齐桓公非但没有生气，反而虚心地接受了鲍叔牙的建议，于是君臣同心，励精图治，奋发图强，终成一代霸业。

莒国非但都城固若金汤，其治下城邑也颇为坚固。在莒国北部有一座城邑，名为且于②。齐庄公四年（前550年），齐庄公为报五年前平阴战役之仇，亲率大军远征晋国，不料铩羽而归。为挽回一些颜面，齐庄公没有直接返回国都临淄，转而攻打晋国的盟国莒国。怎料，在且于城下，齐军雪上加霜，又吃了一场败仗，而且损失了一位名叫杞梁的大将，被迫与莒国议和。当灰心丧气的齐庄公率领残兵败将沿术道返回至临淄郊外的时候，遇到了前来迎柩的杞梁之妻。为了方便起见，齐庄公决定就地吊祭，这一不合礼仪之举遭到了杞梁妻的严词拒绝。齐庄公无奈之下，只得答应杞梁妻的要求，亲自到其家中吊唁。为了悼念亡夫，悲痛欲绝的杞梁妻跑到丈夫战死的且于城下，号啕大哭十日，城墙为之塌崩。这一故事后来几经演变，成为一则家喻户晓的民间故事——孟姜女哭长城。

沭河出莒县之后，流经莒南、临沂、临沭等地区，进入郯城境内。在郯城县城东约10千米处的沭河西岸，有一座南北走向的山脉，因其状如奔马而得名马陵山，战国时期著名的马陵之战就发生在这里，战役的主人公有两个：一是齐国人氏，参谋孙膑；一是魏国人氏，大将庞涓。

青年时期，孙、庞二人同拜于鬼谷子门下学习兵法，情谊甚笃。学艺几年之后，庞涓得到魏国招贤纳士的消息，率先出山，很快便当上了魏国大将，而孙膑继续留在山中潜心修习《孙子兵法》十三篇（因庞涓为人

---

① 语出《吕氏春秋·直谏》。成语"毋忘在莒"即源于此，比喻不忘本，不忘记曾经的艰苦岁月。

② "且"通"雎"，即《诗经》"关关雎鸠，在河之洲"之"雎"，故且于是一座以鸟命名的城邑。

奸诈，故鬼谷子对其秘而不授）。因念兄弟之情，已经功成名就的庞涓向魏惠王举荐了孙膑，不久之后却发现孙膑的才干早已远远超过自己。心胸极度狭隘的庞涓可没有鲍叔牙的高尚情操，非常担心孙膑会取代自己的位置，遂设计冤案，以"私通齐使，叛魏投齐"的罪名诬告孙膑谋反，将其两个膝盖骨（"膑"）剜下，囚至大牢，并命令孙膑在狱中抄写那部自己垂涎已久的《孙子兵法》。而受尽耻辱的孙膑则装疯卖傻，啼笑无常，屎尿不忌，令庞涓信以为真。趁庞涓疏忽大意之时，齐国派使者前来魏国，将孙膑解救至齐国，对其礼遇有加。

周显王十五年（前354年），为争夺霸权，魏惠王派庞涓率领魏军进攻赵国，围困赵都邯郸（今河北邯郸）一年有余。生死存亡之际，赵国只好向齐国求救。齐威王派田忌为将，孙膑为军师，率兵八万救赵。田忌依孙膑"围魏救赵"之计，将齐军兵分两路，一路攻击魏国本土，迫使魏军回师自救；一路设伏于魏军撤兵必经之地桂陵（今河南长垣西北），截击魏军。结果，庞涓果然班师回救，在桂陵陷入十面埋伏，大败而归。

周显王二十八年（前341年），元气恢复的魏国再次发动战争，魏惠王命太子魏申担任司令，令庞涓为军师，率军征伐韩国。韩国告急，也向齐国求救。齐威王仍派田忌、孙膑率兵救援，仍然采用"围魏救赵"之计策，直奔魏国军事重镇大梁（今河南开封）。大后方失火，魏军只能再次班师回救，一切都同十几年前如出一辙。不过，孙膑考虑到庞涓会汲取上次失利的惨痛教训，一定会在撤军途中提高警惕，故而没有下令在魏军撤退之路设下埋伏，而是采用另外一则计谋——佯装撤退，日减己灶（齐军入魏地为十万灶，明日为五万灶，又明日为三万灶），故作怯懦，令其骄横，诱敌深入，围而歼之。当庞涓率军追了三天，见齐军火灶已减大半，不禁心花怒放——齐军，不过是一群胆小如鼠之辈。孙膑，上次只是侥幸赢我而已。这次，我要一雪前耻，追而灭之！俗话说"好了伤疤忘了痛"，用来形容此时的庞涓是再合适不过了。然而，骄气十足的庞涓并不知道，这次他留下的不是伤疤，而是自己的性命。为加快速度，歼敌心切的庞涓丢下步军，只率轻兵锐卒追赶齐军，最后来到了马陵山下的一条古道，名为马陵道。此道地处马陵山深处，两侧悬崖绝壁，中间一道峡谷，谷道狭窄弯曲，只见其首，不见其尾，形如八卦阵图，这里便是孙膑为庞涓精心选择的坟墓。古道旁边有一棵大树，树皮已被削去，只露白木，上书一列文字。不过，此时正值天黑时分，文字不甚清晰，庞涓遂立刻令人点火查看。当"庞涓死于此树之下"几个大字映入眼帘的时候，庞涓不由得倒吸了几口凉气，心中暗叫不好，欲下令赶紧撤退。可是，一切皆已晚矣。但见万弩齐发，魏军大乱，死伤者不计其数，而庞涓自知智穷兵败，乃自刎而死。自此之后，孙膑名显天下，并留有兵法流传于世。

在郯城县城东、沭河西岸，还有一座高 6 米、周长 80 米的坟墓，名为孝妇冢，长眠于此的是一位以孝闻名的普通妇女。相传，西汉时期，在东海郡（辖山东临沂南部及江苏省北部，郡治在郯县，即今郯城）郯县有一位名为周青的女子，婚后不久就失去了丈夫。为了奉养年迈的婆婆，孝顺善良的周青发誓不再改嫁，对婆婆进行无微不至的照料，十几年如一日。孝妇周青的所作所为令婆婆既感动又内疚，为了不再耽误儿媳妇的大好青春，仁慈善良的婆婆竟毅然决然地选择了上吊自杀。噩耗传来，不知内情的小姑子将大嫂告上官府，在严刑逼供之下，孝妇只得屈打成招。当时，一位名唤于公（西汉宰相于定国之父）的狱吏因感孝妇冤屈，为其陈词辩护，要求重新审查，却遭到郡守的严词拒绝，愤而弃官离职。

行刑当天，蒙受不白之冤的孝妇提出了一个请求，要在囚车之上竖一根长达十丈、悬挂五色彩旗的竹竿，并当众发誓道："青若有罪，愿杀，血当顺下；青若枉死，血当逆流。"（东晋·干宝：《搜神记·东海孝妇》）行刑之后，果见孝妇之鲜血倒流旗杆。孝妇死后，东海郡竟大旱三年。呜呼，实乃千古奇冤也！

三年之后，东海郡迎来了一位新郡守。对孝妇之死一直耿耿于怀的于公再次为孝妇鸣冤，要求重审此案。一向秉公执法的新郡守对孝妇之事早有耳闻，立刻重审此案，终使案情水落石出。之后，郡守亲自到孝妇墓前祭奠，并立石刻碑，以表彰其至孝之德行。顿时，大雨倾盆而下，孝妇三年沉冤终得昭雪。1300 多年后，元代杂剧奠基人、"元曲四大家"之首关汉卿依据东海孝妇的故事，写成了一部感天动地、流传百世的千古绝唱之作——《窦娥冤》。

有诗赞曰："沭河头枕穆陵关，蜿蜒南流万重山。古莒文化渊源长，堪与齐鲁试比肩。孙膑施计诱魏军，庞涓被斩马陵山。三年大旱血倒流，孝妇胜似窦娥冤。"

十一　潍水之战

潍河，古称潍水，其最早记载见于《尚书·禹贡》。这条古老的河流，发源于沂水县富官庄乡宋家箕山（笔者的家乡），流经临沂、日照、潍坊3市10个县（市、区），至昌邑市下营镇注入渤海，干流总长246千米，其中在潍坊境内有164千米。作为潍坊市最长、最大的河流，潍河被誉为"潍坊的母亲河"，潍坊之名亦因此河而得。悠悠潍河，纵贯潍坊中东部，滋润着潍坊大地，养育了一代代潍坊人民，孕育了辉煌灿烂的历史文化。不过，真正令潍河声名鹊起、闻名古今的却是2200多年前发生于此的一场战役，这就是著名的潍水之战。

公元前206年，短暂的秦王朝在一片杀声中覆灭，取而代之的是比它更短暂的王国——西楚王国，其创始人同时又是终结者，就是大名鼎鼎的西楚霸王项羽。西楚王国建立之后，踌躇满志的项羽决定分封诸王，分封对象为六国贵族、秦降将和有功将士等18人。然而，分封诸王这样严肃的事情，项羽竟然仅凭个人喜恶和意志进行，全然不顾及当事人的感受，从而为随即到来的战争埋下了伏笔。因忌恨刘邦比自己先入咸阳，将灭掉秦朝这一盖世荣誉夺走，项羽封刘邦为汉王，将其驱逐至蛮荒之地南郑（今陕西汉中）。原齐国贵胄田都、田安因率军随项羽西征入关灭秦，分别被封为新齐王、济北王，而旧齐王田福却被逐出国都临淄，贬到偏僻的即墨（今山东平度）当胶东王。这种不公平、不合理的分封方式注定会引起怨恨，引发战争。没想到，战争来得竟是如此之快。

西楚王国仅过了两个月后，战争即重新爆发。旧齐王田福的宰相田荣心胸较为狭隘，因对分封不满，首先举起反楚的大旗。在相继驱走田都，杀掉田福、田安之后，自称齐王。消息传来，项羽很生气，后果很严重。于是，项羽挥师北上，将田荣消灭。田荣之弟田横遂立田荣之子田广为齐王，自任为相，重新集结兵力，与项羽展开捉迷藏式的游击战。

就在楚齐两军打得不亦乐乎的时候，远在南郑而且心情有些郁闷的刘邦就有些坐不住了，由于楚军滞留齐地，后防极为空虚，这为汉军攻楚提供了一个绝佳的作战时机。对于这样一个稍纵即逝的宝贵机会，老谋深算的刘邦当然不会错过。于是，一路汉军由刘邦亲自率领，悄悄从南郑出发，明修栈道，暗度陈仓，以迅雷不及掩耳之势一举攻下项羽的后方根据地彭城（西楚王国都城，今江苏徐州）。得知自己的老巢被端掉，项羽又惊又怒，立即放弃田横，率军南下，给予汉军一次又一次痛击。汉军屡战屡败，屡败屡战。

与此路汉军的悲惨情形形成鲜明对比的是，另一路由韩信率领的汉军却势如破竹，屡战屡捷，所到之处，所向披靡。在短短一年多里，韩信即完成了破魏、灭代、平赵、降燕的卓越功绩，下一个目标就是齐国了。

韩信在中原一带连战连捷，刘邦喜忧参半，喜的是韩信不愧为一代将才，足可助自己平定天下，忧的是韩信功高盖主，会削弱自己的权威。于是，刘邦命郦食其作为使者去齐都临淄招降。郦食其不辱使命，凭借着自己的三寸不烂之舌，成功说服齐国归降。闻听郦食其已说齐成功，韩信欲移师南下，与刘邦夹击楚军。此时，谋士蒯通建言道：“郦食其乃一介儒生，仅凭三寸之舌，即下齐国 70 余城，而将军带兵数万，转战年余，才得平赵 50 余城。将军为将数年，反不如一竖儒之功乎？何不乘齐不备，长驱直入，扫平齐境，将所有功绩归属将军？”韩信深以为然，随即下令攻打齐国，毫无守备的齐军一击即溃，落荒而逃。又惊又怒的田广、田横令人将郦食其抛入鼎沸的油锅之中，以解心头之恨。怒火发泄完毕之后，田广感觉齐都是守不住了，跑吧。

于是，田广留田横断后，自己率领一路军队先跑，越过潍河，逃至东岸的高密（今山东高密西南）。韩信不费吹灰之力即打败田横，夺取临淄，提兵东进追击田广，追至潍河东岸。如丧家之犬一般的田广深知仅凭一己之力根本不是韩信的对手，只好将自己的颜面丢在垃圾桶里，向昔日的敌人项羽求救。田广用自己的行为再一次向人们诠释了那个亘古不变的道理——没有永恒的朋友，没有永恒的敌人，只有永恒的利益。

为了牵制韩信军队，避免出现两路汉军夹击的不利局面，项羽派大将龙且率领 20 万大军北上救齐。公元前 203 年冬，楚军进入齐境，将楚军指挥部设于高密，营盘绵延数十里，与仅有 3 万人的韩信军队隔河对峙。从军队人数来看，楚军数倍于汉军，占有绝对优势。另外，汉兵远客齐地，无城可依，无粮无食，不出旬月，楚军可不战自破。种种迹象表明，这是一场没有任何悬念的战役。然而，事实证明，这是一场极富悬念的战役，因为龙且，因为韩信，因为潍河。

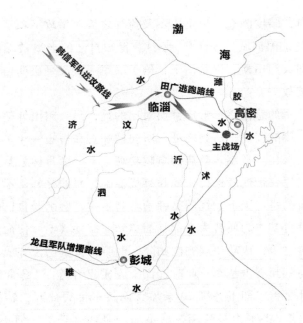

图 3—1　潍水之战示意图

　　"不战而屈人之兵"，乃兵家最高境界，这也是龙且的谋士们所献的计策。可是，龙且并未采纳，而是主张速战速决，因为他有自己的算盘。其一，"不战屈人"之策虽好，然而耗时较长。此时，南方的项羽部队被抽调了 20 万人后，战事有些吃紧。故龙且认为，当下更宜速战速决，以回南线支援。其二，"不战屈兵"之策虽好，但并不会带来多少实惠。若不与韩信交战，即使韩信粮尽乞降，自己也不会立下赫赫战功，而且对齐国也不会起到很强的震慑作用。其三，龙且对韩信并没有放在眼里。自己身为楚国大将，擅长野战，战功显赫，在指挥能力方面绝不逊于韩信，更何况自己兵力数倍于汉军。韩信，你纵使有天大的本领，这次也插翅难飞。信心满满的龙且向韩信投递了战书。

　　接到战书的韩信忧心忡忡。他素闻龙且是个狠角色，深晓己方兵力处于严重劣势，也深知粮草缺乏已不允许军队继续对峙下去，可是如何攻克强敌，自己竟是束手无策。一筹莫展的韩信走出营帐，来到潍河岸边，沿着大堤踱步向南，一路上沉默不语，满脸愁云，思绪万千。蓦然之间，一道狭窄的土坝（位于今诸城城北 25 千米处，今称韩信坝）映入眼帘，韩信紧皱的眉头渐渐舒展，嘴角露出了一丝微笑，因为此刻一个计谋已涌上心头。龙且，这里将成为你的坟墓。

在决战的前天晚上，韩信向军士们下了一道命令，将布囊中的干粮倒掉。军士们大为不解，甚是疑惑。原来，韩信要用这些布囊装沙，在潍河上游修筑一条大坝，截住水流，水淹楚军。精彩的一幕，即将上演。

决战当天，韩信亲自率领军队从潍河下游蹚水过河（因上游河水被堵，下游河水较浅），进攻楚军。龙且大喜，终于可以痛痛快快地打一仗了。令龙且更喜的是，韩信竟然犯了兵家大忌，将军队置于"半渡而击"的危险境地。韩信，你自寻死路，可别怪我龙且心狠啊。于是，龙且亲自率领楚军，攻击正在半渡的汉军，果然汉军不堪一击，纷纷溃逃。龙且更为得意——韩信，你连"半渡而击"这点最基本的军事知识都不懂，不过一介匹夫，真是徒有虚名。随即，龙且下令渡河追击，痛打落水狗，胜利似乎近在咫尺。然而，得意的龙且有些忘乎所以，竟没有发现自己似乎犯了跟韩信同样的错误，已然将楚军陷入了"半渡而击"的致命险境之中，而迎接他们的将是一场可怕的梦魇。

正值楚军半渡之际，忽然传来一阵轰鸣之声，但见决堤之水如万马奔腾，奔泻而下。河中的楚军立刻被汹涌而至的洪水冲得不见踪影，东岸未过河的楚军只能望河兴叹，西岸已过河的楚军却陷入了十面埋伏，被杀得片甲不留，龙且亦被乱箭射杀，英勇捐躯，为自己的骄横和冲动付出了生命的代价。

汉军半渡，佯败而退，引诱楚军半渡，进而淹之歼之，这就是韩信的破敌之术，也是此役的精华所在。

兵者，诡道也！

在中国历史上，潍水之战是一场以少胜多、以弱胜强的经典战役，更是楚汉战争时期一场具有重大历史转折意义的战役。自此之后，楚汉力量对比发生了根本性变化，楚军因失去了仅有的一支生力军，被迫转向完全被动的战略防御状态，而掌握战争主动权的汉军开始全面反攻，并实现了对楚军的战略包围，最终逼项羽于乌江自刎。公元前 202 年 12 月，仅有 5 年历史的西楚王国，如昙花一现，骤然覆灭。

如今，20 多个世纪过去了，潍水之战的硝烟早已烟消云散。然而，散落在潍河两岸的众多遗迹（如韩信坝、龙且冢等）、流传在潍河流域的许多故事传说、静静流淌在潍坊大地上的潍河之水，都在继续向人们讲述着那场经典的战争传奇。

十二　孟姜女哭长城

孟姜女哭长城，是中国四大民间传说之一，是一个流传千古、家喻户晓的凄美爱情传说，并以口述、戏剧、歌谣、诗文、说唱等形式广为传播。其故事梗概大致如下：

据说秦朝时一户姓孟的员外在墙脚下种了一株葫芦，没想到葫芦藤越长越盛，顺墙爬到邻居姜家，并在墙头上结了一颗葫芦瓜。在孟、姜两家的精心培育下，葫芦瓜熟蒂落，结果从里面蹦出一个白白胖胖的可爱小姑娘，老来得女的孟员外喜不自禁，为其取名孟姜女。

一晃十几年过去了，孟姜女出落成远近闻名的美丽少女，前来提亲的人络绎不绝，其中不乏达官贵族，但是均遭到孟员外的回绝。一天，一位衣衫褴褛却相貌堂堂的落魄书生范喜良，为了逃避官府抓捕（服徭役修筑长城），躲进了孟家的后花园，恰好遇到在此玩耍的孟姜女。两人一见钟情，遂在得到孟员外夫妇的同意之后，结为连理。

然而，就在小两口成亲的第三天，得到消息的官兵赶至孟府，将尚处新婚宴尔之中的范喜良强行抓走，遣至千里之外修筑长城，留下孟姜女在家独守空房，日夜思念，翘首企盼。转眼之间，几个月过去了，寒冬即将来临，范喜良却始终杳无音信，而孟姜女对丈夫的挂念更是日甚一日，成天寝食难安。于是，忧心如焚的孟姜女决定告别父母，带上为丈夫亲手缝制的棉衣，千里迢迢，寻找夫君。

一路翻山越岭，跋山涉水，孟姜女终于赶到长城脚下，没有寻见丈夫的踪影，却得到了一个犹如五雷轰顶的消息——范喜良已然累死，埋藏在这城墙之下！孟姜女顿觉天旋地转，撕心裂肺，悲痛欲绝，号啕大哭，只哭得日月无光，天昏地暗，只哭得寒风悲号，海水扬波。刹那之间，城墙天崩地裂，露出一堆堆白骨。却见孟姜女咬破手指，她要用自己的鲜血来辨认丈夫的尸骨。当鲜血沁入一具尸骨的那一刻，孟姜女已是肝胆欲裂，痛不欲生！

就在此时，长城脚下来了一队人马，走在队伍最前面的衣冠楚楚的男子正是残忍无度的暴君秦始皇。前来巡城的秦始皇闻听有人哭倒长城，火冒三丈，暴跳如雷，誓将此人碎尸万段。然而，当生性好色的秦始皇看到这位哭倒长城的人却是一位眉清目秀、如花似玉的年轻女子的时候，顿时改变了主意，欲将其纳为己有，立其为妃。已欲哭无泪的孟姜女假意答应了秦始皇的要求，但是需要秦始皇满足自己的三个请求：你要为我丈夫立碑、修坟；你要为我丈夫披麻戴孝；我要逛三天大海。原来，她要借秦始皇之手帮助自己料理丈夫的后事，还有自己的后事。眼看就要抱得美人归的秦始皇在讨价还价无果之后（第二项请求确实有些没面子），最终答应了孟姜女的请求。在范喜良的后事料理完毕之后，满心欢喜的秦始皇陪同孟姜女到海边巡游。看着波涛汹涌的海水，心如止水的孟姜女向长城投去最后一瞥，纵身跃入大海，划出一条优美的曲线……

千百年来，孟姜女的故事被世世代代传诵着、吟唱着。殊不知，这一具有两千多年历史的经典爱情传说在其流传过程中，却经历了一个颇为曲折、漫长的演变过程，涉及故事的发生时间、地点、人物、情节等各个方面。

据著名历史学家顾颉刚考证，孟姜女的故事最早起源于春秋时期《左传》中的一则记载。周灵王二十二年（齐庄公四年，前550年），齐庄公为报五年前平阴战役之仇，远征晋国，却兵败而归。心有不甘的齐庄公不想就此返回国都临淄（因位于淄水之畔，故名），转而攻打晋国的盟国莒国，想借此挽回一些颜面。不料，在且于（今莒县境内）城下，齐军遭遇莒国人的顽强抵抗，并且损失了一位名叫杞梁的大将，只得与莒国议和。当垂头丧气的齐庄公率领残兵败将返回至临淄郊外的时候，遇到了前来迎柩的杞梁之妻。为了省事起见，齐庄公决定就地吊唁，然而杞梁妻虽为妇人，却是一位知礼晓节的女子，自己的丈夫为国捐躯，绝对不应受到如此礼遇，齐庄公无奈之下，只得答应杞梁妻的要求，到其家中吊唁。在这则真实的历史记载中，故事的男主人公名为杞梁，女主人公还尚无姓名，故事情节还较为简单。

200年之后，战国中期的《礼记·檀弓》中记载了一则关于鲁国人黄尚在半路上接受鲁哀公吊唁的故事。对此，孔子的得意门生曾子评论道："黄尚不如杞梁之妻之知礼也。"然后，曾子又对《左传》中的上述故事进行了复述："齐庄公袭莒于夺，杞梁死焉，其妻迎其柩于路而哭之哀……"相较而言，曾子的叙述与《左传》中的记载虽故事情节大致相同，但是增加了"哭之哀"的内容，而这一改变却具有里程碑式的意义。自此之后，"哭夫"就成为这一故事的核心。

在稍后的《孟子》一书中，齐国著名学者淳于凭曾言："杞梁之妻善哭其夫而变国俗。"真是不哭则已，一哭惊人，她哭出了腔调，哭出了风格，从而在全国范围内引领了一股时尚潮流，形成了齐国独具特色的哭文化，至今在山东淄博地区的许多农村仍可觅其踪迹。

西汉后期，著名儒家学者刘向撰写了一部名为《列女传》的传记，成为中国妇女传记写作的第一人。在此书中，刘向共收录了104位此前较有影响力的妇女，其中就包括杞梁之妻。其传记包括三部分，第一部分仍是对《左传》故事的重述。第二部分以当时的传说为依据，对上述故事进行了延续和扩充。"杞梁之妻……乃就其夫之尸于城下而哭之……十日，而城为之崩……遂赴淄水而死。"哀哭之甚，以致城崩，悲极之甚，投水自尽，此诚旷古之哀也，不禁令人扼腕痛惜。第三部分是一篇赞美杞梁之妻的颂词，颂曰："杞梁战死，其妻收丧。齐庄道吊，避不敢当。哭夫于城，城为之崩。自以无亲，赴淄而薨。"在刘向的叙述中，故事内容在深度和广度上得到了很大丰富，出现了"崩城"（哭崩的城为都城城墙）和"投水"（投河之处为临淄一带的淄水）两个重要情节。在其后600余年的演变过程中，故事的主要内容没有发生多少变化，只是被哭崩的都城存有差异，有齐城、杞城、莒城之说。直至盛唐时期，始出现了杞梁妻哭倒长城的记载，此长城非秦之长城，而为齐之长城①。

中唐时期，在一本名为《同贤记》的书中，记载了这样一则故事：秦朝时期，燕人杞良为了逃避修筑长城之劳役，躲入孟超家的后花园，恰巧遇见正在池中沐浴的女儿孟仲姿。按照封建礼俗，女子之玉体被一个男子窥见，便不能再嫁其他男人，于是孟仲姿上请父母，与杞良结为夫妇。夫妻礼毕之后，杞良继续回作所服役。主管长城修筑事宜的官员对其逃役行为非常生气，残忍地将其打死，埋于城墙之内。当孟仲姿得知丈夫死讯之后，心如刀绞，在长城下放声大哭。忽然，城墙崩塌，"死人白骨交

---

① 据《肥城县志》卷二《古迹志》载："（齐）长城：县北二十里，俗名长城岭……梁妻大哭之城。"

横，不能辨别，乃刺指血滴白骨，云：'若是杞良骨者，血可流入。'沥至良骸，血迳流入！便收归葬之"。相较于之前的传说而言，此则记载可谓翻天覆地，面目全非。故事的发生时间由春秋时期变为秦朝；故事的男主人公不再是齐国大将杞梁，而变成秦朝燕人杞良；女主人公不再只是杞梁之妻，而终于有了自己的名字孟仲姿；被哭倒的城不再是齐长城，而变成秦长城。以这则记载为标志，杞梁之妻的故事（可称之为"早期的孟姜女故事"）发生根本性的转折，真正演变为孟姜女的故事。此后，故事的演变均以此框架展开，在人物（如女主人公改名为孟姜女，男主人公有范杞良、范喜良、万喜良等多个名字，秦始皇成为男二号等）、情节（如葫芦生子、投海自尽等）等方面继续丰富，至明清时期最终成型，直至今日。

作为一个妇孺皆知的经典传说，孟姜女的故事不仅流传时间久远，而且传播区域极为广泛，遍布大江南北。目前，山东淄博、河北秦皇岛、江苏苏州和上海松江、湖南津市以及陕西铜川，被学术界认定为孟姜女故事的五大流传区域。不同地区的人们，结合当地独特的自然环境和人文风俗，对孟姜女的故事进行了不同形式的合理改造，使其呈现出极其浓郁的地域色彩。2006 年 6 月，山东淄博的《孟姜女传说》入选首批《国家级非物质文化遗产名录》。

在淄博市，有一条大河，名为淄河（又名淄水、淄川，淄博地区的许多城镇均以此河命名，如淄博、淄川、临淄等）。它发源于泰沂山脉及东南部的鲁山山脉，经博山、淄川、青州流入临淄，然后北去广饶，汇流小清河，最终注入渤海，全长 122 千米，几乎穿越了淄博南北，是淄博境内最长的一条河流，是淄博地区的母亲河。当淄河一路蜿蜒流至淄川区淄河镇时，一幅栩栩如生的景象跃然映现：山上，保存完好的齐长城绵延高岗；山下，宽阔平静的淄河缓缓流淌；村中，《十哭长城》的歌谣世代传唱……

这里，是孟姜女传说的起源地！这里，是孟姜女传说的故乡！

十三　孝妇河

在鲁中大地上有一座历史悠久、风光秀美的魅力城市，因其境内皆山，故称博山。博山不仅以山多闻名遐迩，更以深厚的文化底蕴著称于世，这里是中国孝文化的发源地之一，自古以来即被誉为"华夏孝乡"。它之所以享有如此美誉，缘于一个平凡的女子、一条普通的河流。这位女子便是以"孝"闻名的颜文姜，而这条河便是与文姜有莫大渊源的孝妇河。

　　孝妇河，又称孝水、笼水、陇水，发源于博山区岳庄东大崖顶西麓，自南而北穿过博山城区，经淄川、张店、周村、邹平、桓台之后，在博兴县境内汇入小清河。在孝妇河两岸，世代流传着颜文姜孝敬公婆、孝感天地的动人传说。

　　相传春秋时期，博山八陡村有一个名为颜文姜的女孩，她美丽聪慧、勤劳善良，自幼便与凤凰山下一户姓郭的人家订下娃娃亲。郭家虽非官宦之家，却也家境殷实，因而颜家上下对这桩婚事充满憧憬和期待。然而，天有不测风云，人有旦夕祸福。就在文姜 19 岁那年，一个噩耗传来——她的未婚夫婿突患重病，生命垂危。为了挽救奄奄一息的儿子，大字不识、笃信迷信的郭氏（文姜的准婆婆）只得病急乱投医，将所有的希望寄托在最后一件法宝上，那便是"冲喜"。在那个讲究父母之命、媒妁之言的年代，身为女儿之身的文姜只得选择默默顺从。于是，文姜怀着忐忑不安的心情，坐上了花轿，告别了家人，只身来到了几十里外的新家。而此刻，她心里并不知道，自己已然踏上了一条不归路，悲惨的命运从此拉开序幕。

　　无数鲜活的事例早已证明，迷信行为非但不会救人，反而会因耽误救治而加快病人死亡的步伐，这次郭家亦未幸免。"寅时娶进颜氏女，卯时死了郭家郎。"作为郭家心中的最后一根救命稻草，冲喜之举动并没有让郭郎的羸弱之躯起死回生。在文姜过门仅一个时辰之后，夫婿便撒手人寰，一命呜呼。他们或许还没有来得及记清彼此的模样，甚至还没有说上几句话，就已阴阳两相隔，永世不得见。

　　喜衣未解，便着丧服。婚礼刚毕，人即成单。这种凄惨无比的遭遇，于任何人身上，均是不可承受之痛。昨天还是一个对未来充满无限遐想的青春少女，今天就成为一个梦想被现实击得粉碎的乡野寡妇，一切来得如此突然，恍若一场噩梦。神情有些恍惚的文姜当然希望这只是一场梦，然而夫婿的灵柩、身上的丧服、心中的苦楚都在清楚地告诉她，这一切的一切都是真真实实的。毋庸置疑，在冲喜事件之中，最无辜的、最痛苦的人就是身体略显瘦弱的文姜。尽管如此，郭家人，尤其是郭氏，非但根本不去理会儿媳的感受，反而将儿子的死因完全转嫁给她。文姜从此便背上了"克夫"的罪名，成为婆婆眼中的"丧门星""扫帚星"。

"嫁出去的女儿，泼出去的水"，"生为郭家人，死为郭家鬼"。深受传统礼教观念影响的文姜，既没有选择回到娘家，也没有选择改嫁他人，而是毅然决然地选择了忠贞与坚守。她从夫婿手中接过家中重担的接力棒，上侍候年纪已长的公婆，下照看年龄尚幼的小姑，夙兴夜寐，日夜操劳，日复一日，年复一年。然而，所有的努力和付出都是徒劳之举，文姜的所作所为丝毫没有抚慰婆婆那颗饱尝失子之痛的受伤心灵，丝毫没有改变自己在婆婆心中的印象。婆婆因悲生恨，因恨生恶，刁难、虐待儿媳便成为这位老人日常生活中不可或缺的内容和乐趣。

当时，凤凰山水源奇缺，需要到30里以外的石马村挑水饮用。为了让婆婆喝上放心的甜水，文姜每日都会起早贪黑挑水，不管途有多远，路有多艰，无论三伏六月，还是数九寒天。而心理颇为扭曲的婆婆为了防止儿媳"偷懒"，竟煞费苦心地找人制作了一担尖底水桶。刻薄寡义至此，让人无言以对。面对婆婆的如此伎俩，贤良敦厚的文姜默默选择了逆来顺受，她将一肚子苦水咽下，毅然挑起水桶，依旧独自行走在漫漫长路上，即便身心疲惫不堪，也从未停止奔波的脚步。

一次，文姜在担水的路上遇到了一个骑马的老头，鹤发童颜，慈眉善目，求她赐水饮马。文姜二话没说，爽快地答应了老人的请求。不过，令老人有些不解的是，文姜执意用后一桶水饮马。细问之下，方才明白。原来，前桶之水是为公婆所用，而后桶之水乃为文姜所饮。文姜此举，为的是防止公婆所饮之水可能受到污染，以保证公婆饮水的卫生与安全。如此善举，遂使这位老人颇受感动。感动之余，老人决定赠予文姜一件礼物。这件礼物便是老人随身携带的马鞭，看似不太贵重，却具有神奇的作用。这位老人不是别人，正是天上的太白金星，而这条马鞭自然不是一条普通的鞭子。老人告知文姜，回去之后，将鞭子放在水瓮里，用水时只需向上轻轻一提，水便自来，多用多提，少用少提，但一定要以瓮满为限，否则后果不堪设想。文姜谨记老人的叮嘱，回家照做，果然灵验，而且水质清冽甘甜。

此后，文姜再也不必远道挑水，而家里却仍然甜水不断，这种奇怪的现象引起了婆婆的好奇和怀疑。诡计多端的婆婆遂又心生一计，假意准许文姜回娘家探望父母，将其支走，欲一探究竟。不过，整人成瘾的婆婆当然不会让文姜舒舒服服地回家，"今天去，明天来，七双袜子，八双鞋"便是此次省亲的代价。即便如此，一想到久别之后能够见上父母一面，文姜还是喜出望外，欣然接受了这一苛刻的条件。就在文姜前脚刚刚迈出婆家之后，她的房间里就溜进了两个鬼鬼祟祟的身影。她们东张西望，东翻西找，终于在水瓮里发现了秘密，并且将其中的马鞭狠狠地拽了出来，刹那间发出一声巨响，如山崩地裂，平地里喷出一股大水。

还未走出村子的文姜听到响声，立刻感到肯定有大事发生，遂马不停蹄地返回家中。赶至门口时，眼前的一幕让她目瞪口呆，只见房屋已经坍塌，大水喷射如柱，滚滚洪水泛滥成灾。而在洪水之中，有三个熟悉的身影在苦苦挣扎。缓过神来的文姜来不及多想，立刻冲上前去，左手拉起公公，右手拽着婆婆，用脚挑起小姑子，而将自己柔弱的身体坐于水瓮之上。一瞬间，一切又都归于平静。水停了，婆家三口得救了，而文姜则化作一尊千年不朽的雕塑。也许是感念她日夜劳作、侍奉公婆的至孝，也许是为了褒奖她挺身而出、义救公婆的举动，在她坐化成神的地方有一股甘泉汩汩流出，后人称之为灵泉，亦称之为孝泉，流淌不息的泉水汇聚成了一条河流，这便是孝妇河。

为了纪念这位平凡又伟大的女子，后世人民在凤凰山凤南麓特意为文姜修建了祠堂，是为颜文姜祠。祠堂始建于北周时期（557 年），更建于唐天宝元年（742 年），宋熙宁八年（1075 年）扩建，清康熙十一年（1672 年）增建，基本形成现在的规模。时至今日，每年农历七月初三（相传为颜文姜的生日），博山及其周边地区都会举办庙会，四面八方的商贾云集于此，前来进香供奉、祈祷许愿的百姓和香客络绎不绝，热闹非凡。颜文姜祠作为国内现存最早的一座由最高统治者褒封平民而营造的祭祀庙宇，赢得了 1400 多年来缭绕不绝的香火。

文姜孝感天地的传说千古流传，清澈逶迤的孝妇河水亦延流至今。源远流长的孝妇河水，以其甜美的乳汁和至孝的理念哺育和影响着一代又一代的孝乡人。继文姜之后，孝妇河畔又涌现出了数不胜数的孝子、孝女，宋代侍老不嫁的两位无名女子、明朝因孝为官的王让便是其中的典型代表。

　　明代正德年间，时任山东巡按御史（正县级）熊荣来到孝妇河边，凝神注视着缓缓北流的河水，仔细品味着孝妇文姜的感人故事，情不自禁地挥毫题写一篇咏诗，名为《题孝妇泉》，诗文如下：

　　"孝妇河名自古今，泉头一派更弘深。何当汲去为霖雨，洗尽人间不孝心。"

第四篇

泉水之淳

篇 序

杨柳依依明湖边，波涛阵阵趵突畔。
石激湍声成虎啸，雷震秦府化龙潭。
珍珠时时舞涟漪，泉林处处映斑斓。
清泉冽水甘若饴，韵幽味淳沁心田。

一　趵突泉

济南是山东省的省会，素有"泉城"之美誉。济南之美，美于泉水，家家泉水，户户垂杨，泉水之美，甲于天下。市区之内，泉池星罗棋布，共有泉群 10 处，天然涌泉 700 余处，泉群之多，泉水之丰，世属罕见。济南之所以泉水密布，其实并非偶然，而是缘于其独特的地理条件。济南地势南高北低，南部为山区，多为石灰岩分布，地下多孔隙、洞穴，而北部为平原，地下隐藏着坚硬的辉长岩。源源不断的地下水由南向北顺石灰岩地层流下，在平原地区遭遇辉长岩的阻挡，强大的阻力迫使地下水改变流向，转而从各个地下裂隙涌出地面，从而形成如此众多的涌泉。在济南所有泉水之中，有名泉 72 处，其中趵突泉位居众泉之首，名冠群泉。自古至今，趵突泉即为泉城济南的象征，历来有"游济南不游趵突泉，不成游也"之说。

趵突泉位于泉城广场西侧的趵突泉公园内，历史颇为悠久。趵突泉，古时称"泺"，是古泺水之源，是最早见于古代文献的济南名泉。《春秋》中记载，"（鲁桓）公会齐侯于泺"，此处的"泺"即指趵突泉。之后，趵突泉又有槛泉①、娥英水②、瀑流水③等称谓。直至北宋时期，方有趵突泉之名。

宋熙宁四年（1071 年），名列唐宋八大家之一的北宋著名文学家曾巩被任命为齐州知州（相当于济南市长）。曾巩初到齐州之时，当地并无接待使客的专用馆舍。有使客至，即调集民役，砍林伐木，筑建临时馆舍；使客一走，便即行拆撤，"既费且陋"。为此，曾巩下令在泺水之畔修建了历山堂、泺源堂两处高级馆舍，并亲自撰写了一篇《齐州二堂记》。就是在这篇文章中，第一次出现了趵突泉的名字。文中说道："自（渴马）崖以北，至历城之西，盖五十里，而有泉涌出，高或至数尺，其旁之人名之曰趵突之泉。"自此之后，趵突泉之名开始在民间流行，日益深入人

---

① 《诗经》有诗云："觱沸槛泉，维其深矣。"
② 《水经注》云："泺源亦谓娥英水，以泉上有舜妃娥英庙故也。"
③ "瀑流"为泉水向上喷涌时发出的声响。

心，最终家喻户晓。

趵突泉之所以取代了其他名字，为世人所青睐，正是由于"趵突"二字。这两个字不仅字面古雅，而且音义兼顾（"趵突"本义为"跳跃奔突"，又与"扑嘟"谐音），既可形容泉水跳跃奔腾之势，又能摹拟泉水喷涌时所产生的扑嘟之声，将趵突泉的动感形象刻画得栩栩如生、惟妙惟肖，真可谓绝妙绝佳。

水量丰沛时，趵突泉水同时从三窟迸发，突起雪涛数尺，水涌若轮，声如隐雷，势若鼎沸，形似莲花，形成了一道极其壮丽的景观，这便是著名的"济南八景"之一——趵突腾空。千百年来，无数文人墨客（如元好问、赵孟頫、蒲松龄等）、帝王将相（如康熙、乾隆等）慕名而至，只为一睹"趵突腾空"之景象。在为其风采神魂颠倒之余，他们不吝笔墨，写下了一首首脍炙人口的名诗佳作。其中，流传最为广泛的当是元代著名书画家、著名诗人、宋太祖赵匡胤的第11世孙赵孟頫的名作——《咏趵突泉》，诗文如下："泺水发源天下无，平地涌出白玉壶。谷虚久恐元气泄，岁旱不愁东海枯。云雾润蒸华不注，波涛声震大明湖。时来泉上濯尘土，冰雪满怀清性孤。"该诗用生动传神的语言，将趵突泉的磅礴气势与壮美景色描绘得淋漓尽致。

趵突泉之美，不仅美于其形，美于其声，亦美于其味。趵突泉水清澈透明，水质清醇甘美，富含多种矿物质成分，是非常理想的优质天然矿泉水。若将趵突泉水煮沸，泡沏绿茶或茉莉花茶，茶汁汤色明亮，茶香沁人心脾。曾巩在品尝之后，即发出了"滋荣冬茹温常早，润泽春茶味更真"的赞叹。当然，留下溢美之词的人绝不仅止曾巩一个，乾隆皇帝更是给予了趵突泉水至高无上的赞誉。乾隆十三年（1748年），乾隆皇帝巡幸江南时，专门派车辆运载北京玉泉水，以供沿途饮用。途经济南时，乾隆遍游泉城名泉，并亲自品尝了趵突泉水，发现水味竟比玉泉水更为清冽甘甜，果然名不虚传。兴奋欣喜之余，乾隆将"天下第一泉"的封号赐给趵突泉。而且，离开济南时，乾隆还作出了一个重大决定——沿途饮用之水均换作趵突泉水。

"天下第一泉"落户济南，令一代代济南人倍感骄傲，纷纷吟诗作赋，撰文著书，以抒发内心的自豪之情。曾在此工作生活多年的老舍先生就专门写了一篇散文，名为《趵突泉的欣赏》，将自己的内心情感注入字里行间："泉太好了……看那三个大泉，一年四季，昼夜不停，老那么翻滚……永远那么纯洁，永远那么活泼，永远那么鲜明……"

"设若没有这（趵突）泉，济南定会失去了一半的美。"没想到老舍不经意的一句话，在不久之后竟变成了现实。因地下水长期过度开采，地下水位持续下降，趵突泉多次出现停喷现象。仅自 1997 年以来，就出现过 4 次停喷，停喷的最长时间竟高达 900 余天。曾经的汩汩泉流变成了一潭平静的死水，昔日生气勃勃的泉城不仅失去了一半的美丽景色，更失去了全部的灵魂。而曾经令济南人引以为傲的泉水，却成为他们心中挥之不去的伤痛。

曾经有一股汪汪的泉水流过我的门前，我没有珍惜，直到失去了才后悔莫及，人世间最痛苦的事情莫过于此。如果上天给我再来一次的机会，我要对那汪泉水说三个字："我爱你。"如果非得在这份爱的后面加上一个期限，我希望是一万年。

泉水是济南的灵魂，泉水是泉城的命根。每一个明智的济南人都应义不容辞地行动起来，节水保泉，爱泉护泉，守护自己的灵魂，守卫自己的命根。

爱水者，方为智者！

二　金线泉

金线泉，为"济南四大名泉"[①] 之一，在济南七十二名泉中曾位列第二。它是一处具有悠久历史的泉水，距今已有近千年。同时，它又是一处极为神奇的泉水。可以说，在济南诸泉中，最为神奇的泉水非金线泉莫属。

金线泉之奇，首先在于神奇的景观。水势旺盛时，泉底有两股泉水对涌，并在泉水表面相交，聚成一条水线。在阳光的照耀下，只见这道水线忽隐忽现，闪闪发光，宛若一条柔软的金丝随波漂荡，如诗如画，如梦如幻。北宋人王辟之在《渑水燕谈录》中对这一神奇景观进行了比较生动的描述："石甃（意为石壁）方池，广袤丈余，泉乱发其下，东注城濠

---

① 济南四大名泉为趵突泉、金线泉、珍珠泉和黑虎泉。

中。澄澈见底，池心南北有金线一道隐起水面，以油滴一隅，则线纹远去。或以杖乱之，则线辄不见，水止如故，天阴亦不见。"文中，水面上的金线如精灵一般，当遇到油滴水面、木棒惊扰或者阴云密布时，都会害怕或害羞地逃之夭夭，消失得无影无踪。怎一个"奇"字了得！

金线泉之奇，还在于一个奇妙的传说。相传舜帝时代，在历山（今千佛山）脚下，住着一位心灵手巧的姑娘，依靠刺绣度日生活。当时，人们还没有发明出五彩缤纷的颜色，所以这位姑娘绣出的花鸟虫鱼只有黑白两色。为了将它们绣得色彩绚丽，栩栩如生，这位姑娘便不辞劳苦地来到深山老林，采来各种颜色的花草树叶，用其汁液染线。天上的仙女闻听此事，颇受感动，遂授予了她染色方法，并赠予了她三尺金线。这可不是一般的绣线，而是三尺金色的神线，永远使不尽，永远用不完。于是，姑娘便用这根金线绣出不计其数的作品，而人们也穿上了色彩鲜艳的美丽衣裳。然而，正是这条神奇的金线，给姑娘招来杀身之祸。一位有钱有势的财主欲将此线据为己有，遂将姑娘抢到家中，逼她交出金线。姑娘宁死不交，香消玉殒，最终化为一泓清泉，而那条神妙的金线，也永远伴随着姑娘，在泉中时隐时现。

千百年来，金线泉以其神奇的自然景观和奇妙的人文传说，吸引着一批批来自五湖四海的人。无数文人墨客纷至沓来，不为别的，只为一睹金线倩影。有些人是幸运的，他们不仅非常荣幸地欣赏到了这一梦幻奇观，而且在欣喜之余，写下了许多赞美泉水的诗词歌咏。

北宋大文学家曾巩就有幸看到了那条金线。更为神奇的是，他竟然是在弦月之夜遇见这一奇美景观的。异常兴奋的曾巩便挥毫写就了一首名诗《金线泉》："玉甃常浮灏气鲜，金丝不定路南泉，云依美藻争成缕，月照灵漪巧上弦。"

元代著名散曲家张养浩也是幸运的。他曾好多次游历金线泉，可金线却千呼万唤不出来。灰心失落之余，却凭一次因公路过家乡的偶然机会，奇迹般地遇到了那条自己朝思暮想的金线，真是"众里寻他千百度，蓦然回首，那线就在碧波荡漾处"。惊喜万分的张养浩也挥笔写下了如下诗句："旧闻金线奇，屡至未曾遇。川妃若余夸，一缕出容与。"

然而，并不是每个人都是那么幸运，元好问就是其中之一。这位金、元之际的著名文学家曾两次游历济南，深为济南山水如画的风景所倾倒，并留下了"日日扁舟藕花里，有心长作济南人""羡煞济南山水好，几时真作卷中人"等许多赞美济南的名词佳句。元好问曾拜读过曾巩的《金线泉》，诗中的月下金线奇观令自己魂牵梦萦，能够有缘见到这一奇幻景观成为自己游览济南的最大心愿。于是，他曾与好友一起在金线泉畔徘徊三四天，只为一睹金线芳容，却最终没能如愿，这成为元好问济南之行的最大遗憾。心情低落的元好问为了宽慰自己受伤的心灵，也挥墨写下了一首杂诗："白烟消尽冻云凝，山月飞来夜气澄。且向波间看玉塔，不须桥畔觅金绳。"

其实，元好问没有遇见金线，并非偶然。若要形成金线，必须具备一个不可或缺的前提条件——水量充沛，水流旺盛。然而，自元代以来，金线泉水量开始减少，水面开始缩小，水势开始减弱，金线奇观便不再常见。到了清代晚期，由于以石砌池，泉池基底遭到破坏，导致金线奇观彻底消失。于是，同治九年（1870 年），因金线泉已徒有虚名，泉壁上的石刻"金线泉"三个大字也被移走。那条令人魂牵梦萦的金线奇观似乎真的一去不复返了。

然而，在 20 世纪 50 年代，奇迹的一幕出现了——在金线泉东南方不远处的另一处泉池中，赫然再次出现了那道久违的金线奇观。激动万分的人们遂将几十年前移走的"金线泉"三个大字镶嵌在这处新泉池的石壁之上，并将其命名为金线泉。而原来的那处曾经充满神奇色彩、挂满绚丽光环的金线泉被更名为老金线泉。

如今，在趵突泉公园内，两处金线泉，一新一旧，一左一右，相映生辉，相对成趣，成为济南泉水文化中不可多得的一道奇丽风景。

三　珍珠泉

在济南市珍珠泉大院的西南侧，有一泉池，水面宽阔（面积达 1200 多平方米），水量丰盈，水质清澈，这便是位列"济南四大名泉"之一的珍珠泉。在济南诸泉中，珍珠泉名气相当大，堪与趵突泉相媲美，有人甚至认为珍珠泉更胜于趵突泉。将趵突泉封为"天下第一泉"的乾隆皇帝就曾在《戊辰上巳后一日题珍珠泉》这首诗中写道："济南多名泉，岳阴水所潴。其中谁巨擘？趵突与珍珠。趵突固已佳，稍籍人工夫。珍珠擅天然，创见讶仙区。卓冠七十二，分汇大明湖。"在乾隆的眼中，趵突泉水清冽甘美，名冠天下，当之无愧，但趵突泉池周围人工气息较浓。而珍珠泉则天然无饰，恍若仙境，理应位列济南七十二名泉之首。珍珠泉之所以备受赞誉，闻名遐迩，当然是与其别具一格的风姿和深厚的文化底蕴密不可分的，集中于一个"珍"字之上。

首先，珍珠泉之珍，在于珍珠般的泉水。珍珠泉池泉眼众多，一串串透明的水泡，自两米多深的泉底涌出，争先恐后地向上升腾。那一串串亮晶晶的水泡，仿佛撒落在水中的一串串珍珠，晶莹剔透，楚楚动人。清代学者王昶在其《游珍珠泉记》中对这一景象进行了极其生动的描述："依栏瞩之，泉从沙际出，忽聚忽散，忽断忽续，忽急忽缓。日映之，大者为珠，小者为玑，皆自底以达于面。瑟瑟然，累累然。"

其次，珍珠泉之珍，在于珍美的风景。元朝时期，珍珠泉边矗立着一座宏伟华丽的白云楼，楼高十尺，是当时济南城最高的楼宇。登楼远眺，济南美景尽收眼底，北可观明湖碧波、黄河帆影，南可望梵宇簇立、群山青葱。每逢雪霁之后，凭栏寻望，只见在清澈碧透的泉池之上飘浮着一缕薄如轻纱的白雾，泉池之中倒映着一碧如洗的蓝天、悠悠飘过的白云、微风中摇曳的依依杨柳以及古朴典雅的亭台楼阁。那景色恍如仙境，真乃"人间福地，天上蓬莱"，令人如梦如幻，如痴如醉，这便是著名的"济南八景"中的一景——白云雪霁。如今，虽然白云楼早已无影无踪，然而白云雪霁之景却依然珍美如昔。

再次，珍珠泉之珍，在于民间珍藏的一则珍奇传说。相传，很久以前，大明湖畔住着一户人家，只有母子二人，母亲双目失明，儿子名为朱砂，年方二十。朱砂长得一表人才，为人忠厚老实，而且事母至孝，天天到大明湖打鱼奉养母亲。

一天，朱砂下湖一无所获，只捞得一只彩蚌。看到这只花纹细密、颜色亮丽的彩蚌，朱砂竟是爱不释手，便将它养于水缸之中。接下来的三天里，家里就发生了一些比较奇怪的事情——屋子收拾得整整齐齐，饭菜做得香喷可口，母亲的衣服洗得干干净净，百思不得其解的朱砂决定一探究竟。

在第四天上午，朱砂佯装外出打鱼，不一会儿就悄悄溜进家门，眼前的一幕令他目瞪口呆，只见灶边有一位姑娘正在烧火做饭，那姑娘的身材是如此的轻盈，面容是那么的姣美，真是貌若天仙。殊不知，这位姑娘本来就是天上的一位仙女，名唤珍珠仙子，只因迷恋大明湖的湖光山色，才被朱砂网了上来，却发现朱砂为人善良，相貌堂堂，忠厚孝顺，不由得暗生情愫。为报答朱砂的不杀之恩，珍珠仙子决定以身相许，尚未婚配的朱砂自然是满心欢喜。于是，朱砂和珍珠仙子结为连理，过着自由自在的幸福生活。珍珠仙子下凡时，随身携带一个珍珠宝箱，里面盛满了数不尽的珍珠。这位温柔贤惠的仙子不仅用珍珠医好了母亲的双眼，并且不辞辛苦地为四乡穷苦百姓医治眼疾。

然而，幸福的日子竟是那么的短暂。三年之后，玉帝得知珍珠仙子下界的消息，极为震怒，便派雷神下界捉拿。尽管两人苦苦哀求，然而有皇命在身的雷神不为所动，带上珍珠仙子腾空而去。悲痛欲绝的珍珠仙子泪流满面，将随身携带的珍珠宝箱抛下尘世，只见无数银光闪闪的珍珠纷纷撒落地面，转瞬间化为一个个泉眼，汇成一汪汪广阔的清泉，这便是珍珠泉。而痛不欲生的朱砂更是以泪洗面，泪中带血，眼泪落处，也汇成一泉，名为朱砂泉，永远守候在珍珠泉边。

最后，珍珠泉之珍，在于珍贵的身份。珍珠泉位于济南古城中心区域，周围泉水众多，环境幽静优美，因此珍珠泉所在的珍珠泉大院历来是山东最高官员的府邸或行政衙门所在地。金末元初，此处是山东行尚书省兼兵马都元帅、知济南府事、"济南公"张荣的私人宅邸。明初，此处为山东都指挥使司驻地，后扩建为德王府。清初，山东巡抚周有德在此处改建山东巡抚衙门。辛亥革命后，此处先后成为山东都督府、督军署和国民党山东省政府的驻地。独特的地理位置和人文环境赋予了珍珠泉异常珍贵的身份，使其成为济南的泉中贵族。如果没有相当高贵的身份，绝对没有机会目睹珍珠泉的风采。

皇帝的身份是至高无上的，当然随时可以来此赏泉赋诗。清康熙二十八年（1689年），清圣祖玄烨南巡路过济南，御览珍珠泉后，作咏泉名诗一首，名为《观珍珠泉》："一泓清浅漾珠圆，细浪漾洄小荇牵。偶与诸臣闲倚槛，堪同渔藻入诗篇。"诗前作序曰："济南多名泉，趵突珍珠二泉为最。昔经过趵突，曾赋篇什；今临珍珠泉上，爱其澄澈，题曰'作霖'。"

王公大臣、文人墨客的身份也是比较高贵的，如金朝的雷渊、明朝的晏璧与李攀龙、清朝的蒲松龄等，都曾有幸欣赏珍珠泉，并留下了许多脍炙人口的诗篇。不过，还是有许多具有显贵身份的人被挡在了大院门外，明朝的边贡就是其中之一。这位有"明朝前七子"之一美誉的著名文学家，回家乡济南时，曾多次徘徊在德王府门前，欲一睹珍珠泉美景，却一直未能如愿。于是，为抒发自己内心的遗憾之情，挥笔写下了如下诗句："曲池泉上远通湖，百尺珠帘水面铺。云影入波天上下，藓痕经雨岸模糊。闲来梦想心如见，醉把丹青手自图。二十六年回首地，朱阑碧树隔'方壶'。"

像边贡这样的朝廷命官都不能进入大院游览，只能在诗中"梦游"。对于身份低微的普通老百姓来说，那只能是一个梦，一个似乎永远不能实现的梦。令人欣喜的是，这个看似遥不可及的梦却在今天变成了现实。2002年5月1日，为了还泉于民，珍珠泉大院正式向全社会开放。原来冷冷清清的幽深大院，一时之间，游人如织，络绎不绝，欢歌笑语，经久不息……

旧时王府珍珠泉，走入寻常百姓家！

四 黑虎泉

在济南泉城广场以东的护城河南岸，有一处陡峭岩壁。陡壁之下，隐露着一处深邃的洞穴。洞穴之内，有一处泉水源源上涌，浪涛浩荡，气势雄浑，声震数百米之外。这处泉水便是名列"济南七十二名泉"之一、雄踞"黑虎泉泉群"之首的黑虎泉。其泉水势浩大，最大涌水量为每秒474升，在济南众泉中排名第二，仅次于趵突泉；其历史颇为悠久，早在金代以前，就以现名闻名于世。

黑虎泉拥有一个极其响亮的名字，它之所以得名，既缘于其形，更缘于其声。黑虎泉发源于一处幽深的天然洞穴，深3米，高2米，宽1.7米，洞口由青石垒砌，洞壁凹凸不平，上有奇石悬挂。洞内有一块巨大岩石盘曲伏卧，上生苔藓，其色苍黑，犹如猛虎深藏。夜深人静之时，凛冽的北风吹入石隙裂缝，发出震人心魄的怒吼之声，在洞中盘旋回荡，那声势酷似猛虎低吟。明代诗人晏璧在《七十二泉诗》中对这一景象进行了绘声绘色的描述："石蟠水府色苍苍，深处浑如黑虎藏。半夜朔风吹石裂，一声清啸月无光。"

　　不过，虎啸之声不仅因"风吹石裂"而生，也因"水击巨石"而起。那块形若猛虎的巨石卧于深有 2 米的泉水之中，源源不断的泉水自巨石之下喷涌而出，激湍猛烈撞击岩石，发出震耳的鸣响，闻之如虎长啸，撼人心扉。明末济南人刘敕在《咏黑虎泉》一诗中将这一情景描绘得栩栩如生："悬崖之下碧潭深，潭上悬崖欲几寻。石激湍声成虎吼，泉喷清响作龙吟。"

　　泉中巨石如黑虎伏卧，风吹石裂似黑虎低吟，水击岩石若黑虎长啸，这便是黑虎泉之名的由来，也是黑虎泉最大的魅力所在。当然，黑虎泉的迷人之处还有很多，其中就包括一个在当地广为流传的神话传说。

　　相传，很久以前，济南还只是一个有几十户人家的小村庄，村里有一眼泉水，名为太平泉。村民用太平泉水洗衣洗菜，淘米煮饭，过着比较太平的日子。然而，一条青色巨龙的不期而至，使得这种太平日子不再太平。这条青龙来到村里之后，就将太平泉霸占，非但没有任何亏欠之意，反而会时常莫名其妙地大发雷霆，兴风作浪，淹没良田。为了平息青龙的怒火，村民们只好隔三岔五地备好牛羊瓜果等供品，到泉边焚香祷告。被频繁的祭祀活动折磨得家贫人穷、苦不堪言的村民们，一直苦苦等待着一位救星的出现。

　　一天，村里传来了两阵婴儿的啼哭，两个孩子，一男一女，呱呱落地。男孩是李老汉家的，取名黑哥，生得黑眉黑眼黑脸蛋，全身黝黑似木炭。女孩是邻居刘寡妇家的，取名虎妹，生得眉清目秀、娇俏可爱。两个孩子青梅竹马，两小无猜，情投意合。到了 12 岁那年，村里人为了祭龙，将黑哥从小喂大的一头小黄牛和虎妹亲手喂养的两只小山羊残忍地杀掉，当作祭品供奉。看着泣不成声的虎妹，心如刀割的黑哥自此立下了一个远大理想——除掉恶龙。

　　可是，要除掉这条能够呼风唤雨的妖龙，却不是一件容易的事情。没有捷径可走，唯有比它更强。于是，黑哥开始天天习武，苦练内功。黑哥的执着精神深深地感动了千山佛祖，遂收其为徒，并亲授武功。黑哥深得佛祖真传，武功大有长进，一直在等待着一个与恶龙决战的机会。一天，佛祖将一把龙泉宝剑交给黑哥，并告知了一个令他震惊的消息——恶龙来袭，虎妹有难。看来，决战的时刻到了。

当黑哥心急火燎地来到村口，看见恶龙掳着虎妹正要腾空飞起。气得七窍生烟的黑哥，狠狠地咬碎一颗牙齿，拔出宝剑砍向恶龙。恼羞成怒的恶龙闪过宝剑，丢下虎妹，掉头朝黑哥扑来，一番恶斗不可避免。然而，尽管黑哥使出浑身解数，仍时时处于下风，而且体力渐渐不支，眼看就要命丧黄泉。在此危急关头，一直观战的虎妹急中生智，抓起一块白色石头扔向恶龙，不偏不倚地正中恶龙眼睛。只听恶龙一声怪啸，旋即扎进泉池之中。黑哥见状，斗志倍增，手持宝剑，一个猛子扎进池中，只见池里巨浪翻天。不一会儿，但见恶龙蹿出水面向南飞去，咽喉之上却插着那把龙泉宝剑，没飞多远便一头栽下，化作一座山，这就是今天济南城郊的青龙山。

而筋疲力尽的黑哥却一直没有浮出水面，鲜血将泉水染得通红，悲痛欲绝的虎妹在一番撕心裂肺的哭喊之后，便纵身跳进池中。只听轰轰两声巨响，泉水冲池而出，咕嘟咕嘟冒个不停。为了纪念黑哥和虎妹，人们将太平泉改名为黑虎泉。如今，在黑虎泉的东边，矗立着两座猛虎雕像，一座为铜塑黑虎（虎哥），一座为石塑白虎（虎妹），互相依偎，彼此守候，共同守护着可保一方平安的黑虎泉。

黑虎泉水自洞穴涌出之后，经暗道向北潜流约 3 米，然后从三个石雕兽头（此兽名为蚣夏，传为龙之第六子，性好水，常栖于水边）中喷泻而下，形成三股气势相当的激流，跌落至面积达 120 平方米的石砌方池之中。池水溢出之后，由北壁泄入护城河，形成一道银色瀑布，景色蔚为壮观。

"济水城南黑虎泉，一泓泻出玉蓝田。杨柳溪桥青绕石，鹭鸶烟雨碧涵天。"（明·胡缵宗：《过泉留题》）风景旖旎的黑虎泉畔，历来游人如织，市民云集。

黑虎泉的名字虽然令人有些生畏，然而在济南诸泉中，黑虎泉却是最具人气、最为人青睐的亲水乐园和戏水天堂。来自天南地北的游客，纷至沓来，或观泉赏水，或嬉戏玩水，或游于水中，或泛舟水上，尽情地享受着泉水的乐趣。

黑虎泉虽然姓黑，但其泉水一点也不黑，却是清澈透亮、甘美异常，堪与趵突泉相媲美。无论春夏还是秋冬，无论拂晓还是深夜，无论刮风还是下雨，黑虎泉边都会呈现一道相当壮观的长龙景观——一条由提桶拎壶的市民构成的、浩浩荡荡的取水队伍。这种令人震撼的独特景象，恐怕也只有在济南的黑虎泉畔才会出现。

五 五龙潭

在济南市趵突泉公园北面，有一公园与其隔路相望，这就是著名的五龙潭公园。公园内，泉水密布，构成济南四大泉群之一的五龙潭泉群。在众多泉水之中，最著名的当是雄踞泉群之首的五龙潭，亦为"济南七十二名泉"之一。

五龙潭历史相当悠久，其名字也经历了一个由池而湖、自泉至潭的演变过程。据《水经注》记载，北魏时，此泉被称为净池，为古大明湖的一部分。宋代又被称作四望湖，金代又改称灰湾泉，直至元代，方有五龙潭之名。元代初年，"好事者建小庙于潭边，塑五神（东西南北中之五方龙神）像，乃曰'五龙潭'"（清·朱照：《锦秋老屋笔记》）。

济南的绝大多数泉水都以"泉"或"池"命名，独有五龙潭以"潭"命名，这当然是与其别具一格的特色密不可分的。"潭"字，由"氵"和"覃"两部分组成。"覃"的本义为"深不可测"，在其旁边加上"氵"，则意为"水体深不可测"。五龙潭泉面广阔，方圆数亩，泉水极深，最深处达6米有余，傲居济南诸泉之首，以"潭"名之，实至名归。古人曾用生动的语句将此潭的深邃之貌描绘得淋漓尽致——水深莫测，以石投潭，旋涡急湍，良久不息，如同汤沸。

深不可测的泉水，给五龙潭蒙上了一层神秘的面纱。五龙潭四周绿树浓荫，泉水墨绿凝重，深不见底，望之似觉幽深难测，令人顿生"龙虎居焉"之念。明代文人刘敕有诗吟道："传是蛟龙宅，龙潜何处寻？坛中台殿古，门外石潭深。"

自古以来，人们一直深信有龙栖息于潭中。每遇大旱，人们就到此祈雨求福，元代的潭边建五龙庙，即缘于此。关于祈雨，济南民间还流传着这样一则传说。相传，清朝光绪年间，天下大旱。民间有谚语云："龙虎相斗，必将降雨。"于是，一位深谙水性、名为张龙的男子，便怀抱虎骨，跳入五龙潭中。刹那间，天空乌云密布，大雨倾盆，几天几夜都未停息。自此以后，每逢天旱，人们都会将虎骨投入潭中，颇为灵验。

　　不过，给五龙潭的神秘色彩涂抹重重一笔的却是在当地家喻户晓的另一则传说故事，故事的主人公为秦琼。秦琼，字叔宝，山东济南人，唐朝开国功臣。因功勋卓著，秦琼被御封为左武卫大将军，授翼国公，并在净池之畔修建了一座非常豪华的府邸，占地数十亩，雄伟壮观，富丽堂皇，在济南首屈一指。秦琼故去后，被改封为胡国公，其后人一直居住于此。

　　唐朝天宝年间，唐玄宗沉溺女色，宰相杨国忠专权，一时之间，朝政荒废，民不聊生，举国上下，怨声载道。以忠君报国为己任的秦琼后人上疏朝廷，力劝玄宗远离女色，重振朝纲，却怎奈忠言逆耳。失望之余，便将一些刚正之士邀至府中，借酒浇愁，针砭时政。谁料隔墙有耳，早有奸细将此事密告朝廷，玄宗勃然大怒，下令查抄秦府。

　　当官兵行至净池时，忽然之间，阴云密布，电闪雷鸣，秦府上空突现五条巨龙，喷云吐雾，上下盘旋。猛然之间，只听轰隆一声巨响，整座秦府轰然沉塌，旋即消失得无影无踪，而天上的五条巨龙也倏然不见。沉塌之处，却出现了一处碧水荡漾的无底深潭，这便是五龙潭。

　　对于"秦府化潭"的传说，许多古代文学作品中亦有记载。元代散曲家张养浩在《复龙祥观施田记》中说道："闻故老言，此唐胡国公秦琼第遗址，一夕雷雨，溃而为渊。"清代著名文字训诂学家桂馥在《潭西精舍记》中也写道："历城西门外，唐翼国公故宅，一夕化为渊，即五龙潭也。"

　　然而，"秦府化潭"的传说尚未结束，传说之中还有传说。有一位青年对上述传说表示怀疑，欲下潭一探究竟。可毕竟潭深莫测，将信将疑、忐忑不安的青年在下潭之前喝上了几壶小酒。仗着酒劲壮胆，青年纵身跳入潭中，潜至潭底，却见水底深处果然有一座金碧辉煌的府第，大门正中悬挂一块匾额，上书"秦琼府"三个大字，大门两侧石柱上，有五条巨龙盘桓，气势威武逼人。从此以后，"秦府化潭"的传说令人深信不疑，并越传越广。而1987年在此处挖出的一块刻有"唐左武卫大将军胡国公秦叔宝之故宅"的石碑，让"秦府化潭"之说变得更为扑朔迷离。

　　诚然，"秦府化潭"终归只是一个神奇的传说，五龙潭的形成必然有其特殊的地质原因。此处地层共分三层，最上层为21.5米厚的黏土层，中间为40米厚的闪长岩层，最下层为石灰岩层。因石灰岩易被地下水溶蚀，遂形成溶洞。随着时间的推移，溶洞越来越大，上面的黏土层和闪长岩层随之塌陷，进而形成深潭。

五龙潭水面宽阔，水清似鉴，碧波荡漾，锦鱼戏游，潭边水草摇曳，垂杨袅娜，绿树成荫，鸟鸣啁啾。水色诱人、环境优美的五龙潭，历来为文人雅士的游览聚会之所。北魏时，官府在五龙潭边修建一处名亭，名为客亭，唐初始称历下亭。天宝四年（745 年），"诗圣"杜甫游历济南，恰逢忘年之交、时任北海太守（相当于青州市长）的李邕。两位故友久别重逢，自然是喜不自禁，于是邀请一批当地名士，一起来到碧波环抱的历下亭设宴纵饮，说古论今。酒过三巡之后，杜甫诗兴大发，即席吟诗一首，名曰《陪李北海宴历下亭》，留下了那句脍炙人口的千古绝唱——海右此亭古，济南名士多。

千百年来，五龙潭正是以其神秘、幽美闻名遐迩，名扬天下。而提起五龙潭，却又让人不禁想起泉城广场东侧那处激涌澎湃的泉水——黑虎泉。这两朵神奇的泉水奇葩，一龙一虎，一西一东，一静一动，遥相呼应，共同绘就出一幅绚丽多姿、魅力无穷的动人画卷。

六　李清照

在中国古代的封建社会，受"男尊女卑""三从四德""女子无才便是德"思想的束缚，女性地位极为低微，根本没有接受正规教育、施展自己才华的机会。因此，在中国文学的历史长河中，男性作家历来占据绝对的统治地位，名留青史的女性作家寥寥无几，屈指可数。然而到了两宋之交，中国文学殿堂中，就出现了一位才华横溢、光彩夺目的女子。她的作品文词绝妙，清秀婉约，独树一帜，别成一家，令无数男子望其项背，望尘莫及。这位"不徒俯视巾帼，直欲压倒须眉"的旷世才女，便是中国古代文学史上伟大的女性作家、有"一代词宗"之誉的李清照。

李清照（1084—1155 年），自号易安居士，出身书香世家，父亲李格非是一名饱读诗书、精通儒学经典的才学之士，母亲王氏是科举状元王拱辰的孙女，颇有文学修养。良好的家庭环境为李清照的心智发展起到了非常关键的作用。当然，李清照的成长，与她所处的自然环境也是分不开的。

李清照的故乡为济南附近的一个小城镇——章丘市明水镇。章丘素有

"小泉城"之誉，境内泉水丰盈，名泉众多，其中以百脉泉最为闻名。百脉泉为"济南七十二名泉"之一，历史较为悠久，其最早记载出现于《水经注》——"水源方百步，百泉俱出，故谓之百脉水"。那丝丝缕缕的泉水，似万斛珍珠，自地底直上涌出，喷珠溅玉，透澈空明，"一泓清沁尘无染，万颗珠玑影自圆"（清·韩尚夏：《珠泉诗》）。历史上，百脉泉的地位非常高，堪与趵突泉相提并论。元代地理学家于钦在《齐乘》中写道："盖历下（济南）众泉，皆岱阴伏流所发，西则趵突为魁，东则百脉为冠。"

令人羡慕的是，李清照正是出生在垂柳依依、风景秀丽的百脉泉之畔，从小喝着甘甜的百脉泉水长大，并在此度过了 16 年的少女时光。清冽甘美的泉水，大自然的玉液琼浆，不断滋养着这位少女的身躯，不断滋润着这位才女的心智。可以这样说，如果没有百脉泉水的润泽，便没有日后流芳百世的李清照。

不过，在这 16 年里，家境较为宽裕的李清照并非时刻待在章丘。她会经常到名泉云集、钟灵毓秀的泉城济南度假消遣，曾经居住在趵突泉东侧一处泉池的岸边，此泉有着一个富有诗意的称呼——柳絮泉。

该泉一年四季，泉水常流，泉沫纷翻，如柳絮飞舞，因之得名柳絮泉。泉水四周杨柳依依，婀娜多姿。每逢阳春三月，微风徐来，但见柳絮飘飞，泉花纷舞，景色甚是迷人。有诗赞曰："东风三月飘香絮，一夜随波化绿萍。"（明·晏璧：《咏柳絮泉》）

其实，"柳絮"之名还蕴含着相当深厚的文化内涵，源于《世说新语》中的一个典故，故事的主人公是东晋大才女、名相谢安的侄女、"书圣"王羲之的二儿媳谢道韫。她出身于诗书富贵之家、礼乐簪缨之族，自幼识知精明，聪慧能辩。在一个寒冷的雪天，一向重视家庭教育的谢安将谢家的孩子们召集起来，向他们讲解诗文。不一会儿，大雪骤然而至，雪花漫天飞舞。面对此情此景，谢安欣然向孩子们提出一个问题，一个没有固定答案的开放性问题，让孩子们尽情发挥想象。谢安问道："白雪纷纷何所似？"他的侄子谢胡儿答道："撒盐空中差可拟。"而侄女谢道韫答曰："未若柳絮因风起。"两相比较，高下立现。毫无疑问，谢道韫的答案更富韵味，更为贴切，更为传神。东晋才女之名，即始于此。自此之后，人们将才女喻为柳絮，称才女为柳絮才。

　　600 多年之后，一位比谢道韫更有才的少女来到了柳絮泉边并住了下来，这会不会是一个美丽的巧合？是或不是，她就在那里。

　　爱美之心，人皆有之，对于正处于爱美年纪的李清照来说更是如此。每天清晨，李清照都会来到柳絮泉东侧的一处泉池，对着清明如镜的泉水洗漱打扮，填词吟诗。久而久之，泉畔的垂柳熟识了她那清瘦俊美的身影，晶莹的泉水留下了她那婉约清秀的辞章。李清照之所以对此泉如此青睐，不仅因为它的泉池更大，泉水更丰，更是因为它那极富诗意的名字，深深地打动了自己的心灵。这处泉池的名字为漱玉泉，亦源于《世说新语》中的一个典故。

　　魏晋时期，政治黑暗，社会动乱，大批名士因不满现实政治，纷纷归隐山林，枕石漱流，醉酒当歌，洒脱风流，这便是为后人所津津乐道的"魏晋风度"。西晋时，有一位名叫孙楚的名士，自幼才藻过人，却恃才自负，高傲不群，在乡里没有好的声誉，一直没有机会被举荐为仕。因此，郁郁不得志的孙楚决定隐居山野，枕石漱流，并将此想法告知了好友王济。因一时激动，孙楚将"枕石漱流"误说为"枕流漱石"。才华超群的王济当然理解孙楚的归隐之意，不过对于好友的口误，他还是决定调侃一下，遂笑问道："流可枕，石可漱乎？"而同样才华出众的孙楚略加思索，给了好友一个相当意外的完美答案——"所以枕流，欲洗其耳；所以漱石，欲砺其齿"，将自洁其身、自励其志的个人意志表达得淋漓尽致。

　　"漱玉"一词即由"枕流漱石"这一成语演化而来，而以"玉"代"石"，其韵味更足，意境更为高远。李清照对"漱玉"二字是如此的情有独钟，以至于将自己的传世之作命名为《漱玉词》。

　　提起李清照，想必在人们的脑海之中，会浮现出一个多愁善感、清丽娟秀的淑女形象。殊不知，少女时代的李清照却是一个活泼可爱、生气勃勃的女孩。虽出身书香门第，但李清照并不像其他大家闺秀那样大门不出，二门不迈，待字闺中，专攻女红。她会经常约三五好友，一起把酒言欢，泛舟于趵突泉东北不远处的溪亭泉（此泉亦为"济南七十二名泉"之一），陶醉于夕阳西下时的满天彩霞、平静如镜的广阔泉水以及落日余晖下的莲叶荷花交织而成的如梦如幻的美景之中。动情之际，一首脍炙人口的《如梦令》便油然而生："常记溪亭日暮，沉醉不知归路。兴尽晚回舟，误入藕花深处。争渡，争渡，惊起一滩鸥鹭。"

生于百脉之畔，住在柳絮之岸，洗于漱玉之边，玩于溪亭之间，少女时代的李清照从此与泉水结下了不解之缘。正是泉水的灵气，赋予了她超凡脱俗的灵心慧性和源源不断的创作灵感，成就了她"中国古代第一才女"的千古美名。

宛若一汪清泉，才思泉涌，光彩照人，这就是李清照。

七　大明湖

在济南城区中央、老城区北部，有一处面积较为辽阔的城内湖泊，名为大明湖。湖泊由附近的珍珠泉、芙蓉泉、王府池子等诸泉汇流而成，面积为 58 公顷，水深 2—4 米，被称为"中国第一泉水湖"。它与趵突泉、千佛山一起构成济南三大名胜，素有"泉城明珠"之美誉。

大明湖是繁华都市中一处难得的大型湖泊，其形成过程主要经历了四个阶段。北魏至唐代末年，为大明湖的萌芽阶段。据《水经注》记载，在济南老城西北一隅有一片水域，名为历下陂（陂者，池塘也），面积不大，水位较浅，这便是大明湖的最初形态。在历下陂之南、老城西南侧，有一处宽阔的水域，由趵突泉等众泉汇集而成，因其西侧有大明寺而取名为大明湖。然而，此大明湖，与今日之大明湖无任何关联，故被称为古大明湖。在历下陂以北，还有一处开阔的水域，因湖中多莲花，故名莲子湖，是为今日之鹊山湖。莲子湖和古大明湖均为当时济南著名的游览胜地，而历下陂却只是一处默默无闻的小池塘。

唐朝末年，为大明湖的雏形阶段。元和十五年（820 年），济南老城进行了大规模的改建工程，自护城河至今大明湖北岸一带修筑了高大的城墙。城墙修好之后，在城内北部、西部因挖地取土形成了大片低洼之地，而城内诸泉之水因受城墙阻隔不能流出，遂汇聚于此，形成湖泊，这便是今日大明湖之雏形。

北宋时期，为大明湖的发展阶段。自大明湖形成之后，其水域不断扩大，至北宋时几乎覆盖老城的北部地区，几占城区面积的 1/3。然而，由于济南地势南高北低，伴随着大明湖水面的扩展，也不可避免地带来了南水北泄的水患危机。为此，北宋朝廷开始着手整治大明湖，其中以曾巩在任期间的治理规模最大、最为闻名。为调节大明湖水位，宣泄城内积水，在其北部修建北水门（此门现为济南老城北门），加筑水闸。自北水门至湖泊南岸，修建了一条贯穿南北、堪与杭州西湖苏堤齐名的长堤，名为百花堤，将湖一分为二，分别为东湖和西湖。除此之外，还修筑了许多具有观赏功能的亭台楼阁（如汇波楼、北渚亭等）、轩榭廊桥。自此之后，大明湖不仅拥有"西湖"之称谓，而且成为一处重要的游憩之地。

自南宋之后，为大明湖的地位提升阶段。南宋建炎四年（1130 年），献城降金的伪齐王刘豫在济南城北开凿小清河，导水东流，以资盐运。作为小清河的重要水源，北郊的莲子湖水被源源不断地导入渤海，再加之泥沙沉积等因素的影响，其湖面面积逐渐缩小，而城西的古大明湖水位也由于各种因素不断下降。于是，莲子湖、古大明湖逐渐失去了其游览胜地的地位，渐渐为西湖所取代。而正是在南宋时期，西湖不仅取代了古大明湖的地位，也取代了它的名字，被正式命名为大明湖。其后，大明湖又历经元、明、清等时期的整修、治理，最终成就了大明湖今日之地位。

千百年来，大明湖即以"四怪"而闻名于世。前两怪为"恒雨不涨，久旱不涸"。由于大明湖北岸设有北水门，每逢连绵阴雨时，湖水便从此门排出，因而不会形成积水上涨现象，这便是所谓的"恒雨不涨"。又因大明湖为诸泉汇流而成，水流源源不断，且其湖底是由质地细密、不会透水的火成岩构成，故而湖水不会因长期干旱而出现干涸现象，这便是所谓的"久旱不涸"。

后两怪为"蛇不见，蛙不鸣"。大明湖风景秀丽，水鸟众多，对于蛇类来说，这可是一种极其恶劣的环境，很难在此生存，这就是所谓的"蛇不见"。大明湖水源为众泉之水，水质清凉，长年恒温 18℃，这种温度对青蛙来说却不是一个好的消息，因为青蛙在这种条件下不可能发情，也不会鸣叫，这便是所谓的"蛙不鸣"。

关于后两怪，当地还流传着一则传说。相传，乾隆皇帝巡幸江南，路过济南，在游览了千佛山、趵突泉等名胜之后，来到大明湖。真龙天子御驾来临，不仅平民百姓欢天喜地，连湖里的青蛙和蛇也欢呼雀跃，载歌载舞。旅途劳累的乾隆本想在此好好休息一番，却不想被这喧闹之声吵得心烦意乱，焦躁异常。于是，难以入眠的乾隆皇帝大笔一挥，下了一道圣旨："大明湖内不准再有青蛙鸣叫，大明湖内不准再有蛇虫爬行。"自此之后，青蛙变得哑口无言，蛇虫则消失得无影无踪。

然而，大明湖最令游人销魂之处，却不是明湖四怪，而是其如诗如画的风景。大明湖一年四季，景色各异，春色杨烟，夏拥荷浪，秋容芦雪，冬泛冰天。春天，当南部山区的积雪尚未化尽之时，大明湖畔的柳树却已悄然抽枝发芽。有诗赞曰："千树垂杨烟漠漠，半城春水碧粼粼。"（清·任弘远：《雨霁湖上小饮》）盛夏，湖上鸢飞鱼跃，荷花满塘，岸边杨柳依依，香风阵阵，是济南最为理想的避暑之处。有诗赞道："最喜晚凉风月好，紫荷香里听泉声。"（北宋·曾巩：《西湖纳凉》）秋日，湖中芦花飞舞，水鸟翱翔，诗意浓浓，韵味绵绵；冬季，湖面银装素裹，冰封数尺，格外妩媚，分外妖娆。大明湖四季之山色湖光，叫人应接不暇，让人赏心悦目。

济南自古即有 8 处著名的景观，号称"济南八景"，分别为锦屏春晓、趵突腾空、白云雪霁、鹊华烟雨、佛山倒影、汇波晚照、明湖泛舟、历下秋风，其中后四处景观均可在大明湖觅其踪影。清嘉庆九年（1804年）七月十五日，时任山东学政（相当于省教育厅厅长）的刘凤诰因任期已满奉诏回京，其恩师铁保（时任山东巡抚，相当于山东省省长）于大明湖的小沧浪亭亲自为他设宴送行。沉醉于佛山映水、风月无边的美景之中，即将离别的刘凤诰于动情之处吟诵了一副脍炙人口的不朽名联，将大明湖的秀美景致描绘得淋漓尽致。

楹联如下："四面荷花三面柳，一城山色半城湖。"

八　舜井

在济南，有一条有着千年历史的著名老街，名为舜井街，因其中央有一口深井而得名，这处深井的名字为舜井。舜井的历史更为悠久，至今已有四千余年，享有"中华第一古井"的美誉。这座以舜为名的古井，自然与舜帝有着紧密相连的历史渊源。

舜帝本姓姚，因传说目有双瞳而取名重华。姚重华是一位充满传奇色彩的人物，拥有着不平凡的人生经历。在他刚出生不久，母亲就因病去世，不甘寂寞的老爹瞽叟（意为"瞎老头"）又续娶了一个妻子，并生下一个男孩，取名姚象。对于姚重华来说，这是一个可怕的家庭，时时处处隐藏着阴谋和危险，而主导这一切的正是家里唯一的女主人。在很大程度上，这位继母的所作所为为其后继者们树立了一个"良好"的榜样。因姚重华并非己出，狠心恶毒的继母时常对他轻则恶语相向，重则拳打脚踢。更为甚者，这位蛇蝎女人竟教唆自己的老公和亲生儿子结成战略同盟，对"阶级敌人"不断进行打击。然而，尽管身心饱受摧残，心地善良的姚重华却没有怀恨在心，对父母孝顺依然，对兄弟友爱如故。此德此行，传遍四方，闻名遐迩。

尧帝闻听此事，对其大加赞赏，盛喜之下，将自己的两个宝贝女儿伊娥皇和伊女英同时嫁给姚重华，并以成群的牛羊作为结婚嫁妆。抱得两个美人归的姚重华自然心花怒放，不料却招来继母和兄弟的忌恨与怒火，继母嫉妒的是那批嫁妆，而姚象垂涎的是两位新娘。于是，母子二人伙同另外一名"战友"，三番五次地设计陷害，欲将姚重华置于死地。

一次，老爹令姚重华把粮仓房顶的茅草盖好。当听话的姚重华爬到仓顶之后，早有预谋的三人组合立即将梯子搬走，并点燃粮仓，企图将姚重华烧死。幸运的是，姚重华随身带着两顶斗笠。他将斗笠绑在手臂上，当作翅膀，飘然而下。三人见此计未成，遂又生一计。

不久之后，老爹又唆使姚重华挖浚旧井。等姚重华下到井底之时，早有准备的三人组合立即落井下石，并将井口用大石板封死，图谋将其活活埋死。这次，姚重华应该不会再那么好运了，想必必死无疑。于是，兴高采烈的老夫老妻急忙回家欲霸占梦寐以求的全部牛羊，欢天喜地的姚象匆忙回家欲霸占日思夜想的两位娇娘。可是，等他们回到家时，令他们大跌眼镜的一幕出现了，只见姚重华安然无恙，正坐在床边抚琴吟唱，优哉游哉呢。原来，旧井的北侧有暗洞，与地面相通，正是此洞救了姚重华的性命。

看来姚重华似乎有上天保佑，是不可能被杀死的，黔驴技穷的三人最终放弃了进一步的暗杀行动。而对于自己所遭受的种种迫害，姚重华仍然是不计前嫌，孝顺友爱如故。那位当天子的岳父尧帝听到做父母的种种奇怪恶行和做儿子的种种奇怪孝行后，颇为感动，随即把女婿召至中央政府，帮助自己处理政事。晚年时，尧帝非常愉快地将帝位传给了自己这位德行俱佳又久经考验的女婿，这就是为儒家学派所津津乐道的第一次"禅让"。于是，继尧帝之后，中华民族的历史上就出现了第五位上古帝王，人称舜帝——意为"孝顺友爱的君主"。

可以这样说，假若姚重华淘挖的不是那口藏有暗洞的旧井，那么绝对不可能会有日后为人世代仰慕的舜帝。为了纪念这口挽救了舜帝性命的深井，后人将其称为舜井。因井水亦为来自济南南部山区的地下泉水，且在雨季时经常会溢出井外，故舜井又被称为舜泉。这口年代久远的古井，在历史上具有较高的名气，吸引了无数文人骚客（如欧阳修、苏辙、元好问、曾巩等大家）前来驻足凭吊，并留下了许多赞舜咏泉的名词佳篇。

中唐诗人魏炎在《舜井三首》中写道："齐州城东舜子郡，邑人虽移井不改。时闻汹汹动绿波，犹谓重华井中在。"宋代文学家苏辙在《舜泉诗并叙》中说道："虞舜徂矣，其神在天，其德在人，其物在泉。"从这两首诗中不难看出，在民间信仰中，舜帝自古以来一直是居于舜井之下的"在泉之物"，是泉城济南的一方水神，保佑着济南泉水长流，风调雨顺。

到了清代，济南一带频遭水灾河患，人们生活在水深火热之中。在这种背景之下，居住在井底的"在泉之物"已不再是可保一方平安的舜帝，而被换成了一条能呼风唤雨、为害一方的蛟龙，于是便有了"舜井锁蛟"的传说。

相传很久以前，东海的一条蛟龙不甘寂寞，来到济南兴风作浪，肆虐百姓。然而，对于这条神通广大的蛟龙，百姓们却束手无策，苦不堪言。幸好有一个人路过此地，方救人们于水火之中。这人不是别人，正是大名鼎鼎的大禹。大禹能够制服蛟龙，靠的是一件宝物，一把可以降魔伏妖的斩妖剑。蛟龙被降服之后，向大禹祈求饶它一命，并信誓旦旦地表示下不为例，决不再犯。心胸开阔的大禹随即作出了如下判决：死罪可免，但活罪难逃；蛟龙作恶多端，本性难移，为防不测，需用铁链锁住，置于舜井之下。捡了一条性命的蛟龙喜不自禁，又问何时能从井中解放出来，却得到了一个令自己痛哭流涕的回答——等到铁树开花吧。

如今，舜井泉水已经干涸，蛟龙也不知所终，枯井边只剩下一条粗大的铁链，却早已是锈迹斑斑，令人惋惜，使人慨叹。

九　洪范池

在济南市平阴县西南端，有一个著名的小镇，名为洪范池镇。镇上泉水丰富，名泉荟萃，素有"齐鲁泉乡"之美誉。这是一个以泉命名的城镇，在其众多泉水之中，最为知名的当然是洪范池。此池历史较为久远，至迟在金代就已出现。据清道光十八年《重修洪范池碑记》载："金代村人因祷雨辄应，建龙祠于池北，故又号龙池。"洪范池名列"济南七十二名泉"之一，风姿绰约，别具一格，以风格独特闻名遐迩。

首先，洪范池拥有一个富有特色的名字。"洪范"二字有一个不同凡响的出处，源于《尚书·洪范》篇，最初是由有"中华第一哲人"之称的箕子提出来的。箕子，名胥余，纣王的叔父，因封国于箕（今山西太谷县东北），爵为子，故称箕子。箕子佐政期间，昏庸无道、荒淫无度的纣王，非但对他的谏议充耳不闻，反而将其囚禁于大牢之中。武王灭商建周之后，将箕子释放，并尊其为上宾，恭恭敬敬地向其询问治国之道。受宠若惊的箕子遂向武王提出了帝王治理国家必须遵守的九种根本大法，这就是所谓的"洪范九畴（'畴'意为种类）"。在这其中，"洪"字的本义为"大"，"范"字的本义为"法"，"洪范"的本义即为"治国大法"。

不过，洪范池之所以以"洪范"为名，是取"洪范"二字之形，却非用其本义，而是对其原意进行了较大幅度的引申。旧传，洪范池一带泉水横流，洪水泛滥，人们按照大禹治水的方法成功地疏导水流，且修建了方广扣丈、余深倍之的泉池，并取"使洪大的泉水就范"之意，将此池命名为洪范池。"洪范"之名虽不再有"治国"之本义，却具有"治水"之含义，饱含着人们对于风调雨顺、和平安宁的美好生活的期望。

其次，洪范池拥有许多奇特的景观，其中最为奇特的有三个。

其一为"洪范浮金"。洪范池水深约 6 米，泉水上涌，浮力较大。若将硬币掷于池中，硬币漂摇旋转，却不下沉，日照其上，金光闪闪，呈现出浮光耀金之奇观。有诗赞曰："方池十丈水之浔，洪范锡名称到今。戏掷一钱清沏底，随波荡漾似浮金。"（明·何海晏：《洪范浮金》）

其二为"不以旱涝而消长，不以冬夏而变温"。受地理因素的影响，绝大多数泉水（以趵突泉最为典型）的水位一般都会因降雨量的变化而发生变化，在雨季时水位上升，在旱季时水位下降，有时甚至会出现停喷的现象。然而，令人惊奇的是，洪范池却不是一般的泉水，它四季长流不息，其水位不会受降水多少的影响，无论旱涝，始终如一。清人杨士元曾题联赞叹道："常将池影映天地，不以消长随春秋。"另外，洪范池水长年恒温，一直保持在17℃，故而冬暖夏凉。冬天池水热气腾腾，雾气蒙蒙，夏天池水则爽气扑面，寒入肌骨。

其三为"百年神鱼"。《汉书·东方朔传》有云"水至清则无鱼"，说的是水如果太清了，鱼就无法生存。然而，洪范池水虽清澈见底、须眉可鉴，却有一条条锦鱼在此遨游嬉水，怡然自得。这群锦鱼可称得上是老寿星，年轻的有五六十岁，年长的高达200多岁。不过，这些老寿星的个头却不大。澄澈无比的洪范池水，对于锦鱼来说，就意味着恶劣无比的生存环境，因为泉水里并没有什么营养，再加之没人喂养，若要长个，那可是不可能完成的任务。据说有人在孩童时代跟随大人闯关东，离家时锦鱼就十几厘米长，等到耄耋之年回到家里时，锦鱼竟然还是那么长。这些只有水喝却没有食吃、从不长个却长命百岁的锦鱼，被称为"神鱼"，应当之无愧。

最后，洪范池水拥有独特的水质。洪范池水为重碳酸矿泉钙水，是国家一级优质饮用水，富含锶、锂、锗、偏硅酸等20种人体必需的微量元素。独特优良的水质，为阿胶的生产创造了得天独厚的条件。阿胶，为名贵的传统中药，历来被誉为"补血圣药""滋补国宝"，与人参、鹿茸一起合称"中药三宝"，具有补血止血、滋阴润燥等功效。

在洪范池镇以北，有一座乡镇，素以熬制阿胶闻名，这就是有"中国阿胶之乡"之誉的东阿镇。东阿镇生产阿胶的历史，距今已有2000多年，阿胶制作方法在中国现存最早的药学著作《神农本草经》和李时珍的《本草纲目》中都有记载。不过，最为详细的记录源自成书于1935年的《中国药学大辞典》，书中记载如下："按古法，先取狼溪河（因'狼'字不雅，今改名为'浪溪河'）水，以浸黑驴皮，后取阿井水以煎胶。考狼溪河发源于洪范泉，其性阳；阿井发源于济水，其性阴，取其阴阳相配之意。"如今，在东阿镇还流传着这样一首关于阿胶生产的歌谣："小黑驴，白肚皮，粉鼻子、粉眼、粉蹄子。狮耳山上来啃草，狼溪河里去喝水，永济桥上遛三遭，少岱山上打个滚。至冬宰杀取其皮，熬胶还需阴阳水。"

由此可知，要熬制出正宗的阿胶，必须用正宗的浪溪河水和阿井之水。然而，由于黄河多次泛滥改道，致使阿井多次淤塞，阿井之水于民国初年彻底干涸。于是，正宗的制胶水源仅剩下浪溪河水，为目前全国唯一的传统熬制阿胶用水，而浪溪河水的主要源头正是洪范池。

洪范泉池呈正方形，边长 7 米，池壁以青石砌就，泉水涌溢而出，昼夜不息。龙池南侧外壁之上，有一青石雕刻的龙头探出，龙池泉水从龙口中飞泻而出，喷珠溅玉，跌入一处 2 米见方的小池之中。池水绕龙池一周之后，流出龙池所在的小院，并与周围诸泉一起，汇入了有"九泉之水"之誉的浪溪河……

十 醴泉

在山东省邹平县，有一座绵延百里、呈西北—东南走向的山脉，系泰山余脉，由会仙山、白云山、茶叶山等 300 个大小不同的山峰组成。山虽不高，却不失秀雅；林虽不广，却颇为茂盛；水虽不深，却异常澄清。因其常身处云雾缭绕之中，故得名长白山，素有"泰山副岳"之美誉。长白山脉群山连绵，古木参天，溪流环绕，是一处适于参佛修道的理想之地。

早在南北朝时期，一位名为庄严法师的高僧即来此修行，并在长白山腹地黉堂岭之北麓主持修建了一座寺庙，名为龙台寺，后因年久失修而破旧不堪。唐中宗（李显，武则天之子）年间，齐州（今济南）正智寺一位名为仁万法师的高僧来龙台寺担任住持，他利用当时另一位德高望重的高僧义净法师[①]的关系，上书朝廷，要求重修龙台寺，得到朝廷的批准与支持。就在寺庙落成之日，寺之东山忽有一泉涌出，色净味甘，且具治病祛疾之功效。仁万法师遂将此吉兆上报朝廷，中宗闻之大喜，将此泉赐名为醴泉，有"甘美泉水"之意，而龙台寺亦因此更名为醴泉寺。300 多年之后，一位自幼即怀有"不为良相，便为良医"之远大抱负的青年来到醴泉寺，在此求学三年，从而使这座名不见经传的寺庙声名大振，也使得默默无闻的醴泉跃入"济南七十二名泉"的行列。这位有志青年后来成为北宋著名的政治家、思想家、军事家、文学家和教育家，他的名字叫范仲淹。

---

① 义净法师，齐州人，继玄奘之后去西天取经的第一人，在印度学习佛法达 25 年，回国后主持佛法的翻译工作，与李显的关系相当密切。

宋太宗端拱二年（989 年）八月，武宁军节度掌书记（徐州军事长官的秘书）范墉的偏室谢氏生下一名男婴，心情大悦的父亲给儿子起了一个乳名——说（同"悦"）。然而，谁都未曾料到，就在范说刚满两岁时，范墉便感染瘟疫一病不起，撒手人寰，抛下谢氏母子二人孤苦伶仃，无依无靠。因迫于生计，流浪吴县（今苏州市吴中区和相城区，为范墉的故乡）的谢氏只得携子改嫁给范墉的生前好友、时任平江府推官（法官）的朱文翰，说儿遂改为"朱"姓。跟随朱文翰辗转数地之后，母子二人最终迁徙至朱文翰的老家淄州长山县河南村（今邹平县长山镇河南村，长山县即以长白山而命名），而这里便理所当然地成为朱说的第二故乡。

岁月如梭，时光荏苒。转眼之间，朱说已至弱冠之年。因地处偏僻乡村，村内的学塾教学条件简陋，图书较少，已根本不能满足朱说热切的求知欲望。而在 50 里以外的长白山醴泉寺内，恰有一位名为慧通法师的高僧隐居于此，年高德劭，博古通今，知识渊博。当朱说得到消息之后，便立刻辞别父母，来至醴泉寺拜师求学，从此与这座以泉水命名的寺庙结下了深厚的渊源，并在此留下了许多为世人津津乐道的传奇故事。

其一为"划粥断齑"。朱说进寺之后，寄住于僧舍之中，每日刻苦学习，常常伴灯苦读，直到天明才和衣而眠。因当时其父朱文翰已告老还乡，家中经济条件日渐拮据，为了不给家里增添负担，他每天以醴泉之水煮一锅粥，等粥凉凝固之后，将其划为四块，再撒上点咸菜末，拌上点酱油或醋，早晚各吃两块，这就是当地妇孺皆知的"划粥断齑"的故事。尽管生活异常清苦，然而朱说并未以之为苦，反以为乐，继续废寝忘食地沉溺于知识的海洋，奔着自己心怀天下的理想不断前行，真乃贫贱不移也。读书闲暇之余，偶作《齑赋》一首，其中有一句诗文如下："陶家瓮内，腌成碧绿青黄；措大（指贫寒失意的读书人）口中，嚼出宫商角徵。"吃咸菜能都吃到如此高雅的境界，古今中外，绝无仅有，不禁令人叹为观止。

其二为"窖金苦读"。一天晚上，朱说正在僧舍读书，有两名不速之客悄悄溜了进来，它们不是为了偷钱，却是因为觊觎锅中的美味。这两位客人不是小偷，而是一黄一白两只老鼠。等朱说发现时，锅中之粥已被吃去大半，气急败坏的朱说当即做了一个决定，誓将两只老鼠擒下，于是一场人捉老鼠的游戏开始了。游戏进行得异常紧张激烈，地点也由屋内转移到屋外，最后两只老鼠逃回了自己的老窝——院中一棵老荆树两侧的老鼠洞。朱说追至树下，却见两个洞口处在夜幕之中均闪烁着微弱的光芒，一处为黄光，一处为白光。甚感惊奇的朱说取来工具将两洞挖开，只见两座硕大的地窖呈现于眼前，地窖之中堆满了闪闪发光的金子和银子！若是常人，如此巨大的一笔财富近在咫尺，相信十之八九会经不住诱惑，然而朱说虽贫，却非常人，并未产生一丝据为己有的念头，而是将地窖埋好如初，仍回屋中苦读诗书，真乃富贵不淫也①。

朱说在醴泉寺度过了三年平静的读书生活。这三年是艰辛的三年，是充实的三年，也是收获的三年。三年之间，他磨炼了自己的坚强意志，认真研读了《左传》《战国策》《史记》等经典著作，获得了真才实学，并被举为学究（相当于秀才）。然而，一件事情的发生打破了这种平静，也使朱说不得不从此告别醴泉寺。

大中祥符四年（1011年），病得奄奄一息的朱文翰将朱说召至床榻之前，将其身世亲口告知，并同意其恢复本姓。闻听此言，朱说又惊又悲，百感交集。在料理完父亲的后事之后，朱说泣别母亲，拜别慧通法师，孤身一人来到当时著名的应天府书院②拜师求学。四年之后，便高中进士，从此步入仕途，飞黄腾达，"忠义满朝廷，事业满边隅，功名满天下"（北宋·钱公辅：《义田记》）。他曾担任泰州、楚州、陈州、睦州等地的地方官，为官清正，体恤民情，平反冤狱，解民疾苦；他曾挂帅出征，威戍三边，"腹中自有数万甲兵"（南宋·朱熹：《五朝名臣言行录》）；他曾出将入相，出任参知政事（副宰相），并主持了著名的"庆历新政"。

朱说自青年时期就对一个与自己境遇相似的人深为敬佩，此人名为江淹，南朝著名的军事家、政治家和文学家，历仕宋、齐、梁三代，少时孤贫好学，六岁能诗，才智过人，文章誉满天下。天禧元年（1017年），已近而立之年的朱说上奏朝廷，决定复姓改名，恢复范姓，取名"仲淹"

---

　　①　多年之后，醴泉寺遭遇一场大火，殿宇楼阁毁坏殆尽，慧通法师修书一封，派人送至已出人头地、镇守西北边防且恢复父姓的范仲淹，请求捐助。然而，范仲淹虽身居高位，却依然过着艰苦简朴的生活，根本无力捐资兴寺，只送给来人一包茶叶。不过，这可不是一包普通的茶叶，里面藏有玄机。当慧通法师打开茶叶包时，一封信赫然在目，信上写有一首诗："荆东一池金，荆西一池银，一半修寺庙，一半济僧人。"于是，醴泉寺得以修葺，再度兴盛。

　　②　应天府书院与岳麓书院、嵩阳书院、白鹿书院并称为"北宋四大书院"。

（有"第二个江淹"之意），得到批准。自此之后，方有范仲淹之称。

庆历六年（1046 年），已近花甲之年的范仲淹应好友巴陵郡太守滕子京之请，为其重修的岳阳楼作记，是为流芳百世的千古名篇——《岳阳楼记》，其中有一名句被后人广为传诵，它既是范仲淹人生理想最真实的反映，也是其辉煌人生经历最生动的写照——先天下之忧而忧，后天下之乐而乐！

十一　泗水泉林

在山东省，除"泉城"济南外，还有一处"中国泉乡"，这就是济宁市的泗水县。这是一座以境内的一条河流——泗河（古称泗水）命名的县城，而泗河的源头就在县城东 25 千米的陪尾山。山下名泉荟萃，又以趵突泉、洗钵泉、响水泉、红石泉四泉最为著名，合称"四源"，四源并发汇流成河，即为泗河。据《元和郡县志》记载："泗水，源出兖州泗水县东陪尾山，其源有四，四泉俱导，因以为名。"

陪尾山麓，清泉密布，泉多如林，故名泉林。据《泗水县志》记载："邑境数十里内，泉如星列，崛起于群山之中，波涛漾洄，如流烟之作阵，涌腾吼怒，如翻云之成堆……名泉七十有二，大泉十八，小泉多如牛毛。"其泉水之众，泉水之丰，堪与济南泉群相媲美，而《山东通志》更是称泗水泉林为"山东诸泉之冠"。有趣的是，两处泉群中的许多名泉竟拥有相同的名字，如趵突泉、黑虎泉、珍珠泉等。

泗水泉林的形成有其独特的地理原因。泉林位于鲁中南丘陵地带，东面是巍峨的蒙山，南面、北面都是绵延横亘的山陵，西面为滔滔奔流的泗河，形成一个巨大的簸箕，将泉林包在中间。而泉林一带的地质结构为石灰岩层和砂岩层，断裂结构广泛发育。于是，地下水顺簸箕三面泄下，之后透过石灰岩溶隙及砂岩断层涌出地面，从而形成了蔚为壮观的泉水奇观。

不过，关于泗水泉林的形成，当地还流传着这样一则传说。相传，某年曲阜大旱，孔子每天带领弟子头顶烈日到城南的舞雩台上祈雨。有一次，在祈雨回去的路上，孔子救下一条被孩童们打得遍体鳞伤的小白蛇。然而，这条小蛇却非同一般，它竟是东海龙王的太子小白龙。滴水之恩，当以涌泉相报，更何况是救命之恩。知恩图报的小白龙回到东海龙宫之后，立即向父王禀报了自己遇险被救的经过，并向父王提出了给曲阜降场透雨的请求。怎奈玉皇大帝早已颁下御令，要曲阜大旱三年，玉帝旨意，龙王怎能违抗？无奈之下，小白龙决定铤而走险，悄悄点齐水族，趁夜向曲阜进发，欲擅自降雨，谁料其行踪却被巡天夜叉发现。得到消息的玉帝勃然大怒，立刻命令雷神阻止小白龙。正当小白龙在曲阜东的泗水上空准备降雨时，却被及时赶到的雷神一阵霹雳闪电击毙，并在泗水城东 25 千米处化作一座山丘，名曰陪尾山。可是，已身死化为山丘的小白龙仍念念不忘曲阜旱情及孔子恩情，便从石缝中吐出一股股清泉，从而形成了泗水泉林。

或许是由白龙生泉的原因所致，泗水泉林的水资源蕴含量相当丰富，在历史上虽经历了几次大旱之年，泉水却依然汩汩而流。元朝人王宠在《观泉亭记》中曾发出如下的赞叹："穷古至今，澄清见底，不以潦而盈，不以旱而涸，与历下（今济南）之泉相等者，则惟泗水陪尾山之泉为然也。"丰沛的泉水，保证了当地的农业灌溉，成就了泗水县"泗上粮仓"的美誉。

泗水泉林之泉，形态各异，各具特色。清泉或出于石穴之间，或隐见于沙土之内，或大如虎口，或小如豆粒，或为浅池，或成深潭。众泉之中，趵突泉从石穴中涌出水面，如翻雪之成堆，似文豹之突起，声震山谷，势雄百涧；黑虎泉从黑洞中喷出，犹如猛虎出谷，长啸怒号，水势滔滔，声震山林；珍珠泉中，气泡水花连绵涌出，犹如串串珍珠，袅袅升腾，忽聚忽散，错落有致，似玉屑抛入水中，如雪霰散于水面；红石泉中，红色细石不断上下翻滚，阳光一照，满池皆红，赤如碧血，艳若丹霞；双睛泉从石壁上的两个圆孔中喷出，远远望去，犹如一双晶莹明亮的眼睛；响水泉则更具灵性，若人走近泉边跺脚拍掌或叫喊几声，泉水会立刻闻声而动，珠冒玉窜，涌流不止……诸多泉水，各展芳姿，将泗水泉林装点得五彩斑斓，异彩纷呈，宛若人间仙境。

古往今来，如诗如画的泗水泉林，吸引了无数先贤圣哲、文人骚客、帝王将相前来游览，且无不为之折腰。北魏地理学家郦道元，为探寻泗水之源来到此地，那星罗棋布、特色各异的泉眼令他惊叹不已，遂将其誉为"海岱名川"。清朝康熙大帝曾驻跸泉林，写下了不朽的名篇《泉林记》，而乾隆皇帝对泉林更是情有独钟，曾九次驻跸于此，留下的赞咏诗文竟达150余篇……

这就是泗水泉林，它似一颗璀璨瑰丽的明珠，镶嵌在孔孟之乡的东部地区。其泉水之多，其形态之奇，其文化之深，令人叹为观止，使人神魂颠倒，让人流连忘返。

十二　汤头温泉

山东省是温泉资源大省，是江北温泉资源最富集的地区，温泉主要分布在胶东、鲁南等地区，主要天然露天温泉共有18处，在北方各省区首屈一指。其中，最为著名的天然温泉出自临沂。

临沂，古称琅琊，处于沂沭断裂带，境内地热温泉资源较为丰富，被誉为"中国地热城"和"中国温泉之城"。在临沂河东区北部有一个小镇，名为汤头，因地处汤水（汤河）源头而得名。这是一个具有两千余年历史的古镇（前86年，此处即已建村），更是一个以温泉为特色并因之而闻名遐迩的古镇。

汤头温泉泉水清澈透明，水质优良，优于日韩，国内一流。泉水含有钾、锌、钙、钠、镁、氡等29种化学成分和微量元素，具有通络、舒筋、活血、杀菌之功效。尤其是水中的硫化物和氡，对人体关节、皮肤和神经等系统疾病及外伤愈合具有特殊功效，同时可调节人身体机能，促进人体新陈代谢，对高血压、关节炎、糖尿病、肠胃病等也有明显疗效。关于汤头温泉泉水治愈疾病的事例不胜枚举，比如，"清朝时有一瘫妪，其夫驱黑驴负至，浴四月病愈，拾麦数升背负麦徒步而去"。再如，"十九世纪八十年代，莒洛河丰家泥沟民武继善者，至时举步不能迈户限，浴三月能与壮汉行摔跤之戏矣"。

千百年来，这种能医治百病的汤头温泉，被当地百姓和周边群众奉为"神水"，受到人们的广泛青睐，也曾留下了许多独具特色的风俗习惯。

其一为"赶头汤"。旧时，当地人称温泉沐浴为"下汤"，见面打招呼时，不说"吃了吗"，而是问"下汤了吗"。下汤似乎成为人们日常生活中必不可少的一部分内容。每天汤池里都挤满了下汤沐浴的人们，而人数最多的日子当属清明节。

　　相传，每逢清明节前夜，汤神爷爷和汤神奶奶都会向汤泉里撒上几十种药，每种药的疗效各有差异，而且药效会随着时间的推移而减弱。于是，质朴迷信的人们会争先恐后地在清明节这天的一大早下汤摸药，这就是所谓的"赶头汤"。为了赶头汤，距离较远的人们不畏路途遥远，"裹粮而至"，甚至沿途乞讨，只为摸到自己心仪的药。至于是否摸到中意的药，我们不得而知，不过人们在汤里摸得那真是不亦乐乎。而且，令人欣慰的是，这一古老的习俗一直流传下来，至今犹存。

　　其二为"女抢男汤"。在男尊女卑的封建社会，地位低下的女性，终日在家或操劳家务，或相夫教子，根本没有时间下汤，世俗的偏见也不允许她们在温泉裸体沐浴。然而，到了清明节这天，一切的世俗、所有的偏见在压抑已久的女性眼中全都成为浮云。这些平时矜持端庄的妇女此时竟变得如此勇敢洒脱，也加入赶头汤的浩瀚队伍中。可是，汤池数量太少，而下汤的人多，一场"女抢男汤"的战斗随即打响。但见年龄稍长的女性率领年轻女子，似骁勇善战的战士一般，丢掉原有的羞涩，脱光衣服，冲进男汤。面对这突如其来的形势，泡在汤池的男人们竟不知所措，仓皇穿衣而逃。少数不愿离开的男人，将会受到女性们的主动攻击，或是言语上的，或是肢体上的（比如揪耳朵）。最终，女性们在开怀大笑中享受着胜利的喜悦。

　　后来，为了方便女性洗浴，专门在村里设立女汤池。据民国《续修临沂县志》记载："旧时此地有两处温泉，一在村内，一在村外。砌石为池，泉自石隙侧出，热如沸汤。在村内者为女池，热至摄氏四十五度上下；在村外者为男池，几至五十六七度。"男池、女池以寨墙相隔，男池位于寨墙之外且温度较高，可以对寨墙内的女性起到很好的保护作用，充分体现了男性同胞的谦让、大度与仁爱之德。

　　随着汤头温泉知名度的日益扩大，许多文人墨客、帝王圣贤，如孔子、秦始皇、诸葛亮、王勃、康熙、刘墉等人，慕名而来，纷沓而至。而随着下汤者身份地位的提高，汤池设施也需要进行必要的升级。最初，"土人（当地人）皆甃石为池"（清·陈梦雷：《古今图书集成·昆舆典》），是为"外汤"，其设施非常简陋，仅供人们在室外沐浴。为了满足高级人士的需求，人们在此建立了简易的"馆舍"，将汤泉之水引至室内，是为"内汤"。于是，琅琊之地出现了一处极为壮观的景象——野馆汤泉，雄踞"琅琊八景"之首。

对于汤头温泉，历史上多有诗词赞咏，其中流传最广的有两首。其一是明代诗人舒祥的名诗《琅琊八景·野馆汤泉》，其诗文如下："汤山山下涌温泉，溅喷珠玑颗颗圆。半亩聚来清彻底，一泓深处碧涵天。风狂暂失池心月，气热长生水上烟。春雨正多还溢出，满沟环佩振潺湲。"其二为一佚名诗人所作，其诗文如下："汤山一脉水溶溶，劫火烧残绕碧峰。石窦泉飞鸣玉漱，潭心气吐白云封。晴翻日色浮光丽，暖逼花枝照影重。野馆空余芳草地，春风依旧见遗踪。"

这便是汤头温泉，它是山东省历史最久、水质最好、开发最早的温泉，是全国甲级温泉之一，更是全国唯一一处地下水可饮用的温泉，曾在1862年被载入英国《大不列颠百科全书》，为世人誉为"天下第一汤泉"。

千年汤泉，万人景仰，雅俗共享，百世流芳。

十三　崂山名泉

在山东省青岛市的黄海之滨，屹立着一座巍峨雄伟、高峻挺拔的山脉，方圆380余平方千米，主峰海拔1132.7米，这就是享有"海上第一仙山之誉"的崂山。崂山，又有劳山①、鳌山②等称谓，自古即为我国境内的一座道教名山。山上松黛竹翠，风景如画，岩奇洞深，环境清幽，是一处适于道家静养修炼的理想之地。早在春秋战国时期，这里就曾云集了一批长期从事养生修身的方士之流，使崂山成为享誉国内的"东海仙山"。至金元时期，崂山已建有庙宇多处，各庙道士全部皈依全真派，而崂山遂成为道教全真第二丛林，一直长盛不衰。

崂山既是道家颐养身性之所，又是历代帝王将相、文人墨客寻仙求药，访奇探幽之处。

据史书记载，秦始皇曾亲临崂山、观蓬莱仙境、眺瀛洲风采，汉武帝

---

① 《诗经》中有"山川悠远，维其劳矣"之诗句。

② 元代道教全真派创始人丘处机来此传道时，曾作诗云："陕西名山华岳稀，江南尤物九华奇，鳌山下枕东洋海，秀出山东人不知。"

曾到此寻求长生不老仙药，唐玄宗也曾遣专人上崂山炼制不老仙丹；唐代的李白，宋代的苏东坡，明代的文征明，清代的顾炎武、蒲松龄、康有为等人，都曾登临崂山。他们在赏景观海、吟诗作赋之余，还有一项不可或缺的休闲活动——品泉试茗。

崂山泉水的品质别具特色，素有"神水"和"仙饮"之美誉。崂山泉水不仅含有对人体有益的钙、钾、镁、钠等多种矿物质，更拥有含量极高的二氧化碳，其二氧化碳含量高达2300毫克/升，实乃不可多得的"天然汽水"[①]。掬一捧呼呼冒泡的崂山泉水，一饮而尽，凉彻心扉，其清爽之感、醉美之意，胜过可乐、雪碧数倍。崂山泉水晶莹剔透，味道甘美醇厚，水质软硬适中，用以泡茶，清香可口；用以酿酒，香味四溢。驰名中外的青岛啤酒就是以崂山泉水和大麦为主要原料酿制而成，其酒液金黄，二氧化碳含量丰富，口感柔和香美；而用崂山泉水酿制的青岛葡萄酒亦独具一格，颇有名气。

崂山泉水不仅是一种上好的清凉饮料，还是一种绝好的医疗佳品。古人曾誉崂山泉水"积年之疾，一饮皆愈"。若长期饮用，可促进新陈代谢，对肠胃病、糖尿病、高血压、气管炎等病症均有相当的疗效。此外，崂山泉水还含有适量的氟，对防止龋齿也有一定的作用。

崂山泉水之所以具有如此上乘的品质，固然是与其特定的形成机理分不开的。据地质学家考察研究表明，崂山生成于距今7000万年前的燕山运动。在内、外地质引力的双重作用下，崂山的花岗岩体产生大量纵横交错的断裂，节理广泛发育，从而为大气降水渗入花岗岩创造了有利条件。而崂山又临海而立，处于海陆气流汇合之处，故而雨量颇为充沛。当大量降水渗入花岗岩裂隙、节理之后，进而形成地下水。在其从高到低的径流过程中，不仅溶解入了钙、钾、镁、钠等丰富的矿物质，还溶入了花岗岩体生成时高温分离出来的、存身于岩石裂隙中的大量二氧化碳。最后，地下水遭遇岩石阻挡，从山体翠谷中涌出，便形成了著名的崂山矿泉。

俗话说，"山有多高，水有多长"。崂山矿泉漫山遍野，星罗棋布，上至山巅，下至山脚，均可寻见泉水踪影。

---

① 当水中的二氧化碳含量达到250毫克/升时，可被称为"矿水"；当含量达到750毫克/升，方可被称作"碳酸水"或"苏打水"，是制作汽水的主要材料。

崂山的主峰名为巨峰，又称崂顶。就在其北侧不远处，竟有一处泉眼，名作天乙泉，又名原泉，这是崂山众泉中海拔最高的泉水。天乙泉水居然能从海拔千余米的高峰流出，与古代先贤所倡导的"天一生水"的易理真是不谋而合，着实令人惊叹。天乙泉水顺山势而下，与山上诸泉之水汇成涧溪，行至一陡峭岩壁处时，凌空跌落，一波三折，形成一道极为壮观的瀑布，其飞泻之声犹如波涛澎湃的潮水，故名潮音瀑。瀑布之水倾泻直下，积水成潭，潭池形如缸状，潭水澄澈见底，碧蓝如靛（一种深蓝色的有机染料），故而称作靛缸湾。潭水又曲折而下，九折而行，是为北九水，这便是被称为"青岛天河"的白沙河的上游。白沙河之水再一路蜿蜒数十里，最终注入胶州湾。山间清泉、涧溪、飞瀑、深潭、激流，再加之奇峰、怪石、悬崖、幽谷、碧树，共同绘就了一条宛转悠长、美妙绝伦的天然画廊。

在崂山众多道教建筑中，历史最久、影响最深、规模最大的建筑是始建于 140 年的太清宫，以三官殿、三清殿和三皇殿为主要建筑①。在三清殿山门外西侧台阶之下，有一口长 0.8 米、宽 0.5 米、深 1.4 米的长方形泉池，名作神水泉，被誉为"崂山第一名泉"。此泉有神水之称，绝非浪得虚名，它有三大神奇之处：其一是泉水水质清澈甘洌，不仅富含矿物质，而且杂质非常少，舀出一盆水，沉淀数日，竟不见半点沉积物，据说崂山道士们用过多年的暖水瓶竟从未生过水垢；其二是"大旱三年泉水不涸，大涝三年泉水不溢"；其三是饮用此水，可达到有病必治，无病健身，延年益寿的保健效果。

崂山西北部有一座高山，山顶矗立着一座高达 30 余米的方形山峰，由层层岩石构成，宛若一座叠石高楼耸立晴空，称为华楼峰，是为"崂山第一奇峰"，而此山亦因此峰命名为华楼山。华楼山上有一座规模不大的庙宇，名为华楼宫，宫后有一块峭岩，为崂山奇岩之一，名作碧落岩，岩上翠竹丛生，岩下却有一股清泉缓缓流出，落入一方形泉池之中，在褐黄色石池的映衬之下，泉水宛如金汤一般，因而得名金液泉。金液泉水终

---

①　三官殿供奉天官、地官、水官三位先祖，分别为尧、舜和禹；三清殿供奉玉清、上清、太清三位道教最高尊神，分别为元始天尊、灵宝天尊和道德天尊；三皇殿供奉天皇、地皇、人皇三位始祖，分别为伏羲氏、神农氏和轩辕氏。

年不涸，水质明澈，甘洌可口。元代礼部尚书王思诚在品尝金液泉水之后，留下一首七言绝句《金液泉》，其溢美之情，尽付于辞中："金液泉生碧落岩，津津下注石方龛。瓦瓶日汲仙家用，酿酒煮茶味转甘。"

　　"泰山虽云高，不如东海崂。"崂山名泉之众，水之甘醇，文化之深，是尊为"五岳之首"的泰山可望而不可即的，自然功不可没。

第五篇

海水之魂

篇 序

石老翘首盼归女，刘公擎炬引危船。

八仙过海显神通，徐福东渡求仙丹。

田横自刎于高义，汝昌殉节为忠胆。

继光备倭声名起，海水之魂世代传。

一 青岛栈桥

青岛市有一条有着百年历史、闻名全国的商业街，名为中山路。这是一条以"中华民国国父"孙中山先生命名的街道，也是青岛市最古老的一条商业街道。在长达 3 华里的街道两侧，各式建筑鳞次栉比，既具民族传统文化特色，又有欧陆文化风情。这条南北走向的街道向南一直延伸至青岛湾畔，其南端又与一座 400 余米长的桥梁直线相连。远远望去，中山路恰如一道艳丽多姿的长虹，在它即将没入海湾之际，却又呈现一座绵长的桥梁，如一条长龙一般，横亘于万顷碧波之中。这便是青岛市一道亮丽的景观——长虹远引，而这座深入海湾的桥梁，就是闻名遐迩的青岛栈桥。

所谓栈桥，是指伸到海里的简易码头，是我国古代桥梁中出现较晚的一种类型。毋庸置疑，青岛栈桥的建设初衷就是为了泊船卸货。1891 年 6 月 14 日，出于"扼敌来路"的军事目的，清朝政府颁布上谕，批准在胶州湾设防。对于当时胶州湾畔的小渔村青岛来说，这一事件具有里程碑式的历史转折意义。自此之后，青岛不仅拥有正式的行政建置，而且实现了自己的命运流转，在其长达百余年的荣辱岁月之中，始终都会出现青岛栈桥的靓丽身影。

光绪十八年（1892 年），清政府调派登州镇总兵（总兵，又称总镇，为镇守地方的最高军官，相当于现在的警备区司令）章高元率兵驻防胶州湾，并在此设立了规模宏大的总兵衙门。同年，为了方便军需物资运输，方便北洋舰船停泊，章高元下令在青岛湾内临时修建两座码头，是为青岛最早的码头。一座位于总兵衙门前方，被称为衙门桥。此桥长仅 100 米、宽 6 米，较为短小，且吃水较浅，似一只蜗牛踽踽湾边，故又被称作小码头、蜗牛桥，不过如今早已不见踪影。另一座距蜗牛桥不远，即为青岛栈桥的前身。此桥长 200 米、宽 10 米，比小码头更长更宽，且桥面两侧装有铁护栏，故又被称为大码头、铁码头。

青岛栈桥于光绪十九年（1893 年）竣工，然而仅在四年之后，这座中国人自主设计的大码头，如同一个无辜的婴儿，被迫投入了德国人的怀抱。1897 年 11 月 14 日，驻扎青岛的章高元部队未能阻挡德国军队的铁蹄，从青岛湾登陆的德军，以先进的武器装备为威胁，不费一兵一卒，仅用了 1 个月，即非法侵占了青岛，而青岛湾内的栈桥就成为德军侵占青岛的见证。在德军统治期间，栈桥桥身被加长至 350 米以便停泊较大体量的船只，桥面被铺上轻轨以便运输，从而成为德军重要的军用码头。不过，这种情形仅仅维持了 8 年。光绪三十一年（1905 年），随着胶州湾内大港一号码头的建成和投入使用，栈桥逐渐失去了军用码头的地位，成为船舶检疫和引水的专用码头。而正是从此时起，栈桥开始面向游人开放，慢慢地实现了自己华丽的转身。谁都没想到，这次转身却花了近 30 年。

1914 年 11 月，随着日德青岛之战的结束，日本取代了德国对青岛的统治权，栈桥随即从一个外国人的怀抱投到另一个外国人的怀抱。为了证明对青岛享有的"绝对主权"，日军曾在栈桥上举行了盛大的阅兵仪式。在日军统治期间，栈桥的军事功能进一步削弱，旅游功能进一步增强，吸引了许多中外游客前来观光游览。"西方美人冉冉至，绰约纤腰细尺素"（劳乃宣：《海滨景歌》），就是对这一情景的生动描述。

1922 年 12 月，北洋政府从日本手中收回青岛主权，阔别已久的栈桥终于回到了祖国的怀抱。北洋水兵以日军为榜样，也在栈桥举行了隆重的阅兵仪式，以宣布中国政府对青岛的合法主权。此时，栈桥已成为青岛重要的旅游景点。

1931 年，为了满足游客的旅游需求，南京国民政府决定对其直辖市内的栈桥进行全面改造，由时任青岛市市长的沈鸿烈具体负责，历时两年完成，主要涉及两项工程。其一为加长桥身，将栈桥桥身延长至 440 米，并在桥南端增建了一座箭头型的防波堤坝。其二为修建亭阁。在防波堤内，新建了一座具有中国传统民族风格的楼阁，名为回澜阁。此阁双层八角飞檐，由 24 根朱色廊柱支撑，顶部覆以彩色琉璃瓦，阁心设有螺旋形楼梯，二楼四周镶有玻璃窗，一窗一景，一景一画。

登阁远眺，青岛美景，尽收眼底，一览无余。每当海风强劲之时，层层巨浪汹涌而至，但见惊涛拍岸，浪花冲天，白沫纷飞，珠玉四溅，形成了青岛最为著名的景观——飞阁回澜。在回澜阁的对面，有一座小岛，名为小青岛，因其形如古琴，又名琴岛。琴岛之上，有一白色灯塔耸立。每当夜晚降临之时，塔灯忽明忽暗，灯光似红宝石一般，飘洒于波光粼粼的水面之上，勾勒出青岛又一道如梦如幻的胜景——琴屿飘灯。有诗赞道："茫茫海湾有红灯，时明时灭自从容。翠岛白塔沐夜色，琴屿飘灯传美名。"至此，栈桥已然成为青岛第一景观，最终完成了从军用码头到旅游景点的完美蜕变。

在接下来的 10 余年中，栈桥幸运地躲过了战火的摧残，完好地保存了下来。新中国成立之后，栈桥作为青岛标致性景观，又经历了几次大规模的整修改造，其桥身更为稳固，景色更为旖旎，相继被评为国家 5A 级景区和省级重点文物保护单位，成为青岛旅游的一张名片。而栈桥所在的青岛，凭借优良的区位优势和资源优势，迅速发展成为中国东部沿海重要的经济、文化中心，成为中国万里海岸线上一颗光彩炫目的明珠。

栈桥之于青岛，犹如故宫之于北京，埃菲尔铁塔之于巴黎。它不仅仅是一座桥，更是城市的一个符号、一种象征。这座与近代青岛同龄的栈桥，亲眼目睹、亲身经历了青岛这一个世纪以来的风雨沧桑历程，将这座城市的历史文化、精神气质都深深地烙在自己的肌肤之中。

百年栈桥，百年青岛！

二 青岛第一海水浴场

1730 年，在英国南部的一座海滨城市布莱顿，诞生了世界上第一个海水浴场。在当时人们的观念里，微咸的海水就像孕育生命的羊水一样，能够赋予身体活力，可以治愈各种疾病，具有很好的疗养作用。因此，自海水浴场出现的第一天开始，就受到了顾客的广泛青睐，不过最初来此光顾的客人均为达官贵人，囊中羞涩的普通老百姓只能望洋兴叹，这种状况一直持续了 100 多年。

工业革命之后，老百姓的腰包渐鼓，休闲时间日益增多，外出旅游尤其是滨海旅游的需求日益旺盛。而随着火车、轮船等先进交通工具的相继问世，大大缩短了欧洲各国之间、各城市之间的距离。于是，在欧洲大西洋沿岸、波罗的海沿岸和地中海沿岸，兴建了众多的海水浴场，到此沐浴和煦的阳光和清凉的海水成为雅俗共享的一种时尚潮流，风靡欧洲各国。

清光绪二十三年（1897 年），强大的德意志帝国不费吹灰之力便占领了胶州湾，而殖民文化也被德国的坚船利舰运至青岛，并在此生根发芽，繁衍生息。其中，海水浴场作为一项重要的舶来品，就是殖民文化的一个缩影。

为了彰显自己的主权，德国人刚刚在青岛站稳脚跟，便迫不及待地进行了一项重要工作——改换地名。改名的原则是相当讲究的，比如今青岛湾一带的海岸以德国皇帝的名字命名，为"威廉皇帝海岸（湾）"，而今汇泉湾一带的海岸以德国皇后的名字命名，为"奥古斯特·维多利亚海岸（湾）"。在维多利亚海湾，有一处天然沙滩，呈半月形，长约600米，宽达40米，沙质细软，岸坡缓平，湾内水清浪静，风光旖旎，具备建立海水浴场的绝佳条件。不过，在德军来此之前，这里却是附近村民泊舟晒网之地。在已经习惯了海水浴的德国人眼中，这无疑是对资源的一种巨大浪费，是一种严重的犯罪。于是，霸道蛮横的德国人，将这片海域清理得干干净净，并准备在此兴建一个集休闲、度假、疗养等功能于一身的海水浴场。

光绪二十七年（1901年），海水浴场建成，仍以德国皇后的名字命名。这是青岛最早的海水浴场，也是中国最早的海水浴场，更是当时亚洲最大的海水浴场。然而，海水浴场虽在中国境内，却仅对外国人开放，华人不得入内。每当夏天来临之际，一批批来自海外及全国各大城市的欧美游客，纷纷涌向海水浴场，来此沐浴疗养、休闲度假。沙滩之上，搭起了许多造型各异的小木屋，那是有钱的外商自费修建的私人更衣室。夜幕降临之时，沙滩之上还会响起悠扬的旋律，那是德国军乐队为招徕更多的游客而定期举行的沙滩音乐会。

随着游客人数的逐年增加，旅馆接待压力日益增大。光绪三十年（1904年），一座具有德国中世纪民居建筑特色的旅馆赫然矗立于海水浴场北岸，名为海滨旅馆，现为全国重点文物保护单位。海滨旅馆是青岛最早的假日旅馆，其硬件设施先进，服务质量优良，交通条件便利，成为浴场客人的首选之所。在随后的几年里，海水浴场北岸很快便形成了以海滨旅馆为中心，由咖啡厅、酒吧、冷饮店、舞厅、临时旅馆等构成的休闲娱乐区，海水浴场遂成为德国殖民者和欧美贵族休闲度假的乐园，被誉为"东亚有名之处所"。

1914年，日本人赶走了德国人，成为青岛新的殖民者。他们效仿前任的做法，进行了新一轮的地名变更工作。其中，维多利亚海湾被代之以

"忠ノ海"之名，而湾内的海水浴场也随之更名为"忠ノ海海水浴场"。来海水浴场的客人身份也发生了巨大变化，其主体不再是喜欢在浴场洗澡的欧美人，换作了比他们更爱洗澡的日本人，而岸边的海滨旅馆自然就变为接待日本人的服务场所。这一时期，海水浴场被深深地刻上了日本殖民文化的烙印。

1922 年，在时隔 25 年之后，青岛终于回归祖国怀抱。民国政府继续效仿殖民者的做法，进行了又一轮的更名工作，正式将海水浴场命名为青岛第一海水浴场，并对其进行了大规模的改造和扩建，增添了舞厅、酒吧、咖啡厅等各类配套设施，完善了抢险、救生设备，建立了规范的浴场管理制度，改善了浴场的周边环境，使之成为东亚地区首屈一指的海水浴场。然而，受经济条件和思想观念的限制，海水浴场的宾客多来自社会上层，鲜有普通民众。

20 世纪 40 年代，青岛第一海水浴场经历了短暂的混乱和萧条。新中国成立之后，特别是改革开放之后，为适应民众休闲和旅游业发展的需要，人民政府又对第一海水浴场进行了三次大规模的扩建、改造和修缮工程。1984 年，市政府对海水浴场进行了扩建，浴场总面积增至 2.4 公顷，总建筑面积增至 2.04 公顷，各类建筑设计新颖，造型别致，布局较为合理。2002 年，市政府进行了改造工作，重心为更衣室，将其分为地上和地下两种，其中地上更衣室以木材为主要立面装饰材料，延续了青岛海滨素以木制小屋为更衣室的历史传统。2008 年初，为了迎接北京奥运会的帆船比赛，市政府又对海水浴场进行了系统的修缮。

经过百余年的历史发展和多次修缮，如今的青岛第一海水浴场，以其得天独厚的自然环境、绚丽多姿的历史文化、浪漫别致的欧陆风情和完善齐全的服务设施，成为亚洲一流、世界知名的海水浴场，堪与美国夏威夷、泰国沙美岛、印尼巴厘岛相媲美。

每逢盛夏时节，这里游人如织，万人竞浴，尽情地享受着沙滩、阳光和海水（其英文分别为 sand、sun、sea，合称为"3S"）赐予身心的无限欢愉。

三 石老人

海岸地貌是指海岸在构造运动、海水动力、生物作用和气候因素等共同作用下所形成的各种地貌的总称。根据其形成过程及基本特征，可分为海积地貌和海蚀地貌两大类。前者是指近岸物质在波浪、潮流和风的搬移作用下沉积而成的各种地貌，表现为海滩（如青岛第一海水浴场）、沙嘴、泻湖等形态。后者是指海岸在波浪、潮流等侵蚀作用下形成的各种地貌，表现形态有海蚀崖、海蚀洞、海蚀柱等。

青岛海滨是以海蚀地貌为主的海岸，素有"天然地质博物馆"之誉。在长达近1500里的海岸线上，海蚀地貌广泛发育，类型众多，风格迥异。其中，崂山脚下近海处的一座巨大石柱，堪称青岛海蚀地貌的典型代表。

这座石柱距离海岸百米，高达17米，外形恰似一位以手托腮、注目凝神的老人，故名石老人。石老人是大自然精雕细琢的风格独特的海蚀柱景观，它的形成经历了一个颇为漫长的风雨沧桑历程。

在地质史上，这里曾是一个伸入大海的尖形陆地，称为岬角。此处的岬角与别处有所不同，是由坚硬的火山岩构成。然而，再坚硬的火山岩也抵挡不住风浪长时间的侵蚀，变得千疮百孔，岩石表面出现了许多石缝、石孔，进而发展成为石洞。在两侧海浪的继续冲击下，石洞渐渐扩大成为海蚀洞穴。当两侧的海蚀洞穴相通时，即演变成为海蚀拱桥（或象鼻子洞）。随着拱桥桥洞半径的持续增大，愈来愈薄的拱桥顶端就会塌落，进而形成了海蚀柱。这便是石老人景观的由来。

不得不提的是，随着风浪年复一年的冲蚀，这一带的海岸不断崩塌、后退，岩石被研磨成细沙沉积在平缓的海湾，唯独石老人这座海蚀柱被完好地保留了下来，并坚固地耸立于海水之中，让人不禁感叹大自然的鬼斧神工。在感叹之余，人们又赋予了它一则凄美的神话传说，使之更蒙上了一层神秘的面纱。这则传说在当地妇孺皆知，广为流传，其版本众多，仅择其中之一作简要叙述。

相传，崂山脚下有一个小渔村，村里有一户人家，男主人勤劳善良，女主人温柔贤惠，夫妻彼此恩爱，相敬如宾。结婚不久之后，上天就送给他们一件珍贵的礼物，一个可爱的女孩。爱不释手的父亲给女儿起了一个花一样的名字——牡丹。然而，在牡丹给这个家庭带来无限幸福和喜悦的同时，却也永远带走了母亲的性命。在牡丹出生后才几天，母亲便因病不幸去世，只剩下父女二人相依为命。从此，父亲每天日出而渔，日落不息，含辛茹苦地把女儿拉扯大，与女儿过着贫苦而宁静的生活。可是，这种平静的生活，在牡丹18岁的时候即被打破。

俗话说，18岁的姑娘一朵花。牡丹姑娘不仅名字起得好，而且长得如花似玉，并且天生拥有一副好嗓子。然而，正是牡丹的天生丽质和美妙歌声，招来了阴险的"蜂蝶"，并最终将这个幸福的家庭彻底毁灭。

在父亲出海打鱼时，牡丹便在家织布做饭，偶尔也会到海边哼着歌儿捡蛤蜊。有一天，虾大将被东海龙王派出巡海，蓦然之间，耳畔传来一阵甜美的歌声。循声而去，却见海边有一位花容月貌的女子，此人正是牡丹。人间竟有如此尤物，何不将她献给大王，或许能加官晋爵？成天做着升官美梦的虾大将当然不会错过这千载难逢的机会。明抢是不行的，因为龙王可能会生气，那就先走正当途径，明媒正娶吧。

于是，虾大将立即化身为一个花花公子，然后在村里找了一个油嘴滑舌的媒人，带上万两黄金做聘礼，优哉游哉地前来牡丹家提亲。在虾大将看来，这次提亲应该是十拿九稳的，因为这些黄金足以将任何人砸晕。可是，令他意料不到的是，牡丹的父亲尽管贫寒，却不是一个贪图富贵之人。看到这群不靠谱的提亲队伍，再想想父女二人可能会陆海两隔，永不相见，做父亲的低头仔细地端详着这从未见过的贵重聘礼，然后抬起头来毅然决然地拒绝了这门亲事，将提亲队伍赶出家门。有钱能使鬼推磨？找鬼去吧。

碰了一鼻子灰的虾大将灰溜溜地回到龙宫，将自己的遭遇添油加醋地禀报给了龙王。龙王听罢，龙颜大悦，既为虾大将的忠心耿耿感动不已，又为牡丹姑娘的羞花闭月之貌垂涎三尺。既然你老人家不仁，可别怪我龙王不义，既然明的不行，那我龙王就只好玩点阴的了。于是，一场骗亲大戏即将上演。

仅在提亲队伍被赶走几天之后，牡丹姑娘就生了一场怪病，头上长了两只角，变得人不像人，鬼不像鬼。牡丹父亲虽遍请名医，却无任何效果。看见成天以泪洗面的女儿，做父亲的整天唉声叹气，无所适从。这时，有位好心人劝道，赶紧发个帖子吧，普天之下，定有能人。好吧，看来这是唯一的救命稻草了。帖子内容如下：如能医好女儿牡丹，若年龄不相当，给钱；若年龄相当，给人！

就在帖子发出的当天，牡丹家里就来了一位不速之客，一位风度翩翩的青年郎中，自称身上带有祖传仙丹，专治人间怪病。牡丹父亲大喜，连忙将郎中请进屋内，为女儿服下仙丹。奇迹发生了，仅片刻工夫，牡丹头上的怪角完全消失，恢复了原来娇美的面容。牡丹微微抬头，怯怯一瞥，满面红晕，一脸娇羞。做父亲的看在眼里，喜在心头。大喜过望的牡丹父亲当场就定了这门亲事。

二月二，龙抬头。这天，正是牡丹姑娘出嫁的日子，村里来了一支抬着八抬大轿的迎亲队伍，锣鼓喧天，鞭炮齐鸣。梳洗打扮得漂漂亮亮的新娘子，欢欢喜喜地上了花轿，梦想着未来美好的幸福生活。然而，自从花轿被抬起的一刹那，迎接她的却是万劫不复的万丈深渊。只见迎亲队伍抬起花轿飞快地离开村庄，飘至海上，旋即潜入海底。顿时之间，天地化为一片寂静。

一阵撕心裂肺的痛苦之声划过天际，响彻云霄。后悔不已、心如刀绞的牡丹父亲悲痛欲绝，肝胆欲裂。被骗了，被骗得竟是如此彻底。原来，那位医术高明的美丽少年竟是东海龙王的化身。

然而，一切都为时晚矣，一切都无法挽回。失魂落魄的牡丹父亲因思念心爱的女儿，也为了赎罪，每天都会呆呆地守候在海边，泪流满面，望眼欲穿，期盼女儿能够回到身边，期待奇迹能够出现。可是，女儿这一走，竟是杳无音信，奇迹从未出现。日复一日，年复一年，这位守望在海边的老人身体渐渐僵化，化成一块坚固的巨石，是为石老人。

多少年来，石老人以其独特的自然风景和凄美的神话传说，吸引了无数游人前来驻足观看，静心体验，流连忘返。

四　琅琊台

青岛黄岛区琅琊镇夏河城，由夏河城东、南、西、北四村构成，古称琅琊，春秋时期即为齐地一处重要城镇。琅琊古城东南不远处，有一座海拔183.4米的山峰耸立于黄海之滨，因山形如高台，故名琅琊台。琅琊台三面环海，东南有斋堂岛（传为秦始皇登台斋戒之处），北有金沙滩，西有沐官岛（传为秦始皇的从官沐浴之处），东北与灵山岛遥遥相望。阳光之下，蓝天、白云、青山、碧海、孤岛、海湾，构成了一幅独特绚丽的迷人画卷。薄雾之中，山、海、岛、湾，虚无缥缈，如梦如幻，真乃人间仙境。自古以来，风景奇秀的琅琊台，就是一处难得的风水宝地，据传是一位仙人的居住之所。这位仙人，就是位列"齐地八神"之一的四时主神。

　　齐地八神是齐地的人民顶礼膜拜的八位地方神灵，分别为山东内陆地区的天、地、兵三位神主和沿海地区的日主、月主、阴主、阳主、四时主五位神主。这种齐地特有的神灵崇拜传统，始于姜子牙封齐。周武王灭商后，因姜子牙居功至伟，遂被封至土地辽阔的齐地，成为齐国的始祖和齐文化的奠基人。已至耄耋之年的姜子牙来至齐地之后，励精图治，兢兢业业，在政治、经济等方面进行了很多卓有成效的改革，为齐国后来成为春秋第一霸主奠定了良好的基础。同时，为了凝聚人心，以加强思想统治，姜子牙又做了一件自己相当拿手的事情——封神，将上述八神分封于齐地的八处山川，并建立祠堂供奉之。其中，四时的神主被封于琅琊台。

　　所谓四时，即一年中的春、夏、秋、冬四季。而四时主神，就是主掌四季的神灵，既掌管着时令转换、风雪雨露，又主宰着人畜安康、四季收成。它既是季节之神，又是农业之神，在齐地八神中居于中心地位，受到上至帝王将相、下至普通民众的广泛尊崇。自春秋以来，历代帝王，如齐桓公、齐景公、越王勾践、秦始皇、汉武帝、汉景帝、汉明帝等，接踵而至，巡游琅琊，于琅琊之巅祭祀四时主神，祈求神灵保佑风调雨顺、五谷丰登、国泰民安、社稷永固。当然，祭祀神灵虽是帝王巡游的最主要目的，却往往并不是唯一目的。

　　周元王三年（前473年），卧薪尝胆十余年的越王勾践，终于一雪前耻，将自己的宿敌吴王夫差消灭。然而，完成复仇大业的勾践并没有就此停住前进的脚步，因为他不甘心越国永远偏安东南一隅，他要称雄诸侯，他要问鼎中原。于是，壮志未酬的勾践作出了一个重大决定——迁都，将都城从南方的会稽（今浙江绍兴）迁至北方的琅琊。在勾践看来，以琅琊为都，南可震慑吴国旧地，北可与齐鲁诸国一争高下，西可与群雄争霸中原，而东临大海，既可坐收鱼盐之利，又可发挥越军海战之长。当时，琅琊台脚下有一处良港，即琅琊港，被誉为"中国古港的鼻祖"，是此时中国最好的避风港湾，既适于商船往返，又适于军船停泊，具有得天独厚的地理条件。因此，勾践选择琅琊作为新都，并非一时冲动，而是经过了一番仔细斟酌之后作出的明智之举。

次年（前472年），越王勾践率领一支万余人的队伍浩浩荡荡迁都琅琊，随行人员包括官兵、随军家属、奴仆、工匠等。他们在此起宫殿、建兵营、修军港，将琅琊建成当时中国北方政治、经济、军事、文化中心之一，而勾践也在此完成了自己的宏伟夙愿，成为春秋最后一位霸主。

为了加强对齐地人民的统治，作为一名优秀的政治家，勾践当然知道入乡随俗、以齐治齐的道理，遂将深受当地民众崇敬的四时主神请了出来，在琅琊台顶为其修筑"观台"，作为供奉祭祀之所。观台是中国传统的建筑形式，由"观"和"台"两部分构成（故宫午门即是此形制）。台，又称为阙台，是指两翼突出、中央凹进、左右对称的高台。观，则是指建在阙台两翼之上的宫殿。而观台就是指下有阙台、上有宫殿的建筑综合体，雄伟壮观，气势磅礴。勾践修筑的观台，除作祭祀神灵之用外，还兼具政治和观赏功能。观台建成后，勾践随即号令齐、楚、秦、晋四国君主在此歃血为盟，共辅周室，从而成就了一代霸业。然而，这个性格刚毅的男人毕竟也是凡人，也有人之常情。在皓月当空的夜晚，身处异地他乡的勾践，难免会思念遥远的故乡。于是，勾践下令在阙台之上，又建新楼，名为望越楼。登楼远眺，琅琊美景尽收眼底，故里会稽似乎近在咫尺。

250余年之后，琅琊台又迎来了一位帝王，此人来头比勾践还大，他便是赫赫有名的千古第一帝秦始皇。在消灭六国完成一统大业之后，为了彰显大秦威仪，维持地方稳定，秦始皇决定巡游天下，其中三次巡游山东，三次登上琅琊台。沉浸在琅琊仙境的美景之中，秦始皇自然心情大悦。然而，当看到琅琊台上的观台早已倾塌败坏时，秦始皇心情陡变，如此断壁残垣，怎能祭祀神灵，又怎能安抚齐地百姓。于是，秦始皇立即下诏，迁来三万户庶民居于琅琊台脚下，免除其12年赋税，并令其重修琅琊观台。观台修成之后，又令人在台上立碑刻石，以歌秦之功，颂秦之德。至此，大功告成。

不过，秦始皇之所以三次登临琅琊台，并不仅仅是为达到"以齐治齐"的政治目的，还有一个尽人皆知的私人欲望。正是在琅琊台上，这位渴望长生不老的老人，听信了一位名叫徐福的方士的谎言，并三次派他东渡入海，为自己寻求不死仙药，而徐福东渡的出发地，就是琅琊台脚下的琅琊港。自此，琅琊台又与方士徐福结下了不解之缘。

五　徐福东渡

始皇二十六年（前 221 年），秦始皇完成了平定六国、统一天下的伟大壮举，建立了我国历史上第一个大一统的封建王朝——秦朝。然而，当一切尽在掌控之中，一切都尘埃落定之后，年近不惑的秦始皇却面临着一个新的人生苦恼，那就是死亡。拥有着广阔无垠的大好河山，行使着至高无上的帝王权威，怀抱着风情万种的美女佳人，享受着无穷无尽的锦衣玉食，沉浸其中并乐在其中的秦始皇，当然不想失去这来之不易的一切，永远都不想失去。俗语道"做了皇帝想成仙"，这句话用来描述秦始皇最为恰当不过。这位号称"千古一帝"的皇帝不甘心自己将最终化为一抔黄土，他要长生不老，他要得道成仙。不久之后，他遇到了一个人，而正是这个人的出现，深深地影响了秦始皇人生的最后十年，此人便是徐福。

徐福，齐郡黄县（今山东省龙口市）人，职业为方士。所谓方士，就是懂得神仙方术、通晓如何长生不老的人。不过，徐福可不是一般的方士，而是方士中的佼佼者。作为鬼谷子的关门弟子，徐福不但通晓医学、天文、航海等知识，而且精通辟谷（不吃五谷，通过食气，来吸收自然正能量）、气功、修仙、武术等本领，同时还同情百姓，乐于助人，因而在山东沿海一带颇有名望。

这位博学多才的齐地方士与秦始皇的第一次会面是在始皇二十八年（前 219 年）。这年，为了颂秦之德、扬秦之威、震慑民心、安顺民意，也为了求取长生不老之药，秦始皇决定巡游山东，是为第一次东巡。在此期间，秦始皇主要做了两件事情。其一是祭拜齐地八神，希冀借东方之神来安抚民心，以保国运太平。其二是召见徐福，以帮他寻求灵丹妙药。在祭拜完天、地、兵三神之后，秦始皇一行径直奔赴黄县，并立即召见了徐福。不过，故作深沉的秦始皇对求取丹药之事却只字未提，而是令徐福陪同自己辗转胶东各地，祭祀各方神灵，直至此次东巡的最后一站——琅琊。

秦始皇登上琅琊台，极目远眺，但见碧蓝的大海浩瀚广阔，无边无垠。在海天相连之际，许多海岛隐约可见，若隐若现，出没于缭绕云雾之中，景色宛如仙境。就在此时，徐福等人适时地呈递上书，"言海中有三神山，名曰蓬莱、方丈、瀛洲，仙人居之"（西汉·司马迁：《史记·秦始皇本纪》），作为一介臣民、一名方士，自当有义务为皇帝效劳，去神山求取丹药。沉醉于琅琊仙境的秦始皇，对徐福的话深信不疑，立即下令调拨金钱财宝，资助徐福一行从琅琊港出发入海寻仙。

不久之后，空手而归的徐福回至琅琊，向秦始皇编了一个小孩子才会相信的谎话——臣见海中大神……神曰："汝秦王之礼薄，得观而不得取……"于是臣再拜问曰："宜何资以献？"海神曰："以令名男子若振女（即童男、童女）与百工之事，即得之矣。"（西汉·司马迁：《史记·淮南衡山列传》）求药心切的秦始皇居然相信了这个鬼话。于是，秦始皇立刻下令广征童男、童女，并资以珍宝、百工、五谷种子，命徐福于琅琊港再度起航东渡，入海求仙。然而，秦始皇在琅琊翘首企盼，却一直没有等到徐福的消息，只好怅然而归。仅在一年之后，秦始皇便迫不及待地第二次巡游山东，又一次来到琅琊，却还是不见徐福的踪影，只好再一次悻悻而回。

徐福一去，如泥牛入海，杳无音信。看来，把所有的希望都寄托在徐福一人身上，是相当不靠谱的，因为天下方士并非只有徐福一个。于是，秦始皇作出了一个看似比较靠谱的决定——增派人手。在徐福之后，秦始皇又相继资助了卢生、韩终、侯生、石生等一大批方士，为其寻求仙人不死之药。世上本无仙药，怎么可能找到！然而，根据秦朝律法，如果诺言不能兑现者或者所献之药无效者，均会被处死刑。始皇三十五年（前212年），因畏惧被施以极刑，未完成任务的卢生、侯生逃之夭夭。可是，这两位喜欢惹是生非的家伙却在逃跑时散播谣言，诽谤秦始皇刚愎自用、独断专行、凶狠残暴，这令秦始皇感到了极大的愚弄和莫大的侮辱。愤怒得有些抓狂的秦始皇将一肚子的委屈和怨恨全部发泄在首都咸阳的其他方士身上，将460多名疑似有问题的方士全部活埋，这便是骇人听闻的"坑儒"事件（将其称为"坑方士"事件，似乎更为合适）。

两年之后（始皇三十七年，前210年），余气未消的秦始皇第三次巡视山东，此时距徐福出海已有九年。秦始皇当然不会忘记徐福，而且对徐福的所作所为相当生气。在"坑儒"事件发生前夕，秦始皇就曾表达了这种不满情绪："徐福等费以巨万计，终不得药，徒奸利相告日闻。"（西汉·司马迁：《史记·淮南衡山列传》）当年迈的秦始皇再次来到琅琊时，终于见到了阔别已久的徐福，而且又听到了这位方士精心编织的一个瞎话："蓬莱药可得，然常为大鲛鱼所苦，故不得至，愿请善射与俱，见则以连弩射之。"（西汉·司马迁：《史记·秦始皇本纪》）对仙药仍抱有一丝希望的秦始皇最终再次相信了徐福的谎言，并亲自携带弓弩，率领众士自琅琊港一路北上，捕杀鲛鱼。当他们行至烟台芝罘的时候，还真遇到了一条巨鱼，被秦始皇亲手射杀。如今海路已平，秦始皇便立即下诏，令徐福率领众士再度出海。随后，秦始皇便起驾西行回宫。然而，刚到知天命之年的秦始皇却未曾想到，此时自己寿命将尽。当东巡队伍行至河北沙丘时，秦始皇突发暴病，一命呜呼，至死也未得到梦寐以求的不死仙药。

　　当秦始皇的车队缓缓西行的时候，徐福一行踏上了最后一次东渡入海的航程。徐福率领浩浩荡荡的船队自渤海北上，经辽东半岛东海岸、朝鲜半岛西海岸，穿越朝鲜海峡，最后到达了最终的目的地——日本，并永远在此定居下来，成为日本人民至今仍然无比尊崇的"农耕之神、渔业之神、蚕桑之神、纺织之神、医药之神、文字之神"。

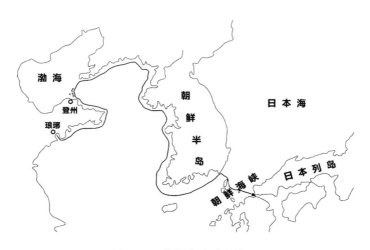

图 5—1　徐福东渡路线简图

　　原来，徐福东渡并不是为秦始皇寻找长生不死之药。在这位外表柔弱的方士内心深处，隐藏着一个无比宏大的海外殖民计划。他之所以屡次三番地编造谎言，就是为了向秦始皇骗钱、骗人、骗兵，而徐福东渡的根本目的就是打着寻求丹药的幌子，往海外运钱、运人、运兵。在秦始皇有私却无意的帮助下，徐福最终如愿以偿地实现了自己的宏伟蓝图。

而徐福的欺骗行为之所以能够在秦始皇身上屡试不爽，也绝非偶然现象。这位多才多艺的方士已经深刻地抓住了秦始皇药迷心窍的心理，再以三神山上的丹药作为诱饵，整个诈骗过程循序渐进，有条不紊。在这其中，三神山上的不死丹药是诈骗成功与否的关键因素。不死丹药固然是子虚乌有之物，那么三神山果真存在吗？答案是肯定的。正是因为三神山的的确确存在，才会导致秦始皇听信徐福的谎言，并一而再、再而三地上当受骗。

对三神山，司马迁在《史记·封禅书》中作了比较详尽的记述："此三神山者，其傅在勃（渤）海中，去人不远；患且至，则船风引而去。盖尝有至者，诸仙人及不死之药皆在焉。其物禽兽尽白，而黄金白银为宫阙。未至，望之如云；及到，三神山反居水下。临之，风辄引去，终莫能至云……"

这种变幻莫测、望而不及，令人心驰神往、让人魂牵梦萦的人间仙境，有着一个相当富有诗意的名字——海市蜃楼。

六 田横岛

在青岛市即墨市田横镇东南，有一座海湾，名为横门湾。湾内横亘着一座狭长的海岛，名为田横岛，东西长3千米，南北宽0.43千米，总面积1.46平方千米。海岛虽不大，却名扬四海，闻名古今。2200多年前，在这个以齐王田横的名字命名的小岛上，发生了一桩壮美凄绝、催人泪下、可惊天地、堪泣鬼神的千古传奇。

秦朝末年，因不堪忍受秦王残虐的统治，陈胜、吴广揭竿而起，从而引燃了各地反抗暴秦的熊熊烈火。已被秦朝吞并的六国王族后裔们也不甘落后，纷纷加入了反秦队伍之中。其中，齐国王族的后裔中，出现了三位响当当的人物，被誉为"田氏三雄"——老大田儋、老二田荣、老三田横。因为这三位兄弟具有王族血统，且礼贤下士，故而深得民心，能人贤士纷纷归附。

当秦末农民起义的战火燃至齐鲁大地时，田儋便伙同两位兄弟义无反顾地举起了反秦大旗。在设计杀掉狄城（山东淄博高青）县令之后，田儋便自立为王，并很快将齐地全部平定。然而，足智多谋、刚勇果断的田儋，为了营救被秦军包围的兄弟部队魏军，不幸在战斗中壮烈牺牲。老大没了，老二接过了接力棒。田儋死后，田荣立田儋之子田福为王，自立为相，并牢牢地控制了军政大权。

田荣是一个相当有能力的人，却也是一个心胸较为狭隘的人。秦朝灭亡后，西楚霸王项羽按照军功大小分封诸王共 18 人，却偏偏没有田荣的份。心里极不平衡的田荣作出了一件相当极端的事情——联合另一位也未被分封的大将彭越，起兵反楚。被气得有些发飙的项羽挥师北上，将田荣消灭。如今老二又没了，接力棒自然又传到了老三手里。田荣死后，田横立田荣之子田广为王，自立为相，也牢牢地控制了军政大权，并在楚汉两军对峙荥阳之际，收复了被项羽霸占的大小城池。

在田横平定齐国三年之后（前 204 年）的一天，临淄城内来了一位年已花甲的老人，这是刘邦派至齐国游说劝降的使者，名为郦食其。凭借其三寸不烂之舌，郦食其将田横、田广成功说服。然而，为夺军功的韩信听信谋士蒯通的建议，悍然撕毁了停战协议，出兵击溃毫无防备的齐军，并将郦食其置于不仁不义的境地。恼羞成怒的田横叔侄下令将郦食其扔入油锅之后，兵分两路，且战且退。一路由田广率兵东逃，越过潍河逃至高密。潍水之战惨败之后，再继续东逃，却被韩信赶上斩杀。另一路由田横率兵南逃，得知田广被杀，遂自立为王，最后投奔与老二田荣有些交情、驻守梁地（今河南东南部）的彭越。

寄居彭越门下虽让齐王田横感觉不太舒服，却可保性命无忧。然而，这种寄人篱下的生活并没有维持多久。仅在一年之后（前 202 年），刘邦即在垓下之战中全歼楚军，从而一统天下。登上皇帝宝座的刘邦也效仿项羽的做法，分封诸王，其中彭越因战功卓著，被封为梁王。对于田横来说，这可不是一个好消息。看来，彭越的地盘是不能再待下去了，没有其他办法，继续逃吧。于是，田横一行又逃到海州东海县（今山东即墨市）的一座小岛上，与他同行的还有 500 余名勇士——500 多个一起亡命天涯、不离不弃、相依为命的生死弟兄。

田横希望能在这人迹罕至的孤岛之上过一种与世无争的隐居生活，并在这里了此余生。可是，这只是他的一厢情愿而已，因为有个人不允许，这个人就是刚刚登上天子之位的汉高祖刘邦。在刘邦眼中，这位曾平定齐地、在民众中具有很高威望的齐王田横虽已潦倒不堪，却是一个潜在的巨大隐患，必须除之而心安。而田横现在正躲在齐地，如若率兵将其歼灭，可能会引起齐地人民强烈的反汉情绪。于是，刘邦采取了一种和平的解决方式——招安。

不久之后，小岛之上就来了几名劝降的大汉使者。贵为齐王、血性十足的田横当然不想这样轻易就范，自己出身高贵，怎能屈尊侍奉一个出身卑微的泗水亭长？退一步讲，即使自己同意招安，以刘邦的为人和心胸，会放过自己吗？自古以来，兔死狗烹、鸟尽弓藏的事例不胜枚举，刘邦会是一个能同甘苦、共富贵之君吗？更何况自己连猎狗都不是，只是一只四处逃窜的兔子，而以刘邦的气度，又怎会容得下一只曾经烹杀过猎狗（郦食其）的兔子？刘邦上次派郦食其劝降，已经深深地欺骗过自己一回，估计这次又是故技重施，招安只是幌子，杀人才是目的，接受招安便意味着九死一生，甚至十死无生。于是，田横以"曾烹杀郦食其而担心其弟郦商报复"为理由，拒绝了刘邦的第一次招安。

一次不成，再来一次。刘邦立即下了两道诏书，一道诏书送给郦商，告知齐王田横即将进京，若胆敢报复，诛灭三族；另一道诏书由使者带给田横，对其软硬兼施——"田横来，大者王，小者乃侯耳；不来，且举兵加诛焉"（西汉·司马迁：《史记·田儋列传》）。接过这道沉甸甸的诏书，田横心情变得异常沉重，因为自己深知如果拒绝招安，身边这群一起出生入死的兄弟必然会遭灭顶之灾，而自己也深知所谓的功名利禄只是一个圈套，倘若接受招安，自己便会陷入万劫不复的深渊。应该何去何从？当然义字当先！我田横愿以一己之命换回500余名弟兄的平平安安！

风萧萧兮海水寒，齐王一去兮不复还！

田横带上两个随从，拜别众位弟兄，跟随使者，毅然决然地踏上了进京的不归之路。当他们行至距洛阳30里的一家驿站时，田横的生命也走到了最后的尽头。在以"人臣见天子当洗沐"为由支开使者后，田横向随从们留下了自己的临终遗言——"成王败寇，自古如是。我田横为刘邦所败，心服口服。然而，若以齐王之尊侍于刘邦之下，自己定然羞愧难从。刘邦之所以屡次招降，不过想取我项上人头而已。此地距京城不远，若你们快马加鞭将我田横人头献上，一则可让刘邦看清我的真模样，二则也可保岛上众兄弟性命无虞。"话语刚落，随即拔剑自刎，慷慨赴义。心如刀割的两位侍从不能自已，痛哭流涕，用颤抖的双手将主人的首级封于一个木匣之内，并依照主人的嘱咐马不停蹄地送到洛阳。

看到木匣内田横平静的面容，一生杀人无数的刘邦心里竟是一阵震颤，更是情不自禁地流下了感动的眼泪。素闻"自古齐地多义士"，今日得见田横一面，果然名不虚传。如此仁义之君，当以王礼厚葬。就在田横被下葬的当天，那两位已被封官的侍从，因感于田横的深明大义，不想苟活于世，断然自杀于主人墓地两侧，誓死追随主人。消息传来，刘邦再次被惊得颜容失色，目瞪口呆，一时之间竟不知如何适从。许久之后，惊魂方定的刘邦下诏，宣岛上的 500 人进京，全部封官晋爵，因为在刘邦眼中，这些人应该与刚刚殉义的三人并无二致，全为贤者，均为可重用之人。

当田横及两位侍从自刎殉义的消息随着诏书传至小岛之后，跟随主人颠沛流离、患难与共的 500 名勇士悲痛欲绝，肝肠寸断。他们不约而同地来到海岛的最高处，遥望京师洛阳，遥拜主人田横，异口同声地唱起一首苍凉浑厚、凄楚悲凉的挽歌，心中不谋而合地形成了一个彼此心照不宣的约定。歌声刚毕，却见 500 名勇士手起头落，拔剑自刎，集体殉义！刹那之间，海水为之变色，海风为之悲啸，天地为之动容！

2300 多年前，齐地一位圣贤孟子曾说过这样一句人生哲言："生亦我所欲也，义亦我所欲也；二者不可得兼，舍生而取义者也。"仅在一百年之后，500 余名齐人就以自己珍贵的生命生动地诠释了这一至崇至高的人生哲理。

为了纪念田横及其 500 义士的高风亮节和忠烈之举，人们将其居住的海屿命名为田横岛。千百年来，无数游人慕名而至，来此缅怀先人，祭奠忠义。

七　妈祖崇拜

俗话说，"靠山吃山，靠海吃海"。浩瀚无边的大海赐予了沿海居民取之不尽、用之不竭的生活资源。然而，大海的脾气却又是反复无常的，海上时而发生的狂风巨浪轻则颠覆渔船，重则侵吞渔村，给人们的生活造成了许多无可预知的灾难。于是，人们在感恩与敬畏的双重情结之下，产生了原始的海神信仰。人们纷纷建立庙宇，供奉海神，并定期举行正式的祭祀仪式，以祈求风调雨顺，海上平安。在众多的海神之中，妈祖无疑是最深入人心、地位最为显赫的一位神灵。

在中国历史上，960 年注定是不同寻常的一年。这一年正月初三，宋太祖赵匡胤在陈桥驿（今河南封丘东南陈桥镇）发动兵变，建立了北宋王朝。而就在这年农历三月二十三日的傍晚，在今福建省莆田市湄洲岛的西北上空，一颗流星划过天际，转而化作一道晶莹夺目的红光，将整个岛屿映得通红。而恰在此时，岛上一户林姓人家里，一个女婴悄然降临于世。然而，与其他呱呱落地的婴儿不同的是，这个女婴出生时竟没有一丝哭闹，直至满月。于是，父亲给她取了一个名字——林默。

诞生之日的传奇色彩，预示着林默的一生将会是极不平凡的一生。林默自幼天资聪颖，心地善良。她熟识天文，精于占卜，常为乡人预测天气，预知吉凶。她精研医理，长于医术，以驱恶避邪、治病救人为己任。她谙熟水性，有泅水渡海的本领，经常于惊涛骇浪中救助遇难船舶和落水之人。于是，这位乐善好施、仁爱济世的女子，被认为是观世音菩萨转世，日益受到人们的爱戴与尊敬。

然而，林默的生命正如那夜空中的流星一样，尽管光辉璀璨，却又是如此的短暂。宋雍熙四年（987 年）九月初九，年仅 28 岁的林默又一次来到海上救助遇难船只，却被狂风巨浪无情地吞噬。据传，在林默仙逝之时，湄洲岛上空有朵朵彩云冉冉升起，空中传来一阵阵悦耳的音乐。又传，林默在仙逝之后仍魂系海天，常化作一位身着红装的仙女，于风高浪急、樯橹摧折之际，显灵显圣，解救危难。

为了纪念这位海上保护神，乡人们于同年在湄洲岛上建庙供奉祭祀，此庙就是闻名遐迩的湄洲妈祖庙，为妈祖庙之祖庙。在民间，人们对于林默的称谓不胜枚举，如默娘（此处"娘"为"姑娘"之意）、龙女、灵女、神女、海神娘娘等，直至清代方有"妈祖"之称谓。"妈祖"一词来源于闽南方言。其中，"妈"并非"妈妈"之意，而意为"奶奶"；"祖"的意思则为"老奶奶"。"妈""祖"二字相连，有"最令人尊崇的女人"

之意。"妈祖"称谓的出现，标志着民间对这位女神的敬拜已达到至高无上的程度。

为了笼络民心，以维护社稷稳定，自宋至清几百年间，历代帝王屡次对妈祖进行册封，叠奖褒封近50次，这在中国历史上是绝无仅有的。妈祖的封号最长达64字，其爵位由"夫人"至"妃"，再至"天妃""天后"，最后至"天上圣母"，比玉皇大帝的地位有过之而无不及，从而成为中国晋封次数最多、封号最多、级别最为尊贵的神灵。

随着海内贸易关系的不断加深，在妈祖地位持续提升的同时，妈祖信仰也伴随着闽籍商人的足迹传播到全国各地，东至台湾，西至重庆，南到海南，北至丹东。在中国沿海、沿江各地区，先后修建了大批妈祖庙。之后，妈祖信仰又随着华人的足迹漂洋过海走向世界各地，如日本、韩国、东南亚、加拿大、美国、丹麦、巴西等沿海地区，而妈祖也最终成为颇具世界性影响的"海上和平女神"。据估计，全世界现有妈祖庙宇近5000座，信众近2亿人。"凡是有海的地方就有妈祖庙"，此言着实不虚。

北宋末年，妈祖信仰自福建北渐至山东，以长岛妈祖庙（自明代末年始称显应宫，一直至今）的修建为标志。在近900年里，妈祖信仰以长岛为中心，最初在山东沿海各地区传播，之后随着漕运线路的贯通而深入至山东内陆地区。据资料统计，山东地区共建有妈祖庙39座，主要分布于沿海地区，其中以长岛、蓬莱和青岛的三处最为闻名。

位于沙门岛（今庙岛，为长岛列岛的一个岛屿）之上的长岛妈祖庙始建于宋宣和四年（1122年），最初仅有茅屋三间，后经历代数次增修扩建，遂成为我国北方地区修建时间最早、规模最为宏大、影响最为深远的妈祖庙，成为中国北方妈祖文化中心，享有"天妃北庭""北海神乡"之美誉，与湄洲岛妈祖庙并称为"南北祖庭"。目前，长岛妈祖庙内供奉着一尊极其珍贵的妈祖像，该像是世上仅存的唯一一尊宋代铜身妈祖像。

就在长岛妈祖庙建成的当年，在距离沙门岛东南不远处的丹崖山上，又修建了一座妈祖庙。该庙名为天后宫，是蓬莱阁三大宫观之一，也是我国北方修建时间最早、规模最大的妈祖庙之一。与全国各地的天后宫相比，蓬莱阁天后宫独具特色，突出表现在天后陪神的人员构成上——那四位神通广大、能够呼风唤雨、为世人所敬仰的龙王竟然全部成为天后的站官。这种布局的设计大概源自当地人民的朴素意识——尽管四海龙王面容冷峻，威严逼人，似凶神恶煞一般，但毕竟要听命于天。而妈祖贵为"天后"，自然有权力对他们进行差使调遣，并可对他们喜怒无常的行为进行约束，从而确保风平浪静、渔业丰收。

300多年之后，青岛地区也修建了一座著名的妈祖庙，这就是远近闻名的青岛天后宫（现为青岛民俗博物馆）。该庙始建于明成化三年（1467年），是青岛市区现存最古老、最精致的砖木结构建筑。这座拥有500多年历史的古代庙宇，比青岛市的历史要悠久得多，素有"先有天后宫，后有青岛市"之说。其建筑艺术之精美，彩绘艺术之华丽，在青岛地区所有古代建筑中首屈一指。更为值得一提的是，青岛天后宫所供奉的妈祖神像，系由整条樟木精雕细琢而成，高达2.8米，是世界上最大的木雕神像之一，并曾被送至湄洲岛上的妈祖祖庙开光分灵（将神像带至祖庙，荡涤尘垢，求取神力）。

千百年来，这一座座神圣庄严、古朴优雅的妈祖庙，一直是山东沿海渔民们的心灵寄托之地和归依之所。每逢重要节日（如妈祖生日、祭日、春节等）或出海之时，虔诚的人们都会来至妈祖神像之前，焚香烧钱，磕头许愿，祈求平安。

八　田横祭海

在山东沿海地区，每逢谷雨时节，春汛水暖，百鱼上岸，新一年的渔业活动自此开始。为了祈求神灵保佑一帆风顺、渔业丰收，在起航捕鱼之前，沿海渔民们都会进行一项重要的出海仪式，那便是祭祀海神（海神主要为妈祖和龙王）。在众多地区的祭海仪式中，最为著名的当是青岛即墨市的"田横祭海"。

"田横祭海"发源于田横镇（以齐王田横命名的城镇）的周戈庄村，始于明朝，已有500余年的历史。最初，祭海活动以一户一船的零散方式进行。直至民国初年，才形成了以家族或船组为单位的集体祭海仪式。

新中国成立以后，祭海活动得到了进一步发展，后因各种因素中断了20年，于1984年重新恢复，并被确定为节庆活动，名为"周戈庄上网节"（因在祭海当天要将渔网抬上船，故"祭海"又称为"上网"）。之后，又经历了"周戈庄祭海民俗文化节""田横祭海民俗文化节"等名称的演变，于 2006 年被正式命名为"田横祭海节"，举办时间为每年公历 3 月的第三个周末。

祭海活动共分两个主要阶段：前期筹备和祭祀仪式。

祭海的筹备工作内容非常丰富，包括选三牲、蒸面馍、写太平文疏、写对联、装饰龙王庙、扎松柏门、搭戏台、列船等，其中最重要的内容为前三项。

第一，选三牲。三牲亦称太牢，是祭祀用的三种供品，各地祭品不尽一致，田横地区为猪、鸡、鱼。猪要选个大肥壮的黑毛公猪，鸡要选个大健壮的红毛公鸡，鱼要选个大肥美的鲈鱼，个越大越好，有"大发洪财"之寓意。三牲之中，以猪为最。将猪宰杀之后，全身刮毛，只在脖子上留一撮黑毛，代表这是一头带毛的全猪。然后，将其绑在一只四短腿红漆长方矮桌上，呈昂首挺立的姿势，猪背上披挂一层形似渔网的板油脂皮（"网猪"谐音"网住"，寓意为"希望一网下去可捕到肥猪般的大鱼"），脸上以胭脂浓妆艳抹，头颈之上以红绸布结成的彩带装饰，活脱脱一位披红挂彩、花枝招展的新娘。

第二，蒸面馍。面馍是山东东部地区具有地域特色的一种面食，俗称"饽饽"。祭海用的饽饽与平时吃的可不是一个重量级，大的重达 3 千克左右，真可称得上是巨型饽饽，足可供一个成年人吃上一个星期。传统的面馍造型为人们喜闻乐见的寿桃形状，为了迎合祭海活动的喜庆场面，心灵手巧的渔家媳妇们又会在寿桃之上绘上龙凤呈祥、喜鹊报春、八仙过海、百花齐放、海底世界等五彩面饰图案，寓意深刻，精美别致。

第三，写太平文疏。这是一种祭祀所用的正式祭文，必须由村里德高望重的老人用黄表纸书写。书写内容如下："具疏人×××，系周戈庄人。今逢上网吉日，特备信香、纸钱、三牲等祭品，敬献于×××（受祭祀的神灵名号）位下。落款为农历×年×月×日。"

各种准备工作就绪之后，只等明日的祭海仪式。当清晨的第一缕阳光洒向渔村时，祭祀仪式正式拉开了帷幕，其主要活动有三项。

第一，摆供。摆供以渔船为单位，地点就在龙王庙前的海滩上。供桌之上铺以红色花布，摆放面馍、公鸡、鲈鱼、蛋糕、水果、烟酒等供品，供桌之前摆放公猪和香炉。另外，准备焚烧或燃放的香纸、文疏、鞭炮等物品也一应俱全。

第二，祭奠。过去祭海的时辰越早越好，有"占先发财"之意，而现在则定在上午 8 点。吉时一到，由渔民们推举出的年高德劭的船把头宣布祭海仪式正式开始。随着船把头的一声令下，但见锣鼓喧天，鞭炮齐鸣。鞭炮多是千挂大鞭，声音特别响亮，持续时间特别长。在震耳欲聋的鞭炮声中，虔诚恭敬的渔家媳妇们开始焚纸烧香，而兴高采烈的船老大们则向空中大把大把地抛撒糖果，引来一群群天真无邪的孩子你争我抢，欢快异常……

第三，唱戏。唱戏是祭海活动的必备项目，而且要持续三天。传统的戏曲剧种是为人们喜闻乐见的京剧，后来又增添了现代歌舞等表演内容。除此之外，祭海活动中还会上演秧歌、旱船、腰鼓、龙灯等具有当地文化特色的民俗节目。

祭海仪式结束之后，热情好客的渔民们都会邀请前来参加仪式的亲朋好友到家中（过去是在船上）设宴款待，好酒好茶伺候，而祭祀神灵时所用的三牲、面馍等又成为餐桌上的佳肴美味。在推杯换盏之际，在觥筹交错之间，新一年的渔业生产也随之悄悄地来临。

目前，田横祭海节已发展成为中国北方地区规模最大、渔文化特色最为浓郁、原始祭海仪式保存最为完整的祭海活动。2008 年，田横祭海节被列入第二批《国家级非物质文化遗产名录》。

九　刘公岛

在山东省最东端的黄海之滨，有一座小岛，似一颗碧绿的珍珠镶嵌在威海湾内，与山东半岛和辽东半岛呈"二龙戏珠"之势，这便是有"海上明珠"之誉的刘公岛。刘公岛东西长 4.08 千米，南北宽 1.5 千米，面积仅 3.15 平方千米。小岛四周碧海万顷，烟波浩渺，全岛植被茂密，郁郁葱葱。这是一座风景秀丽的小岛，更是一座具有深厚文化底蕴的小岛。这座以"刘公"命名的小岛，其本原文化正是刘公文化。而刘公文化的起源时间，最早可追溯至 1800 多年前。

东汉末年，宦官弄权作乱，大批忠臣蒙冤，朝廷乌烟瘴气，民不聊生，大汉江山危如累卵，摇摇欲坠。中平六年（189 年），昏庸荒淫的汉灵帝刘宏驾崩，嫡长子、年仅 14 岁的刘辩继位，史称汉少帝。刘辩的运气实在太差，即位仅五个月，便被暴虐不仁的乱臣贼子董卓废黜，成为东汉在位时间最短的皇帝，也是东汉唯一被废黜的皇帝。不过，狼戾残忍的董卓并未就此罢手，刘辩的噩运才刚刚开始。一年之后，因担心关东群雄以迎废帝刘辩复位为名讨伐自己，董卓一不做二不休，干脆用鸩酒将刘辩毒杀。为了斩草除根，董卓又假借年方 10 岁的汉献帝刘协（少帝的继任者、同父异母兄弟）的旨意将刘辩的母亲何太后赐死，并命武士绞杀刘辩的爱妃、当时已身怀六甲的唐姬。

幸运的是，受命绞杀唐姬的这名武士，曾经受过唐姬的恩惠。滴水之恩，当以涌泉相报。在行刑时，这名武士偷偷地做了手脚，用麻药将唐姬弄晕，造成被绞死的假象。随即，他将此消息告知了宫外的一位朋友——弃官在家的正直官员郑泰。就在唐姬被埋的当天晚上，郑泰冒着生命危险将唐姬及时救走，并将她护送至小龙山，暂时躲避在隐居于此的孔子十九世孙孔荫的家中。从此，唐姬开始了漫长的漂泊之旅。

在此期间，洛阳城内又发生了一件极具轰动效应的刺杀事件，行刺者是时任典军校尉（相当于中央警卫团的营长）的曹操，行刺对象就是恶贯满盈、十恶不赦的董卓。因不满董卓独断专行、飞扬跋扈，曹操欲乘董卓熟睡之时刺杀之，不料吕布进来，惊醒董卓。曹操灵机一动，遂以献宝刀为由惊险脱身，刺杀行动宣告失败。惊魂未定的曹操快马加鞭，匆忙出洛阳城，落荒而逃。行至小龙山附近时，路过好友吕伯奢家，因怀疑朋友出卖自己，一向以"宁教我负天下人，休教天下人负我"为人生信条的曹操将朋友一家全部杀死，之后逃之夭夭。躲过一劫的董卓大为震怒，将曹操列为重点通缉对象，并命令官兵在小龙山一带进行大规模的排查。没料想，朝廷的这一举动，却惊动了深居小龙山的孔荫。

在这种形势下，唐姬若继续留在小龙山会相当危险，身份随时可能暴露。于是，孔荫便收拾行囊，携带妻女，护送唐姬离开小龙山，漂泊异乡。初平元年（190 年），孔荫一行来到一个名为杨家村的小村庄，并在此停住了脚步，因为此时唐姬已怀胎十月，临盆在即。在这个宁静的小村里，唐姬顺利产下一名男婴，并依少帝刘辩的遗愿，取名刘民。在母亲、孔荫家人以及乡亲们的精心照料和关怀下，小刘民健康快乐地成长。孔荫更是对刘民疼爱有加，教他读书、习武、采药、学医。然而，这种平静的生活不久就被打破。建安四年（199 年），诸侯混战的战火殃及杨家村，孔荫一行只好再次踏上漂泊流浪的征程，北上冀州避难。

建安九年（204 年），"挟天子（汉献帝刘协）以令诸侯"的曹操，在战胜袁绍等诸侯之后，将黄河以北诸州，置于东汉中央政府的控制之下。这时，一个令他震惊的消息传来——少帝的爱妃唐姬尚在人世，而且还为少帝生下了一个孩子。如果孩子是个女儿也就罢了，可他偏偏是个儿子。在曹操眼里，这个孩子无疑就是一个异端，一个极具潜在危险的异端，因为他是先皇后裔，是皇位的合法继承人，他的存在可能会引发大规模的骚乱，从而影响江山社稷的安定。对于这样的异端，当然必须铲除，而且越快越好。于是，曹操立即派兵前往冀州搜捕唐姬母子。

冀州是不能再继续待下去了，该何去何从呢？一头雾水的孔荫决定迷信一回，亲自拜访一位处于弥留之际的算命老人，求其指点迷津。"宜向东，至海边，天之尽"，这是老人的忠告，也是老人的临终遗言。人之将死，其言也善，孔荫对此深信不疑。看来，颠沛流离的日子又要开始了。

当孔荫一行行至济南时，因思乡心切，又因见刘民已长大成人，孔荫一家在此与唐姬母子泪别，返回曲阜老家。之后，唐姬母子风餐露宿，日夜兼程，历尽千辛万苦，于建安十二年（207 年）来到了天尽头（今威海荣成市的成山头），住在了一座名为日主祠的祠堂里。近 20 年流离失所、漂泊不定的日子，终于结束了。

回首往事，唐姬感慨万千。自己不经意的一点恩惠，却换来了自己宝贵的生命；尽管与孔荫一家素不相识，却得到了他们 10 多年的无私照顾；虽然离乡背井、浪迹天涯，但无数好心人的关心使得原本艰辛的生活充满了温情。这一切的一切都归于一个字，那就是"善"。因此，唐姬一直告诫儿子，对任何人、任何事物都要怀有一颗善良的心，要与人为善，要多行善事，因为善人必有善报。对于母亲的教诲，刘民铭记于心，并时刻以实际行动践行着这一价值理念。

17 岁的刘民是一个懂事的孩子，他用自己并不太宽阔的肩膀撑起了家庭生活的重担，对母亲更是至亲至孝，百依百顺，照顾得无微不至。而对邻里乡民，亦待亲人一般。因从小跟随孔荫学习医药知识，刘民的医术虽谈不上精通，但对于一般的小灾小病，自是不在话下。乡亲们如果有个感冒发烧、头疼脑热的，刘民都会尽其所能、不遗余力地为其医治。一个不到 20 岁的年轻人，竟然具备如此高尚的品质，真是难能可贵。也正因于此，唐姬母子受到了当地百姓的由衷敬重，并在这里扎下了根。日子就这样一天天过去，平平淡淡。

建安十四年（209年）的一天，刘民在出海打渔时，救下了一条鱼，一条美人鱼——一位有沉鱼之容的落水姑娘。这位姑娘是个孤儿，名叫嵘燕，模样生得是如此俊秀，美貌绝伦。一个是勤劳朴实、心地善良的刘家大哥，一个是楚楚动人、情窦初开的妙龄少女。于是，一段浪漫的爱情故事开始上演了。为了答谢刘民救命之恩，感恩图报的嵘燕姑娘决定以身相许，而忠厚老实的刘民也不好拒绝，欣然接受。或许，在刘民心里，这位美若天仙的嵘燕姑娘就是上天赐予他此生的最好礼物。结为秦晋之好的刘民夫妇，情投意合，相敬如宾。

建安二十一年（216年），漂泊流浪了一辈子的唐姬与世长辞。送别母亲之后，刘民夫妇遂相依为命，相濡以沫，耕织渔猎，乐善好施。外出打鱼时，刘民夫妇经常来到一座风景旖旎的小岛，在此消暑纳凉，垦荒种地。久而久之，他们对这个小岛产生了感情，后来索性搬到了岛上定居下来。这座小岛地理位置较为险要，经常有船只从此经过。风平浪静之时，船只自然安然无恙。而风起浪涌之时，船只便会颠簸飘摇，险象迭生，随时会有覆没的危险。而每逢此时，在这座小岛上，都会有一位手擎火把的老人矗立在风雨之中，为过往船只指引航程。这位老人不是别人，正是刘民。日复一日，年复一年，被刘民搭救的船只数不胜数，不计其数，而刘民手举火把指引航向的形象也成为这座小岛上一座永恒的雕塑。

德高之人，其寿也长。这位宅心仁厚、广施善行的老人竟然活至九旬，一觉眠去，安然辞世。为了纪念这位善良的老人，人们尊称他为刘公（其妻被尊称为刘母），将他所住的小岛称为刘公岛，并且在岛上建立了一座刘公庙，供奉之，祭祀之。千百年来，香客络绎不绝，香火绵绵不断……

与人为善，乐善好施，这是刘公穷其一生向人们诠释的人生真理。这一至真至美的人生哲理，正是刘公文化的真谛，而刘公岛经久不衰的迷人魅力即源于此。

不过，刘公岛之所以闻名于世，不只在于其刘公文化，还在于其军事文化。这座素有"东隅屏藩"之称的小岛，横卧于威海湾中央，与威海城唇齿相依，是扼守东陲海疆的天然屏障。这里是中国近代第一支海军——北洋水师的诞生地，是中日甲午战争的古战场，著名的威海卫之战就发生于此。

清光绪二十年（1894 年），岁在甲午。7 月 25 日，日本不宣而战，在朝鲜丰岛袭击北洋水师的战舰，引爆了甲午中日战争。8 月 1 日，清政府正式对日宣战。短短 6 个月，在经历了平壤战役、黄海海战、鸭绿江江防之战、金旅之战之后，辽东半岛全部沦陷，日军在渤海湾获得了重要的根据地。

1895 年 1 月 20 日，日本陆军在威海荣城湾登陆，相继攻克了威海卫城（今威海市）、南邦炮台、北邦炮台，并将缴获的大炮炮口转向刘公岛港。而在军港东面的海上，日本联合舰队也已经严阵以待。此时，港内北洋舰队残存的战舰大多已失去了航行能力，只能作为固定炮台使用，而朝廷的援兵，远在数百千米之外。与外界失去一切联系的北洋水师，陷入陆海夹攻、四面临敌的绝境之中，生死存亡仅在旦夕之间。

自 2 月 3 日起的一周时间里，在日军接二连三的海上进攻、鱼雷艇偷袭、再海上进攻之后，北洋舰队的定远舰、来远舰、威远舰、靖远舰等或被击中搁浅，或被击沉，实力大大削弱。刘公岛港内，由于粮食缺乏、弹药将尽、救援无望，官兵士气大挫，降敌之风日盛。军中洋员与部分军官提议投降，北洋水师提督（司令）丁汝昌严词拒绝，发誓坚守阵地。然而，水师提督的号令却几乎没有得到任何响应。丁汝昌下令凿沉残余军舰，以免资敌，可是害怕"取怒倭人"的舰长们无一听命。随即，丁汝昌又命令各舰突围，以免全军尽没，但是贪生怕死的舰长们更是无动于衷。百般无奈之下，"众叛亲离"的丁汝昌唯有以身殉国，以谢天下，于 2 月 11 日晚服毒自尽。次日，拒绝沉船又拒绝突围的舰长代表程璧光，乘着悬挂白旗的镇北舰出港，将投降书送至日本军舰。至此，历时 24 日的威海卫之战宣告结束，曾经烜赫一时的北洋舰队，全军覆没。

就在威海卫之战开始的第四天，丁汝昌收到了日本联合舰队司令官伊东佑亨的劝降书，其中写道："贵国目前的处境……源于一种制度……这是几千年的传统。当贵国与外界隔绝时，这一制度可能是好的。现在它却过时了。在今日的世界里，已不可能与世隔绝了。"（中央电视台：《走向海洋》解说词）短短的几句话，却道出了中国在这场战争中失败的根本原因，令人深思，发人深省。

自古以来，中国始终是一个农业大国，一切自给自足，一直奉行"重农抑商"的经济政策，而一向以"天朝上国"自居的清代政府对于海外贸易更不感冒，尤以实行"闭关锁国"政策的清政府为甚。这一政策的实施，使清政府变成了井底之蛙，对于西方如火如荼的工业革命竟是一无所知，对于来自海上的威胁更是毫无戒备。鸦片战争的一声炮响，惊醒了诸如魏源、林则徐等一批有识之士，却未惊醒妄自尊大的清政府的天朝旧梦。

1874 年，曾经的藩属国、仅有弹丸之地的日本竟然也派兵登陆台湾，企图染指中国领土。直至此时，清政府才如梦方醒，匆忙筹建海军，先后建成了闽洋水师、粤洋水师、南洋水师和北洋水师。四洋之中，以北洋水师的实力和规模最大。1888 年 12 月 17 日，北洋水师正式成军，仅在三年之后，便发展成为当时亚洲第一、世界第八的海军舰队。

然而，自北洋水师的成军之日起，这支以扼守国门为目的而被动建立起来的海军即面临着经费日益减少的尴尬局面，原本的海军经费被移作他用，多数被用来修建颐和园，以迎接慈禧太后的六十大寿。至甲午战争爆发时，北洋水师已多年未购置新舰，旧舰年久失修，官兵训练无序、纪律松弛，作战装备亦久未更新，军队作战能力可见一斑。

反观日本，则呈现出截然不同的景象。然而，让人意想不到的是，这一景象的出现却与北洋水师有着莫大的关联，这一切都源自北洋水师对日本的两次访问。第一次访日是在 1886 年（光绪十二年）8 月，第二次是在 1891 年（光绪十七年）6 月。这两次访日活动，被日本称为"海军史上具有重大历史意义的事件"，北洋水师在充分地炫耀大清国威、军威，给日本人以深深震撼和恐惧的同时，也深深地刺痛了日本人那脆弱的自尊心。久处孤岛的大和民族深以为耻，且知耻而后勇，随即主动展开了一场轰轰烈烈的海军扩建运动。1887 年（光绪十三年）3 月，日本明治天皇颁布了"立国之务在海防，一日不可缓"的敕令，并捐出皇室费用 30 万元作为海军经费。光绪十九年（1893 年），明治天皇再次颁布敕谕，催促国会通过海军扩展计划，并允诺在未来的 6 年中捐出 180 万元作为海军经费。这位励精图治的皇帝甚至每天仅吃一餐饭，用饿肚皮的方法，亲自为文臣武将作出表率。皇帝的示范行动令日本朝野深为感动，贵族院议员决定捐出年俸的 1/4，政府官员决定捐出收入的 1/10，作为造舰和海军装备之用。日本倾全国之力，在短短八年里，迅速建成了一支可以和北洋水师相抗衡，甚至在战舰性能、作战技术等方面都超过了北洋水师的海军队伍。

两相比较，胜负立判。"以北洋一隅之力，搏倭人全国之师"（清·李鸿章：《据实陈奏军情折》），怎能不败！

1894 年（光绪二十年）11 月 7 日，修葺一新的颐和园内张灯结彩，鼓乐喧天。为了庆祝 60 大寿，慈禧太后大宴群臣，赏戏三天。仅在 3 个月之后，曾经号称"亚洲第一舰队"的北洋水师就在无情的炮火之中，灰飞烟灭。

"天下大势，浩浩荡荡。顺之者昌，逆之者亡。"这是孙中山在 1916 年 9 月 15 日观赏汹涌澎湃的大潮时发出的一声感叹，而这或许也正是甲午中日战争带给世人的最大警示。

十 成山头

在山东省胶东半岛荣成市境内，有一座东西走向的山脉，名为成山，古称召石山。相传，秦始皇东巡来到此地，欲填海造桥以寻仙求药，便命土地神召太行山石东来。于是，土地神手执神鞭，驱石东行，数十座石山簇拥相随，至此而止，遂形成了层峦叠嶂、连绵起伏的成山山脉。成山蜿蜒东去，直达黄海，而伸入大海的岬角，便是闻名中外的成山角。它是成山山脉的最东尽头，故又俗称成山头。

成山头海拔 200 米，东西宽 1.5 千米，南北长 2 千米，占地面积 2.5 平方千米。这里奇峰林立，峭壁如削，峰多豁裂如鞭伤、缝多锈渍似血痕[①]；这里怪石嶙峋，神态各异，有的如"蛟龙出水"，有的似"猛虎下山"，有的像"将军戍边"。在众多怪石之中，最为著名的当是"秦桥遗迹"。如前所述，秦始皇召石东来，日夜填海造桥，如此兴师动众之举，令东海龙王敖广颇受感动。龙王立即命令海神帮忙搬石立柱造桥，仅在一

---

① 传为土地神鞭笞所致，实则自然作用而成。岩石经风化、海蚀等作用，形成许多裂隙，好似鞭痕；岩石中所含的铁元素，经氧化作用形成锈色，宛若血迹。

夜之间便造桥 40 里。当秦始皇闻知此事，又惊又喜，深为感激，欲见海神，当面致谢。长相丑陋的海神不太情愿地答应了秦始皇的请求，同时也提出了一个要求——见面时不准画像外传。怎料秦始皇未守信用，让画师化装为工匠，偷偷将海神像画了下来。当海神觉察到秦始皇竟然违约失信，顿时勃然大怒，立刻毁桥而去，只剩四座桥墩留于海中（四座桥墩传为海中四件镇海宝物化成，故无法拆除），这便是"秦桥遗迹"。

这里时常惊涛拍岸，溅花如雪，白浪滔天，令人心潮澎湃；这里经常云雾缭绕，是中国雾日最多的地方，被誉为"中国的雾窟"；每逢春天，这里海鸥云集，繁衍生息，高歌翔翔，被称为"海鸥的天堂"；奇峰、怪石、激涛、幻雾、飞鸟交织成一幅绝美的画面，宛若人间仙境，也成就了成山头"中国最美八大海岸之一"的美誉。

成山头山水相依，风景旖旎，自春秋时期便被称为"朝日乐舞之地"，意为"此地风光如此优美，竟然连早晨的太阳都为之且歌且舞，久久不愿离去"。这里是中国最早迎接太阳东升的地方，自古以来便被认为是日神所居之处。春秋初年，齐国始祖姜子牙为凝聚人心，加强统治，在齐地山川分封八神，即天、地、兵、日、月、阴、阳、四时八位神主，并建立祠堂供奉之，其中日神即被封于成山头。始皇二十八年（前 219年）、三十七年（前 210 年），秦始皇曾两次来到成山头，拜祭日神，修建长桥，求取不老仙药。太始三年（前 94 年），汉武帝来到成山头，建日主祠[①]，修拜日台，拜祭日神，以感恩戴泽，并留下百世流芳之诗作《赤雁歌》。

成山头又被称为"好运角"，是民间公认的"好运福地、祈福胜地"。自春秋战国时期开始，不仅帝王将相到此礼拜，而且黎民百姓也纷纷至此祭拜，以求神灵保佑好运。据说，来此诚心礼祭日、海众神，既可祈福运、禄运、寿运、喜运、财运，又可求时运、势运、子运、学运、国运，最终得一生好运。

成山头因位于成山山脉最东端，是中国大陆伸入大海的最深处，故又被称为天尽头。秦始皇第一次率文武百官东巡行至成山头时，但见仙山云

---

① 清朝一道士在此基础上重修祠堂，即现存的始皇庙，为全国唯一一座纪念秦始皇的庙宇，由日主祠、始皇殿和天后宫三大主体建筑构成。

雾茫茫，大海烟波浩渺，顿生地绝天尽之感，情不自禁地发出"仙境、天尽头"之感叹，遂命随行的丞相李斯手书"天尽头、秦东门"六个大字，刻于石碑之上，立于成山顶峰。后因年代久远，且遭雷击，石碑遂断为两截，上半截有字部分落入大海，仅剩一块高1.2米、宽1.45米、厚0.75米的残碑底座，矗立在成山之巅。

成山头三面环海，与韩国隔海相望，距南北国际主航道仅5海里，为近海南北交通必经之地，是黄海进入渤海的咽喉，被称为"中国的好望角"。因其地理位置独特，故自古以来就是兵家必争之地。魏太和四年（吴黄龙二年，230年），魏吴两国在此交战，吴国大将周贺被斩于成山头。唐显庆五年（660年），唐朝派大将苏定方东征朝鲜半岛，即由此济海东渡。清光绪二十年（1894年），震惊中外的甲午中日战争爆发，其中著名的黄海海战发生在成山头的正东海面。在此战中，北洋水师爱国将领、致远舰管带邓世昌，率领全舰官兵奋勇抗敌，不幸壮烈牺牲。为纪念这位为国捐躯的民族英雄，人们特意为其塑像立碑，置于始皇庙内。

伫立于天之尽头，观海山胜景，看涛走云飞，品奇石碑刻，忆千秋故事，一首古诗油然涌上心头："天尽地无尽，沧波一望惊。日晴仍汉色，潮怒带秦声。远想来孤鹤，深疑卧巨鲸。欲观真面目，须向海中行。"（清·宋绳光：《成山》）

十一　天鹅湖

天鹅，古时又有鹄、鸿鹄等称谓，是一种举止庄重、仪态优雅的大型珍稀水鸟，现为国家二级保护动物。自古以来，天鹅一直受到人们由衷的钟爱，集中地体现于古代经典文献、诗词文赋、神话故事、绘画雕塑等文学、艺术作品之中。

天鹅虽属大型游禽，身长可达1.5米，体重可至15千克，却没有一丝臃肿、笨拙之感。相反，天鹅的体态颇为轻盈，具有非常出众的高空飞行能力，可横绝9000米的高空，是世界上飞得最高的鸟类之一。因天鹅擅长高飞，志在九天，故常被用于比喻志向远大之人。东汉《古诗十九首·西北有高楼》有"愿为双鸿鹄，奋翅起高飞"之诗句，而秦末农民起义的领袖陈胜更是发出了"燕雀安知鸿鹄之志"的千古一叹。

天鹅羽毛纯白如雪，脖颈颀长，形体优美，飞翔姿态极为洒脱迷人，因而被人们视为圣洁、高雅的象征。在古希腊神话中，有一个名为《丽达与天鹅》的著名传说故事。话说天神宙斯化为一只被苍鹰追逐的白天鹅，翩然落到正在湖中沐浴的希腊美女丽达的身旁，结果丽达受孕，生下四位天使般的女儿，其中最美的女儿名为海伦，其倾城倾国的绝美姿色引发了后来一场长达十年的特洛伊战争，达·芬奇的名画《丽达与天鹅》和爱尔兰诗人叶芝的十四行诗《丽达与天鹅》，均以此故事为主题，对天鹅的形象进行极力的美化、神化。此外，许多西方古典画家，如意大利画家波提切利，则喜欢将女性的脖颈画得如天鹅一样修长，使其拥有天鹅般纤美、高贵的气质。

天鹅具有绝对的夫妻观念和极强的家庭观念。一旦两只天鹅结为夫妻，那么双方均会忠于自己的配偶，一心一意，从一而终，不会移情别恋，更不会红杏出墙。一旦夫妻一方逝去，另一方会继续坚守彼此忠贞不渝的爱情，不会再娶抑或再嫁。当它们的爱情开花结果之后，双方会把全部的精力倾注于幼鹅的哺育和培养上，无论是觅食、嬉戏，还是休息、迁徙，都是以家庭为单位进行活动，父母与孩子形影相随，不离不弃。于是，在爱情、亲情方面拥有如此高尚品质的天鹅又成为忠贞、恩爱的代名词。

中国有句谚语，叫作"良禽择木而栖"。说的是优秀的禽鸟会选择理想的树木作为栖息之地，而对于仪表纯美、品性高洁的天鹅来说，更是对其繁衍地和越冬栖息地颇为挑剔。一个地方若没有适宜的气候、充足的食物、干净的水源和优美的环境，对天鹅便没有丝毫的吸引力。在中国境内，天鹅的栖息之所屈指可数，主要分布在黑龙江（如扎龙、兴凯湖、三江平原）、内蒙古（如鄂尔多斯、呼伦贝尔、呼伦湖、绰尔河）、青海（如柴达木盆地、青海湖）、新疆（如巴音布鲁克天鹅湖、赛里木湖、艾比湖、伊犁河、石河子）、山东（如荣成沿海、黄河三角洲、无棣埕口）、河南（如三门峡、黄河故道）等地区，而被誉为"东方天鹅王国"的荣成天鹅湖是其中最为著名的天鹅越冬栖息地。

荣成天鹅湖位于胶东半岛最东端的成山镇，明清时期曾为荣成湾内一处具有军事防御功能的港湾，后因泥沙淤积，形成一条长5000多米、宽100多米的金色沙坝，将其与大海隔开，遂成为一处面积达5平方千米、半封闭的天然泻湖，因其状如半月形，故又名月湖。月湖三面为陆地所包围，东南处有一条宽百米的河口，与大海连接，湖水随海水潮涨潮落。作为东北亚地区一处罕见的、保存完好的典型沙坝泻湖，月湖具有优良的自然环境和独特的沿海地貌，得到众多天鹅的青睐，成为闻名中外的天鹅湖。

天鹅湖所在之地属暖温带季风性湿润气候区，冬无严寒，夏无酷暑，年平均气温为 12℃，年均日照约 2600 小时，年均降水量约 800 毫米，空气质量全年优良（其中质量为优的天数超过 300 天），近海海域水体质量达到国家标准 2 类以上，是中国空气质量和海水质量最好的地区之一，是天鹅越冬栖息的理想之地。

天鹅湖内水质清洁明澈，平均水深为 2 米，最深处不过 3 米，湖面很少结冰，湖中繁衍生长着大量的海藻（其中有一种名为大叶藻，是天鹅的上乘饲料）、小鱼、小虾、贝类和其他浮游生物，为天鹅的生存保证了充足的食物来源。湖之周围有几条小溪流入，为天鹅的生活提供了充分的淡水资源。而湖之周围又遍植松林，芦苇丛生，也为天鹅的隐蔽提供了有利条件。

于是，从每年 11 月开始，来自俄罗斯西伯利亚，中国内蒙古、黑龙江等地的天鹅便成群结队，以家庭或小群为单位（一般每群为 4—20 只），排成整齐的"一"字形或"人"字形，从遥远的北方千里迢迢来至荣成天鹅湖，在此栖身逗留，直至来年 3 月方才陆续恋恋不舍地离开。成千上万只洁白的天鹅，云集于碧波万顷的湖面之上，或悠然闲适，或遨游水中，或结对嬉戏，或引吭高歌，或凌波起舞，或凌空翱翔，呈现出一幅"万顷湖天碧，一池雪花白"的迷人画卷，令人痴醉，使人销魂。然而，荣成天鹅湖的动人之处还不止于此，一则凄美的古老传说又给这个美丽的湖泊蒙上了一层神秘、浪漫的色彩。

据传，秦始皇为求取长生不老丹药，决定在荣成成山头填海造桥，通至东海三神山。因工程事关重大，任务艰巨，秦始皇对此非常重视，不仅亲临现场监督指挥，还将其妻子带来，令其承担一项重要的任务——送饭。送饭时间以锣声为号准时送到，不能提前，不能拖后，若违反命令，严惩不贷。

一日，天还未响，锣声响起，妻子赶紧将午饭送到。怎料锣声却非人为敲响，却是由屎克螂误撞导致。然而，气急败坏的秦始皇看到妻子违反命令提前将饭送至，竟不问是非缘由，不念夫妻之情，立即下令将妻子处死。妻子感到天大的委屈，顿时痛哭流涕，泪流成河，河水在成山头附近马山北坡的洼地汇成一处宽阔的湖泊，名为泪水湖。而她纯洁的灵魂则化为无数只洁白的天鹅，轻轻地飘落在泪水湖上，于是泪水湖又有了一个新的名字——天鹅湖。

漫步天鹅湖畔，观海天一色的壮美景致，赏窈窕仙子的曼妙舞姿，品秦妻化湖的凄婉故事，心底不禁荡起层层涟漪，而心中更萌生出一个真切的夙愿——希望如此醉人的画卷能够永存人间。

十二 芝罘岛

在烟台市区北面的海面上，横亘着一座东西长 9 千米、面积约 10 平方千米、海拔约 300 米的海岛。远远望去，此岛宛如一棵硕大的灵芝横卧于黄海之滨，又好似一道天然的屏障拱卫着身后的这座港口城市，故而得名芝罘岛，又名芝罘山①。与一般海岛的不同之处在于，芝罘岛并非海中孤岛，而是一座三面环海、南有一径通至陆地的陆连岛，更是我国面积最大、世界上最为典型的一座陆连岛。

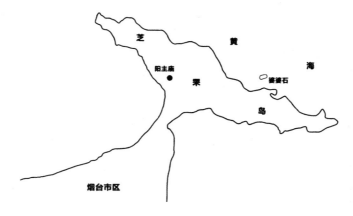

图5—2 芝罘岛示意简图

---

① "芝"即意为"灵芝"，"罘"本意为"设在屋檐或窗上以防鸟雀的网"，引申为"屏障"之意。

其实，芝罘岛最初也曾是一座与烟台隔海相望的海中孤岛。在芝罘岛的屏蔽作用之下，北来波浪的动力受到削弱，很难在岛的南部形成强大的浪流，从而在海岛与陆地之间形成一片波浪较为平缓的波影区。入海河流携带的大量泥沙、海浪冲蚀而成的大量沙石便在此区域沉积下来，日复一日，年复一年，渐渐形成了4条大致平行、长达6000米的沙坝，将海岛与陆地连接起来，而芝罘岛遂成为我国海岸线上一座著名的"与大陆握手的岛屿"。因有沙坝与大陆相连，故芝罘岛又被称为芝罘半岛。

芝罘岛自然景观相当独特，秀美与壮绝之景并存，阴阳对比极其强烈。芝罘岛之阴，崖陡壁峭，怪石嶙峋，险峻挺拔，犹如一尊怒目而视的大力金刚。芝罘岛为一个基岩岛，主要由质地坚硬的片麻岩和石英岩构成，节理广泛发育。岩石受海蚀、风化等地质作用的长期影响，形成了颇为典型的海蚀地貌。海岛阴面的海蚀崖，高达六七十米，坡度竟达90度，每当西北风骤起，惊涛拍岸，浪花飞溅，便呈现出一幕瞬息万变、极为壮观的景象——芝罘踏浪。踏浪之时，或浪花四溅，卷起千层白雪，谓之"雪涛"；或波浪冲天，碎作泼天骤雨，唤之"雨涛"；或白花飞溅，化作漫天云雾，名之"云涛"。在海蚀崖之下，有一处非常奇特的海蚀洞，因其形状颇似大象的鼻子，故名象鼻洞。在海蚀崖对面的海面上，矗立着一座高达40余米、锥体状的海蚀柱，外形酷似一位盘坐于水中的老婆婆，人称婆婆石。

芝罘岛之阳，坡缓地平，苍翠欲滴，瓦舍俨然，风景如画，宛若一位风姿绰约的美丽少女。在芝罘岛的庇护之下，阳面山脚下的海湾风平浪静，水深域阔，不冻不淤，自古以来就是一处优良的天然海港。早在春秋战国时期，芝罘港（古称转附）就与碣石（今河北秦皇岛）、句章（今浙江宁波）、琅珢（今青岛琅琊台）、会稽（今浙江绍兴）合称为"中国五大港口"。至汉晋时期，已发展成为我国北方最大的海上交通口岸。隋唐之后，芝罘港虽地位已渐次于登州（今烟台蓬莱）、莱州和密州板桥镇（今青岛胶州），却一直是我国北方的一处重要港口。清咸丰八年（1858年），英法联军侵占大沽炮台，并以进攻北京作为威胁。在此形势下，软弱无能的清政府被迫签订丧权辱国的《天津条约》。不过，这一不平等条约却给芝罘港带来了一个相当难得的发展机遇。以芝罘港为重要组成部分的烟台港成为山东省唯一的对外开放港口、中国北方三个对外开放港口之一，在环渤海地区与天津港、营口港形成三足鼎立的格局，而烟台也因港口的兴盛而迅速发展成为当时胶东半岛地区的政治文化中心。

在芝罘岛阳坡的绿树浓荫之间，一座壮观雄伟的庙宇建筑若隐若现。这座寺庙名为阳主庙，始建于春秋时期，是我国有史记载的最古老的庙宇之一。阳主庙共有四进院落，大殿位于第三进院落，正中供奉着"齐地八神"之一的阳主（又称梁王大帝，是专管民间水旱瘟疫的神灵）。秦帝国建立之后，为安抚齐地人民、维护江山社稷稳定，秦始皇曾率领文武百官进行了三次大规模的东巡，而芝罘岛每次都是其必经之地。秦始皇三登芝罘的主要目的，就是到阳主庙祭拜阳主，以祈风调雨顺、五谷丰登、国泰民安。出于同样的目的，汉武帝也曾于太始二年（前 95 年）登临芝罘，举行祭祀大典。

不过，秦始皇之所以东巡，还抱有一个非常重要的私人目的，那便是求取长生不老之药。在第一次东巡过程中，秦始皇就遇到了在胶东半岛一带颇有名气的方士徐福。这位博学多才的齐地方士在琅琊台上向秦始皇呈递上书，"言海中有三神山，名曰蓬莱、方丈、瀛洲，仙人居之"（西汉·司马迁：《史记·秦始皇本纪》），亲自为皇帝效劳，东渡入海，寻仙求药。这一颇具诱惑力的建议立即得到秦始皇的采纳，徐福东渡的序幕也随即拉开。然而，世上哪里会有不老仙药。于是，每次寻仙未果之后，徐福都会编织一个谎言以求自保，而鬼迷心窍的秦始皇竟然对这些鬼都不相信的瞎话深信不疑，并屡次资助徐福东渡求仙。

秦始皇最后一次被忽悠发生在第三次东巡期间，阔别已久的徐福向秦始皇编造了这样一个谎话："蓬莱药可得，然常为大鲛鱼所苦，故不得至，愿请善射与俱，见则以连弩射之。"（西汉·司马迁：《史记·秦始皇本纪》）成天做着长生不老之梦的秦始皇再次相信了徐福的谎言，并亲自率领众士自琅琊港一路北上，捕杀鲛鱼。当他们行至芝罘的时候，果真在港湾里遇到了一条大鱼。心情大悦的秦始皇奋力张弓，亲手将其射杀。如今海路已平，秦始皇再次命令徐福入海求仙。在目送徐福一行扬帆起航之后，秦始皇的巡游队伍也踏上了返回咸阳的行程。然而，当队伍行至河北沙丘时，刚至知天命之年的秦始皇却突发暴病，一命呜呼，至死也未得到梦寐以求的不死仙药。

明代时蓬莱县令段殿登上芝罘岛，感忆秦始皇东巡求仙往事，挥笔写下一首绝句，令人回味无穷。诗曰："北望波涛接远天，玄菟庚癸正堪怜，风微日暮帆樯集，不是当年采药船。"

十三　长岛渔号

在山东半岛北端的茫茫沧海之中，散落着 32 座苍翠如黛的岛屿，宛如一颗颗镶嵌于碧波之上的绿色宝石，这便是有"海上仙山"之誉的秀美群岛——烟台长岛。长岛，又称庙岛群岛、长山列岛，是山东省唯一的海岛县。早在 6500 多年前，就有古人来到这块宝地，并世世代代在此闯海捕鱼，繁衍生息。在长期的生产、生活过程中，逐渐形成了积淀深厚、内涵丰富、形式繁多、特色浓郁的长岛渔民文化。其中，尤以长岛渔号最为典型，最具吸引力，最有影响力。

渔号，是风帆时代渔民自主创造的一支闯海之歌。自古以来，闯海之路就不会是一帆风顺的，因为渔民不仅要适应海洋，更要征服海洋。然而，在生产条件较为落后的风帆时代，渔船的动力全凭人力和风力，渔业劳动强度之大，可想而知。而变幻莫测的海洋天气、不期而至的狂风骤雨，无疑会给原本已经颇为辛苦的渔业劳作雪上加霜。要与汹涌澎湃的大海搏斗，要与气势磅礴的风浪抗争，就需要一种高亢强烈的节奏号令，来鼓舞情绪，提高士气，统一意志，协调行动。于是，极具节奏感与音乐美感的渔号便应运而生。

长岛渔号，起源于长岛列岛之一的砣矶岛①，距今已有 380 多年的历史。作为渔民在闯海打鱼的过程中即兴创作的一种为劳动鼓劲的歌谣，长岛渔号沾着海风海浪，带着鱼腥气息，拥有浓郁的生产特征和生活气息。它贯穿于每一个劳作环节之中，比如，出海渔船上网时唱着"上网号"，摇摆大橹时吼着"摇橹号"，竖起船桅时叫着"竖桅号"，撑起船帆时喊着"撑篷号"（因"帆"与"翻"谐音，故长岛渔民忌称"帆"，而改称"篷"），满载而归时哼着"发财号"。不仅如此，长岛渔号还渗透于渔民的日常生活之中。例如，大人鼓励孩子学步，唱着渔号；登高上坡，哼着

---

① 该岛是长岛县人口最多的岛屿，民风淳朴，港湾众多，生态原始，环境优美，宛如"海上世外桃源"。

渔号；肩挑人拉，喊着渔号。

长岛渔号，是一曲原味、粗味、野味浓重的渔民之歌。其号词简单，质朴纯真，乡土气息浓厚，既无华丽的辞藻，又无华美的文采，或许这正是它之所以能够流传数百年的根本生命力之所在。在歌唱过程中，长岛渔号无任何音乐伴奏，使用纯正地道的当地方言，以原生态的吆喝、呐喊为主要表现手段。其喊唱形式为"一领众和"，即一人领唱，其他人和唱，领者称为"号头"，和者称作"答号"。

长岛渔号的音乐表现特点与劳动强度的高低紧密相关。对于在不同劳作场景中的 20 多种渔号而言，其表现特征存在显著差异。当劳动强度较高时，渔号的语调粗犷，声音浑厚，气势豪迈，节奏强烈，其主要功能为统一步调，指挥生产。随着劳动强度的降低，渔号的语调逐渐变得平和，声音趋向柔美，节奏趋于舒缓，其主要功能也变为调节精神，放松身心。

在渔船机械化之前，长岛渔民出海捕鱼时使用的是由 18 人左右操作的木制大帆船，称为大风船。渔船的行进，有风时靠篷，无风全凭摇大橹。大橹近两丈长，摇动相当费力。一旦发现鱼群，几人会齐喊号子，同摇大橹，奋力追击。"摇橹号"节奏急促，音程八度大跳，淋漓尽致地表现了渔民的急切心理和兴奋情绪。

当暴风雨临近时，必须撑起船篷。因船篷又大又重，故而离不开号子的统一指挥。但见，领者胸有成竹，气宇轩昂；和者齐心协力，众志成城；和者的句头紧咬领者的句尾，犹如巨龙闹海，大有力挽狂澜、排山倒海之势。"撑篷号"节奏铿锵有力，曲调苍劲浑厚，胆魄气吞山河。

当渔民满载而回时，会情不自禁地哼唱起"发财号"。在各类渔号中，"发财号"是最具有代表性的抒情曲，其曲调和缓，旋律轻快，悠扬婉转，悦耳动听。在一领一和，一呼一应之间，洋溢着渔民丰收时的幸福喜悦之情。

长岛渔号是提高渔业生产效率一支强有力的催化剂，也是调节单调枯燥的海上生产活动的一种调味剂。在几百年的历史变迁中，它时刻陪伴在渔民左右，并不断得到充实和发展。然而，自 20 世纪 70 年代开始，随着生产工具和生产方式的更新，一些老年渔民相继退休或作古，而长岛渔号遂在鲜为传唱中成为一种无形的文物，被尘封在人们的记忆和感怀中。

幸运的是，长岛渔号并未为人遗忘。自 20 世纪 80 年代开始，长岛县政府就开展了对长岛渔号的挖掘、整理工作，并将其记入《长岛县志》。进入 21 世纪以来，长岛渔号的保护力度不断加强，相继被列为市级、省级非物质文化遗产。2008 年 1 月，长岛渔号更是被列入《国家级非物质文化遗产名录》。如今，长岛渔号已成为长岛旅游的一块金字招牌，成为长岛旅游的代名词。

一首传唱了几百年的海上"渔歌"，一支激发渔民豪情的海上"渔令"，一曲撩动游客心弦的海上"渔谣"，这就是长岛渔号！

十四 八仙过海

八仙，是我国古代民间传说中非常有名的八位神仙。汉魏六朝时期，即出现"八仙"一词，是指魏晋以来神仙家们所推崇的以老子为首的八位道教仙人，传说他们均在蜀地得道成仙，故被称为"蜀之八仙"。唐朝时期，又出现"八仙"一说，指的是以李白为首的八位因好酒而成为挚友的士大夫，被誉为"酒中八仙"或"醉八仙"。这两组仙人，均与铁拐李等八仙没有关联。今之所谓"八仙"，大约形成于元代，但其中的人物尚未固定。至明代中叶吴元泰作《八仙出处东游记》时，为人们所熟悉的八仙人物才最终确定下来，他们分别是蓬头垢面的铁拐李、袒胸露乳的汉钟离、倒骑毛驴的张果老、风流倜傥的吕洞宾、貌美如花的何仙姑、放荡不羁的蓝采和、才华横溢的韩湘子和不恋富贵的曹国舅。

与道教的其他神仙不同，八仙都来自人间，均为凡人得道，其个性与百姓较为接近。而且，他们的出身各不相同，分别代表男、女、老、少、富、贵、贫、贱，因此无论是七尺男儿还是娇滴女子，无论是耄耋老人还是黄牙小儿，达官贵人还是黎民百姓，都对其青睐有加。这八位身怀绝技的仙人，手持法宝①，到处打抱不平，惩恶扬善，劫富济贫，济世度人，上演了一幕幕精彩纷呈的动人传说。其中，最为脍炙人口的莫过于"八仙过海"的故事。

相传某日，八仙兴致勃勃地来到风景旖旎的蓬莱阁上聚会设宴，把酒

---

① 分别为铁拐李的葫芦、汉钟离的蒲扇、张果老的鱼鼓、吕洞宾的宝剑、何仙姑的荷花、蓝采和的花篮、韩湘子的笛子、曹国舅的玉板。

言欢。八位神仙各展厨艺，以当地的大虾、海参、扇贝、海蟹、红螺、真鲷等海珍为主要原料，加工了八个拼盘、八个热菜和一个热汤。拼盘以各自的宝物为图案，造型别致；热菜图案似蓬莱的多处名胜景观，巧夺天工；热汤则以八种海鲜外加鸡汤制成，味道至美至鲜。

　　酒过三巡、菜过五味之后，意犹未尽的铁拐李提出了一个建议——吃完喝完之后，去景致秀丽的三神山（蓬莱、方丈、瀛洲）玩乐。众仙群情激昂，齐声附和。这时，酒至酣处的吕洞宾又提出了一个建议："我等既为仙人，今番渡海不得乘舟，只凭个人道法，不知各位意下如何？"众仙听罢，欣然赞同。

　　酒足饭饱之后，八位仙人行至海边，欲横渡大海。逍遥闲散的汉钟离，将大如蒲席的芭蕉扇扔进大海，醉眼惺忪地躺在蒲扇之上，优哉游哉地漂向大海深处。面若桃花的何仙姑步其后尘，将荷花往海里轻轻一掷，轻轻盈盈地飘于荷花之上，随波缓缓漂流。不甘落后的其他六位仙人也各显神通，纷纷将随身宝物丢入海中，悠然自得地遨游于万顷碧波之中。

　　不料，八仙遨海的举动惊动了身处海底龙宫的东海龙王。此海由我管，此路归我开，要想由此过，没门。于是，东海龙王亲自率领虾兵蟹将出面阻止八仙过海。酒劲正盛的八仙当然不会接受这种不合理的要求，据理力争，与之抗辩。自知理亏的东海龙王嘴皮子斗将不过，便使出一个阴招，将法力最弱的蓝采和抢走，并囚在龙宫作为人质。东海龙王的卑鄙行径令其他七仙怒不可遏，借着直往上蹿的酒劲，在海上掀起了一场恶战，连斩东海龙王的两个龙子，吓得虾兵蟹将屁滚尿流，魂飞魄散。

　　恼羞成怒的东海龙王，急忙请来三位兄弟（南海龙王、北海龙王、西海龙王）帮忙，不杀众仙，誓不罢休。于是，四海龙王催动三江五湖四海①之水掀起惊天巨浪，杀气腾腾地直奔众仙而来。就在这危急的生死关头，忽见金光闪烁，滔天巨浪中却被开出一条狭窄的通道。原来，曹国舅的玉板天生具有避水神力，任凭巨浪如何排山倒海，却对其无可奈何。

　　四海龙王见水攻不成，只好连忙调动四海兵将准备再战。就在此时，有一位法力更高的神仙路过此地，并将这场战事平息，此神就是大慈大悲

_____

　　① 三江是指珠江、长江、松花江，五湖是指洞庭湖、鄱阳湖、太湖、巢湖、洪泽湖，四海是指东海、西海、南海、北海。

的观音菩萨。最后，束手无策的东海龙王只得将蓝采和释放，重归团圆的八仙拜别观音之后，乘风破浪，遨游而去。

上述传说便是"八仙过海"故事的传统版本。殊不知，在山东长岛县，流传着另外一个越狱版的"八仙过海"传说。

据说，北宋建隆年间（960—962年），沙门岛（今庙岛，为长山列岛中的一个岛屿）是朝廷囚禁犯人的海上监狱。自建隆三年（962年）开始，凡是犯法的军人，都会被发配此岛。月复一月，年复一年，岛上的犯人越来越多。然而，朝廷每年拨付的口粮有限，仅能供300人食用。

为了解决粮食严重匮乏的问题，监狱长李庆想出了一个极为科学且极其狠毒的方法：当新来的一批犯人，导致犯人总数量超过300人时，原来的老犯人需要作出一点牺牲——他们当中的一批人会被捆得结结实实，之后被扔进海里喂鱼。仅在两年之内，就有700多人被投入海底。因此，自上岛的第一天起，摆在犯人们面前的就只有两条路——要么铤而走险，要么坐以待毙。凡是有头脑的犯人，都会选择第一条路。不过，要想越狱成功，需要克服重重障碍，其中最大的障碍便是大海（自沙门岛至蓬莱海岸有30里之遥）。绝大多数试图越狱逃跑的犯人，都被惊涛骇浪无情地吞没。

一次，岛上又来了50多名新犯人。于是，得到即将被杀消息的50多名老犯人，趁着天晴月朗，避开看守的监视，怀抱着葫芦、木头等漂浮物体跳入海中，往蓬莱方向游去。因路途遥远，多数犯人体力不支，溺死水中，只有八名体格健壮的犯人成功渡海，躲在蓬莱城北丹崖山下的狮子洞内。

第二天，当地的渔民发现了他们并将其救起。当闻知八人是从沙门岛游水越海而来时，渔民们无不惊奇万分，将其称作"神人"。之后，此事便在民间广为流传，并且越传越神。渐渐地，这八位越狱渡海的凡夫俗子被称为"八仙"，帮助他们渡海的物品被传为"法器"，而他们精彩演绎的集体越狱事件就演变成为今天妇孺皆知的神话传说——八仙过海。

十五　北方海上丝绸之路

建元三年（前138年），西汉政权为了联合曾被匈奴击溃、自河西走廊逃亡至西域地区的大月氏国，对匈奴进行东西夹攻，汉武帝派张骞率领100余人的使团出使西域。虽然张骞此行未能达到预期的政治目的，却在不经意间打通了一条横贯欧亚大陆的陆上交通要道，这就是闻名古今、蜚声中外的"丝绸之路"。殊不知，早在此500多年之前，我国古代先人们就已开辟了一条丝绸之路，只不过这条丝路不是在陆地，却是在海上，故而被称作"海上丝绸之路"。

与陆上丝绸之路类似，海上丝绸之路是中外海上贸易与文化交流通道的统称，并非专指某一条具体通道。根据始发地的不同，又可分为南方、北方两条丝路。其中，北方海上丝路是指连接中国、朝鲜半岛和日本列岛的海上路线，其形成时间较早。而开辟北方海上丝路的人们，正是生活在山东半岛地区的古代居民。他们之所以能够成为这条海上丝路的先驱，绝非缘于偶然。

山东半岛为中国第一大半岛，与辽东半岛、朝鲜半岛隔海相望。它三面环海，海岸线漫长，港湾、岛屿众多，具备开展海上航行的优越自然条件。4000多年前的龙山文化时期，山东半岛的海上渔猎活动就已较为频繁，沿海居民已经具备了较为先进的造船航海能力，学会了用桨划船出近海捕鱼，成为中国最早的航海者。在长期的海上生产过程中，沿海居民的造船技艺和航海技术不断得到提升，从而为北方海上丝路的开辟提供了坚实的技术保障。

"齐带山海，膏壤千里，宜桑麻。"（西汉·司马迁：《史记·货殖列传》）海抱的山东半岛，方圆千里一片沃土，适宜种植桑麻。自古以来，这里就是丝绸之乡，是我国掌握养蚕丝绸技术最早的地区。自姜太公受封齐地以来，"乃劝以女工之业"，大力发展纺织业，造就了"冠带衣履天下"的繁荣景象，使地处山东半岛的齐国迅速成为当时全国的纺织业生产基地。齐国生产的丝绸，数量丰富、品种繁多、质量精美，再加之齐国又盛产陶瓷、食盐等产品，从而为北方海上丝路的开辟提供了充分的物质保证。

除鼓励发展纺织业外，齐国还"通利末之道"，实行对外通商的开放政策，积极与其他国家开展商贸活动。一时之间，"天下之商贾归齐若流水"，齐国遂成为其时最重要的商贸交流中心。为了主动和海外的朝鲜诸国进行贸易，在航海技术、物资贸易、经济政策等条件的支持下，富于冒险精神的齐国人民，拉锚起航，劈波斩浪，开辟了我国历史上第一条海上丝绸之路。

北方海上丝绸之路形成于 2600 多年前的春秋战国时代，其大致路线如下：自山东半岛沿海的各著名港口（如琅琊港、芝罘港等）出发入海北上，经庙岛群岛，过渤海湾至辽东半岛，沿海岸线至朝鲜半岛西海岸，再穿过朝鲜海峡至日本。在当时航海条件相对较差的情形下，这种逐岛越岛递进、沿海岸线航行的路线尽管迂回曲折，却无疑是最安全的，也是最可取的。因此，这条"循海岸水行"的线路一直以来都是北方海上丝路的传统路线，是北方海上丝路的黄金通道。秦代方士徐福，正是沿着这条线路，打着入海求仙的幌子，率领众童男童女东渡，将丝绸技艺、农耕技术、渔业技术、医药技术等一起打包带到了日本。

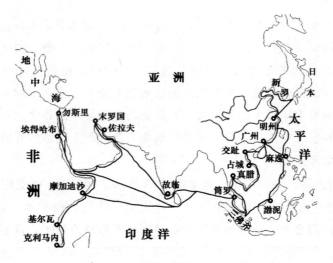

图 5—3　唐代海上丝绸之路示意图

隋唐时期，中国与朝鲜半岛、日本列岛的交往日益频繁，层次越来越高，规模愈来愈大，北方海上丝路遂进入空前繁荣的鼎盛时期。传统的黄金线路（此时被称作"登州海行入高丽渤海道"）因其安全系数高仍然是海上的主要通道。随着航海技术的提高，隋朝时期的船只已可以横渡渤海、黄海到达朝鲜半岛西海岸。7 世纪中期，新罗统一朝鲜半岛之后，与日本的关系日趋紧张。在此背景下，唐朝决定开辟自明州（今宁波）、扬州等南方诸港口横渡东海直达日本的航线，中国与日本的贸易口岸逐步南移，北方海上丝绸之路的地位也因之受到一定程度的影响。

隋唐时期，山东半岛北部沿海的登州（今烟台蓬莱）、莱州两大港口成为中国北方最重要的海外交通门户、对外贸易中心和造船中心。国内的丝绸、瓷器、茶叶、书籍等物品由此运出，外国的草药、金银工艺品、水果等特产自此汇入。大批来自朝鲜半岛、日本列岛的商人、使节、留学生云集于此，呈现出"帆樯林立，笙歌达旦""日出千杆旗，日落万盏灯"的繁盛景象。为了方便接待和管理外国客人，登州等地还建有新罗馆、渤海馆、新罗坊、新罗院、勾当新罗所等服务机构。

北宋初期，登州、莱州的交通地位依然较为重要。由于北方契丹的阻挠，传统的黄金通道已不再畅通，海上交通完全转为直航形式。北宋中期，为了防御契丹的入侵，朝廷决定将登州、莱州设为军港护防，登、莱两州的对外贸易和文化交流中心的地位大为削弱，取而代之的是位于山东半岛西南沿海的密州板桥镇（今青岛胶州），形成了以板桥镇为主、登莱二州为辅的海上国际交通格局。

明清时期，随着中国经济重心的彻底南移，随着禁海、闭关锁国政策的长期实施，山东半岛各港口逐渐失去了往昔的繁华，北方海上丝绸之路的商贸色彩也随之渐渐褪去，转而承担起更多的政治、外交和军事功能。清朝末年，甲午战争的连绵战火，使北方海上丝路到处弥漫着腥风血雨；烟台、青岛等港口城市的相继开埠，虽使北方海上丝路又重焕生机，却更使中国人民承受着难以启齿的屈辱。

然而，战争只是暂时的，侵略只是暂时的，和平、友好才是中外关系真正的主流。纵观北方海上丝绸之路的沧桑历程，毋庸置疑，它不仅是一条蜿蜒数千里的贸易之路，还是一条跨越几千年的文化交流之路，更是一条承载万千中外人民情感的友谊之路。

过去曾经如此，将来依然如是。

十六　登州古港

早在远古时代，受长期地质作用的影响，在今蓬莱市区西部、西北部的相对低洼区域，形成了一处水域开阔（面积为 100 万平方米左右）、三面环山、一面临海的半封闭式的天然海湾，这便是登州古港的雏形。此处海湾地形隐蔽，生物丰富，自然条件优越，具有开展海上活动的良好潜力。

由于地壳运动和冰期的交替作用，海湾的海平面开始逐渐下降，水域面积逐渐缩小。至新石器时代晚期，海湾面积已缩至 60 万平方米左右。此时，海湾已经具备港口的性质，傍海而居的山东半岛古代先人们自此入海启航，转道庙岛群岛，开始与辽东半岛展开海上交流，登州古港遂成为龙山文化传播的主要基地。

春秋战国时期，齐国以其丰厚的特产、先进的航海技术和开明的贸易政策，成为北方海上丝绸之路的开辟者，而登州古港也成为那条逐岛越岛、沿海岸而行的黄金海道的重要始发港口。而在秦汉时期，登州古港在其贸易、文化交流地位逐渐提升的同时，又成为秦皇汉武海上巡幸、求仙活动的重要场所。

隋唐时期，登州古港的面积进一步缩小，约有 30 万平方米，与现今的规模相差无几。然而，随着北方海上丝绸之路的日益繁荣，登州古港却达到了空前的鼎盛时期。武德四年（621 年），唐朝在山东半岛设立登州行政区。神龙三年（707 年），鉴于登州古港在对外交流中的地位日益重要，唐朝将登州治所移至古港所在地——蓬莱镇，并将其升格为蓬莱县。直到此时，这个在对外交流中一直承担交通枢纽角色的千年港口终于有了自己的正式名称——登州港。

这一时期，海运路线主要有两条：一条在南方，被称作"广州通海夷道"，商队自广州出发，经南亚各国，越印度洋，抵波斯湾地区，最西可至非洲东海岸。另一条在北方，被称为"登州海行入高丽渤海道"，即传统的黄金海道，而登州港作为北方航线上最重要的交通枢纽，成为唐朝与朝鲜半岛、日本列岛开展经济文化交流最重要的门户。一时之间，外籍商贾、客人云集于此，呈现出一派"帆樯林立，笙歌达旦"的繁华景象。为了更好地服务外国客人，登州设立了专门的食宿接待机构（如新罗馆、渤海馆等），并配有专门的总管和翻译人员。

然而，盛极必衰，泰极否来。北宋时期，登州古港迎来了自己命运的转折点。当时，北方的契丹族势力日益强大，统治了中国北部大片领土，并时常侵扰北宋边疆。为了防御外敌入侵，维护北方海疆安全，北宋政府于庆历元年（1041 年）下令封锁登州海面，禁止渔船进入港口。庆历二年（1042 年），登州知州（相当于今地级市市长）郭志高在朝廷的授意下，率领当地军民对登州古港进行了较大规模的改建，在濒海的丹崖山内侧修建防卫栅栏，在古港入海口处修筑马蹄形的沙堤围子，在古港东西两侧建立水师军营。于是，一座位置隐秘、攻防兼备的水军营寨赫然呈现在渤海之滨。水寨中央为画河流入的海湾，为停泊战船、操练水师之所，其战船体形狭长，外形酷似刀鱼，名为刀鱼舡，水寨也因之被称为刀鱼寨。刀鱼寨的落成，标志着登州古港的性质发生了根本性转变，由一处天然港湾变为一座人工港口，由一处繁华的商贸港口变为一座威严的海防重地。

元末明初，由日本武士、商人、浪人等结成的倭寇，乘中国国内战乱之际，不断侵扰中国沿海州县，山东半岛也不时受到骚扰。为加强海防，洪武九年（1376 年），明政府将登州升格为登州府，将其军事编制升格为登州卫。同年，登州卫指挥使（相当于旅长）谢观得到朝廷批准，在宋代刀鱼寨的基础上，对画河入海口的港湾进行疏浚扩展，建成"小海"，四周环筑土城，用以驻泊船舰，操练水军；将画河改道，环绕城南、城东入海，作为护城河；在城北开一城门，名为水门，引海水直接注入小海，以便于战船停靠和通行；在城南开一城门，名为振扬门，与陆地相通，供车马行人出入。这就是著名的明代备倭城，俗称水城或登州水城。170 多年之后，一个人的到来使得登州水城名声大振，这个人就是于百世流芳、为万人景仰的抗倭将领、民族英雄——戚继光。

随着倭寇侵袭活动的频繁，明万历二十四年（1596 年），明政府又对水城进行了一次大规模的整修，在土城墙面砌以砖石，在东、西、北三面增筑敌台，水城的防御能力大为增强。自明万历至清光绪年间，水城又得到数次增修，不过其基本格局并未有任何改变。明清时期，这座负山控海、形势险峻、布局巧妙、结构独特的登州水城，一直是中国北方重要的水军基地，在抵御外敌入侵、保卫祖国海疆安全等方面起到了举足轻重的屏障作用。

清朝末年，因泥沙的自然淤积和人为破坏等各种因素的影响，历经沧桑的登州水城因水位较浅，逐渐丧失了其原有的港口地位，慢慢地淡出人们的视线之外。1913 年，随着民国政府取消府、州建制，登州作为地方行政区划单位，从此退出历史舞台，而登州水城之名也随之消失，为蓬莱水城取而代之，并一直沿用至今。

改革开放以来，蓬莱市政府加大了蓬莱水城的保护和修复力度，使其以焕然一新的面貌展现在世人面前。目前，蓬莱水城作为国内现存最早、最完整的古代水军基地，以其深厚的历史文化价值和极高的旅游价值，已先后被评为全国重点文物保护单位和国家5A级旅游景区。

十七 戚继光

明嘉靖七年农历闰十月初一（1528年11月12日）深夜，在山东济宁东南一个名为鲁桥的小镇上，传来了一阵婴儿的啼哭声。随着这个婴儿的呱呱落地，接连下了十几天的秋雨竟也渐渐停息。不一会儿的工夫，却见天已破晓，朝阳初上，云霞满天。老来终于得子的戚景通激动得泪流满面，看着窗外光芒普照、窗内红光满屋的绚丽景象，一个念头悄然涌上心头。于是，这个于深秋降临的婴儿，刚刚出生不久，便有了自己的名字——继光。

降生之时充满传奇色彩的戚继光，自诞生之日起，就享有令人羡慕、嫉妒的高贵身份，这要归功于他的六世祖——戚祥。元末明初之际，祖籍安徽定远的戚祥加入了朱元璋的起义队伍，并作为亲兵随之南征北战近30年，虽无很大功劳，却有不少苦劳。对此，朱元璋当然不会忘记。

洪武十四年（1381年），为了一统天下，朱元璋派大将傅友德、蓝玉远征云南，明朝大军一路所向披靡，很快便平定云南全境。战争结束之后，依照惯例，傅友德需要向朝廷递交一份阵亡军官名单，以供追认。当朱元璋翻阅这份名单时，一个熟悉的名字映入眼帘，他便是戚祥。因感于戚祥的忠心耿耿，朱元璋下达了一道旨令——授戚祥之子戚斌为明威将军，任职登州卫指挥佥事（正四品，相当于旅部参谋），世袭罔替。自此之后，戚家移至登州，并世代享受这种尊贵的待遇。

然而，世袭武职带给戚继光的除了荣耀之外，还带给了他不少烦恼。按照明朝政府的规定，高级官员外出时需要遵守相应的礼仪规范，而登州卫指挥佥事作为四品官员，出门必须坐马车。对于一向廉洁奉公、家境清贫的戚景通来说，买车无异于天方夜谭。于是，戚继光自幼开始，便不得不待在家里，在父亲的教导下，识字读书，习练武艺，塑造人格，磨砺品格。

幸运的是，在少年时代，戚继光又遇到了一位千金难得的好老师。当地一位颇有名气的姓梁的教书先生，因敬重戚景通的为人，主动找上门来，担任戚继光的家庭教师，向其传道、授业、解惑，却不吃戚家一顿饭，不收戚家一文钱。在梁先生和父亲的精心培育下，戚继光发奋苦读，遍览儒书史籍，通晓文史经义。不知不觉中，一株幼小的树苗已然茁壮成长为一棵参天大树。

嘉靖二十三年（1544 年），因父亲年逾古稀，体弱多病，年仅 16 岁的戚继光北上进京办理了世袭职位的接班手续。两年之后，正值风华正茂之时的戚继光被正式任命为登州卫指挥佥事，主管军屯事务，真可谓春风得意，荣耀无比。就在这一年，在一个寂静的夜晚，秉烛苦读兵书的戚继光，在窗外汹涌澎湃的波涛之声的合奏下，挥手写下了一首千古名作《韬钤深处》："小筑惭高枕，忧时旧有盟；呼樽来揖客，挥麈坐谈兵。云护牙签满，星含宝剑横；封侯非我意，但愿海波平。"

面对多年以来军备松弛、腐败横行的糟糕局面，年轻气盛的戚继光准备在登州之地一展身手，实行大刀阔斧的改革，以实现自己的宏伟抱负。可是，迎接他的却是一张张冷漠的面孔和一副副无动于衷的表情。毕竟不是登州卫的一把手，毕竟只是一个荫袭父职、毫无威信可言的高干子弟，登州卫的那帮老兵油子根本没有把这位出身将门的年轻小伙子放在眼里。然而，碰了一鼻子灰的戚继光并没有因此灰心丧气，既然改变他人不成，那就继续改变自己吧。白天，他会坚持锻炼身体，操练武艺；晚上，他会悬梁刺股，用功苦读。不久之后，为了证明自己的真才实学，为了树立自己的权威，戚继光作出了一个惊人的决定——参加武举考试。

嘉靖二十九年（1550 年），在顺利地通过乡试之后，取得武举人身份的戚继光又一次来到京城，参加当年的武举会试。与今天的体育高考相类似，武举会试科目分文化课和专业课两门。文化课名为策论，与如今公务员考试的申论科目大致相同，要求考生围绕当前社会的热点问题撰写一篇议论性的文章；专业课主要是考查考生的马步骑射、拳脚功夫等专业素质。对于饱读诗书、武艺出众的戚继光来说，这两门课程自然是轻而易举。如果不出意外，通过会试，考取进士，应该是十拿九稳的，名列三甲也是极有可能的。然而，意外竟然真的发生了。京城之外，忽然来了一批不速之客，他们可不是来参加考试的，而是来抢劫的。

嘉靖时期的外患内忧主要表现在两个方面，一为南倭，二为北虏。南倭是指南方的倭寇之乱，北虏是指北方的鞑靼（蒙古族的一支）之患。因京城位于北方，与鞑靼距离较近，故而北虏更是明朝的心腹大患。这些前朝的后裔，在被赶回北方大漠之后，为了维持生计，会时不时地骚扰明朝北方边疆。嘉靖二十九年（1550 年），正在明朝大张旗鼓地进行武举会试的当口，鞑靼人又无米可炊了，他们在首领俺答的亲自率领下，长驱直入，不久便对北京形成围城之势，这就是历史上著名的"庚戌之变"。就在此时，戚继光正精心准备自己的策论，而策论的题目正是如何应对俺答之患的《备俺答册》，真是无巧不成书。

此刻，京城防守空虚，危如累卵。于是，这次武举考试只得临时取消，参加考试的所有考生均被临时抓为壮丁，参与京城的防卫工作，戚继光当然也不会例外。面对着这座坚固的城墙，俺答率领十万骑兵在城外观望、犹豫、徘徊了几天，硬是没有胆量冲将进去，而是选择只围不攻。而蒙古骑兵的一举一动，都没有逃过那一双犀利的眼睛。经过这些天的亲密接触，在安定门当值的戚继光细致地了解了蒙古骑兵的兵器、阵形、营房、编制等军事特点，顺利完成了《备俺答册》的写作，并作为传抄本读物在应试武举中广为流传，人手一本，风靡一时。

有一天，一位兵部主事在巡逻时无意之中发现了这本抗敌策论，如获至宝，激动万分，真乃天降大才于大明也。于是，策论作者戚继光经这位主事举荐，被提拔为京城九门总旗牌官，协助九门提督，督防京城九门。而《备俺答册》也作为重要的军事内参，被兵部下发至各卫所，并要求他们积极组织学习，深刻领会精神。

京城被围困的第八天，随着勤王军队的到来，在北京城郊大肆劫掠一番之后，俺答率军绝尘而去，京城之围就此解除。而戚继光以一篇高质量的军事论文被封为"国士"，并奉命到北方的蓟辽前线协助戍守边境。除了完成单调枯燥的日常工作之外，戚继光还扎扎实实地做了两门功课，一是认真研读《孙子兵法》，二是认真研究针对蒙古人的作战策略，从而使自己的军事理论素养得到极大提升。工作之余，戚继光又作了一首小诗，名为《马上作》，诗文如下："歧路驱驰报主情，江花边月笑平生。一年三百六十日，多是横戈马上行。"

经过多年的磨炼，一直韬光养晦的戚继光终于迎来了一展身手的机会。嘉靖三十二年（1553年），为了应对日益严重的倭寇之乱，25岁的戚继光被调回山东，任都指挥佥事（相当于省军区副司令），管理登州、文登、即墨3营24卫所，总督山东沿海备倭事宜，办公场所备倭都司府就设在登州水城内。戚继光上任后发现，军队与几年前相比，情况还是那个情况，问题还是那个问题，甚至有过之而无不及。然而，现在的戚继光已不是当年的毛头小伙子了。为了沿海居民的生命安全，大权在握的戚继光开始了大刀阔斧的改革，主要涉及三个方面。

首先，整饬军纪，加强练兵。为了严肃军纪，戚继光果断查办了一批勾结地方不法之徒、私设赌场、聚众滋事的卫所军官，将这股恶风劣习清理干净。在练兵过程中，戚继光不徇私情，毅然决然地拿不服从管理的亲舅舅开刀（痛打二十军棍），收到了杀一儆百的良好效果。其次，选贤任能，改良机构。戚继光坚决撤换、惩办不称职的军官，将一批年轻有为的青年才俊提拔到管理岗位。最后，修建设施，加强防御。戚继光下令在沿海30里设一铺（驿站），10里设一墩（烽火台），以加强各卫所之间的联络，以防倭寇偷袭。在任两年多的时间内，戚继光经常到各地巡视备倭情况，足迹踏遍整个山东沿海地区。

在戚继光的领导之下，山东的备倭形势一片大好，成为当时沿海各省防倭最为成功的地区。对此，朝廷自然是看在眼中，记在心里。对于戚继光这样一位优秀将领，若让其再继续留守登州，无疑是人才的巨大浪费，应该让其到国家更需要的地方，发挥更大的能量。于是，嘉靖三十四年（1555年），戚继光被调任浙江，赶赴东南沿海抗倭第一线。在这里，戚继光以其卓越的军事才华，扫平了肆虐多年的倭寇之患，实现了自己"但愿海波平"的宏伟夙愿，书写了一部流芳万世的战争传奇，在中国军事史上抹下了重重的一笔。他创造了一个又一个彪炳史册的抗倭神话，在使自己成为国人心中顶礼膜拜的民族英雄的同时，也成为倭寇心目中挥之不去的最可怕的噩梦。

主要参考文献

一 著作

1. 山曼、乔方辉等：《山东黄河民俗》，济南出版社 2005 年版。

2. 尤宝良、邓红：《东平湖与黄河文化》，黄河水利出版社 2009 年版。

3. 蒋义奎、崔光：《沧海桑田黄河口》，黄河水利出版社 2009 年版。

4. 左大康：《黄淮海平原治理与开发研究文集（1983—1985）》，科学出版社 1987 年版。

5. 李泉、王云：《山东运河文化研究》，齐鲁书社 2006 年版。

6. 王云：《明清山东运河区域社会变迁》，人民出版社 2006 年版。

7. 高建军：《山东运河民俗》，济南出版社 2006 年版。

8. 马王：《沉梦遗香：大运河》，人民出版社 2006 年版。

9. 刘光辉、马军：《聊城旅游故事》，中国旅游出版社 2010 年版。

10. 吴宗越：《沂沭泗河揽胜》，长江出版社 2006 年版。

11. 王红梅：《世界名人传记丛书——李白》，浙江少年儿童出版社 2006 年版。

12. 段炳昌：《世界名人传记丛书——杜甫》，浙江少年儿童出版社 2006 年版。

13. 顾颉刚、钟敬文等：《孟姜女故事论文集》，中国民间文艺出版社 1984 年版。

14. 秦幸福：《山水莒县》，山东美术出版社 2009 年版。

15. 李世欣：《泉·文人名士》，济南出版社 2002 年版。

16. 李世欣：《泉·诗词文赋》，济南出版社 2002 年版。

17. 任宝祯、管萍：《济南名泉》，山东友谊出版社 2006 年版。

18. 侯林、侯环：《济南名泉史话》，济南出版社 2010 年版。

19. 陈衍涛：《名人与名泉的故事》，济南出版社 2004 年版。

20. 山曼、单雯：《山东海洋民俗》，济南出版社 2007 年版。

21. 鲍运昌、李国增：《青岛民俗》，青岛出版社 1997 年版。

22. 刘凤鸣：《山东半岛与海上丝绸之路》，人民出版社 2007 年版。

23. 卜建华、翟新、李龙森：《山东海洋文化特征的形成与发展研究》，西南交通大学出版社 2010 年版。

24. 蒋楚麟、赵得见：《青少年博览文库——名胜古迹（2）》，北京图书馆出版社 1997 年版。

25. 刘敦愿、宋百川、刘伯勤：《齐乘校释》，中华书局 2012 年版。

26. 山东省地方史志编纂委员会：《山东省志·水利志》，山东人民出版社 1993 年版。

27. 陈桥驿、王东：《水经注》，中华书局 2009 年版。

28. 中国水利文学艺术协会：《中华水文化概论》，黄河水利出版社 2008 年版。

29. 靳怀堾：《中华文化与水》，长江出版社 2005 年版。

30. 吴殿廷：《水体景观旅游开发规划实务》，中国旅游出版社 2003 年版。

31. 段宝林、江溶：《中国山水文化大观》，北京大学出版社 1996 年版。

32. 柏杨：《中国人史纲》，人民文学出版社 2011 年版。

33. 当年明月：《明朝那些事儿》，浙江人民出版社 2011 年版。

二　论文

1. 卞吉：《王景治河，千载无患》，《中国减灾》2008 年第 8 期。

2. 蒋铁生、范正生：《梁山泊变迁与水浒遗迹探究》，《聊城大学学报》（社会科学版）2012 年第 1 期。

3. 吴宾凤、王海英、张振江：《"鲤鱼"典故与古代诗词》，《中国水产》2009 年第 7 期。

4. 施国庆、左萍、王建中：《黄河下游滩区居民对安全的心理需求》，《中国水利》2007 年第 9 期。

5. 徐思民、王卫青：《"河南张"的大门不是都朝南——初探"河南张"泥玩》，《东南文化》2003 年第 2 期。

6. 李木生：《微山湖上静悄悄》，《人民文学》2000 年第 9 期。

7. 郑民德：《水次仓在中国古代社会中的发展演变》，《聊城大学学报》（社会科学版）2009 年第 2 期。

8. 李巨澜：《略论明清时期的卫所漕运》，《社会科学战线》2010 年第 3 期。

9. 许宪隆：《德州北营回民历史的考察》，《宁夏社会科学》1990 年第 4 期。

10. 殷廉、柳春旸等：《台儿庄战役概况》，《天津师大学报》1983 年第 6 期。

11. 王君、丁鼎：《元明胶莱运河兴废考略》，《鲁东大学学报》（哲学社会科学版）2010 年第 5 期。

12. 赵颖：《牛郎织女神话传说的流变及其现实意义》，《西安电子科技大学学报》（社会科学版）2009 年第 2 期。

13. 张士闪：《山东民间文化背景下的梁祝故事——关于济宁马坡〈梁山伯祝英台墓记〉的民俗学分析》，《齐鲁艺苑》2005 年第 2 期。

14. 聂传平、牟晓忠：《论潍水之战对楚汉战争进程的影响》，《德州学院学报》2011 年第 2 期。

15. 刘心明：《博山孝妇故事探源》，《民俗研究》2003 年第 1 期。

16. 王育济：《济南历史文化的变迁与特征》，《东岳论丛》2010 年第 5 期。

17. 尹玉涛：《大明湖的美丽传说》，《走向世界》2008 年第 4 期。

18. 徐新民、郭蒸晨：《范仲淹与邹平》，《春秋》2000 年第 4 期。

19. 徐国东、徐国声：《泗河源头访泉林》，《治淮》1996 年第 6 期。

20. 王艳平：《基于旅游的温泉文化遗产研究——兼论临沂汤头》，《旅游论坛》2012 年第 3 期。

21. 贺伟、王栋：《青岛早期的海水浴场》，《青岛画报》2007 年第 8 期。

22. 王景东：《博大精深的琅琊文化》，《海岸工程》1999 年第 6 期。

23. 崔坤斗、逄芳：《关于徐福东渡的几个问题》，《青岛海洋大学学报》（社会科学版）1994 年第 4 期。

24. 阎化川：《妈祖信俗在山东的分布、传播及影响研究》，《世界宗教研究》2005 年第 9 期。

25. 徐志刚：《田横祭海节素描》，《经济》2009 年第 3 期。

26. 高相国：《沉没的锚链——甲午海战前中日海军近代化之比较》，《军事历史》1999 年第 1 期。

27. 韦荣华、马世民：《大天鹅：山东半岛的洁白诗行》，《森林与人类》2011 年第 4 期。

28. 孙宗勇、王向华：《中国好望角：成山头》，《风景名胜》2001 年第 5 期。

29. 高洁：《浅谈山东长岛渔号的文化底蕴》，《黄河之声》2011 年第 1 期。

30. 朱龙、董韶华：《登州港与东方海上丝绸之路》，《中国海洋大学学报》（社会科学版）2004 年第 4 期。

31. 杨丽敏、孙艳艳：《蓬莱水城历史沿革初探》，《山东档案》2010 年第 6 期。

三　视频资料

1. 中央电视台：《黄河》。
2. 中央电视台：《话说运河》。
3. 华艺广播公司：《京杭运河两岸行》。
4. 北京电影制片厂：《苏禄国王与中国皇帝》。
5. 中央电视台：《血战台儿庄》。
6. 临沂广播电视台：《沂河》。
7. 中央电视台：《探索·发现：沂源牛郎织女寻踪》。
8. 中央电视台：《探索·发现：发现沂源人》。
9. 中央电视台：《探索·发现：至尊书圣》。
10. 中央电视台：《探索·发现：武侯春秋》。
11. 段怀清：《百家讲坛：梁祝传奇》。
12. 鲍鹏山：《百家讲坛：孔子是怎样炼成的》。
13. 安丘电视台：《韩信与潍水之战》。
14. 康震：《百家讲坛：李清照》。
15. 中央电视台：《走向海洋》。
16. 王立群：《百家讲坛：大风歌之血性男儿》。
17. 郦波：《百家讲坛：抗倭英雄戚继光》。

后　记

　　"我像只鱼儿在你的荷塘，只为和你守候那皎白月光。游过了四季，荷花依然香，等你宛在水中央……"书房中飘来这首旋律优美的《荷塘月色》，那是年仅4岁的女儿在客厅里快乐地吟唱。不知女儿为何对这首歌曲情有独钟，难道这又是与水的缘分使然？

　　从提笔写作至今已有近三年的时间，其间也见证了女儿的成长历程。三年之前，本书仅有一个大致框架，而女儿还只是一个走路蹒跚、牙牙学语的婴儿。三年之后，书稿最终成形，而女儿已然长成为一个聪明水灵、人见人爱的小精灵。由于此书是笔者的处女作，因此在材料收集、资料整理、文字写作、语言组织等各个环节都倾注了大量的时间和心血。

　　本书的写作，参阅了大量的著作、论文以及视频等参考文献，在此对文献作者表示深深的感谢！在本书写作和出版过程中，得到了聊城大学各级领导、各位同事、亲朋好友以及中国社会科学出版社刘志兵编辑的大力支持和帮助，在此一并致以诚挚的谢意！因笔者知识水平、写作能力所限，书中难免存在一些缺点和不足之处，衷心希望对山东省水文化有兴趣的朋友提出宝贵的意见，在此提前致以深深的谢意。

　　随着写作工作的告一段落，一股莫名的满足感和成就感顿时涌上心头，渐渐弥漫全身。伸了一个大大的懒腰，长长地舒了一口气，起身走出书房，抱起女儿，来到阳台，放眼窗外，一幅绿意盎然的风景画卷映入眼帘。在绿荫婆娑之间，那条宽阔明净、波光粼粼的徒骇河忽隐忽现，缓缓流淌、蜿蜒东去，奔向大海……

宋立杰

2016 年 12 月